21 世纪英语专业系列教材

认知隐喻与翻译实用教程

A Course in Cognitive Metaphor and Translation

叶子南　著

图书在版编目(CIP)数据

认知隐喻与翻译实用教程/叶子南著．—北京：北京大学出版社，2013.7
（21世纪英语专业系列教材）
ISBN 978-7-301-22655-1

Ⅰ．①认… Ⅱ．①叶… Ⅲ．①英语－隐喻－翻译－高等学校－教材 Ⅳ．①H315.9

中国版本图书馆CIP数据核字（2013）第129292号

书　　　名：	认知隐喻与翻译实用教程
著作责任者：	叶子南　著
责任编辑：	朱丽娜
标准书号：	ISBN 978-7-301-22655-1/H·3324
出版发行：	北京大学出版社
地　　　址：	北京市海淀区成府路205号　100871
网　　　址：	http://www.pup.cn　新浪官方微博：@北京大学出版社
电子信箱：	zln0120@163.com
电　　　话：	邮购部 62752015　发行部 62750672　编辑部 62759634　出版部 62754962
印　　　刷　者：	北京虎彩文化传播有限公司
经　　　销　者：	新华书店

730毫米×980毫米　16开本　14.75印张　165千字
2013年7月第1版　2020年7月第2次印刷

定　价：32.00元

未经许可，不得以任何方式复制或抄袭本书之部分或全部内容。
版权所有，侵权必究
举报电话：010-62752024　电子信箱：fd@pup.pku.edu.cn

谨以本书献给我的良师益友

尤金·奈达博士
(Dr. Eugene A. Nida)

前　　言

　　近十年来,我一直关注认知隐喻研究,特别是它与翻译的关系。自从雷可夫(George Lakoff)出版那本划时代的《赖以生存的隐喻》(Metaphors We Live By)以来,有关认知隐喻的文献可谓卷帙浩繁,材料相当充足,而且讨论认知隐喻和翻译的作品为数也不少。但是只要我们仔细分析这类研究成果,就会发现大部分仍然是认知理论多于翻译实践,作者的精力主要倾注于原则概念,而非操作实践,真正从翻译实践者的角度,将认知隐喻研究的成果与翻译的具体实践联系起来的作品为数仍不多。正是这一背景促成了本书的写作。

　　有人也许会问,为何要将理论硬拉到实践中去,理论并非一定要去指导实践。我当然知道这种观点有一定道理,并也部分认同翻译理论不一定要和翻译实践结合的说法。但是有些翻译理论毕竟也可以用来指导翻译实践,甚至完全是导源于翻译实践,比如奈达的功能对等理论和目的论(Skopos)就完全是因实践而生,所以把认知隐喻理论和翻译实践联系起来的理由还是相当充分的。

　　另一方面,翻译务实者却从相反方向提出同一问题。他们也觉得理论和翻译实践没有什么关联,因为他们没有尝到理论帮助实践的"甜头"。确实,中国翻译理论近三十年的发展,并没有使翻译质量水涨船高。这当然有很多因素,但理论没有被实践者很好吸收,未能帮上译者,这个事实恐怕大家都不会否认。然而我们却不应该因噎废食,去怪罪翻译理论。假如一个翻译学说言之成理,为什么就不能让这个理论帮助实际的翻译呢?我看理论未能帮上忙恐怕还要从我们自身找问题。我们是不是在研究理论时更多地考虑了自身的需求,而没有照顾学生的需要,比如我们喜欢从理论出发讨论翻译,而不是从实践角度提出问题,并总觉得过多向实践倾斜,会被人认为学术水平不高。结果上面老师云里雾里地讲,下面学生也云里雾里地听,理论和实践完全是两股道上跑的车。这样你怎能让理论内化成自己的东西,进而帮助翻译实践呢?学生们有时头头是道地讲理论,却大多是和尚念经、有口无心。这里问题的关键是理论知识没有内化(internalized)。

　　正是考虑到上述原因,本书的编排尽可能照顾到理论和实践的联系。随着章节的展开,认识隐喻的理论、原则和概念便逐步渗透到各个章节中。第一章和第二章是基本理论和概念的铺垫,这部分不得不把重点放在一些理论、原则和概念上,因为这些知识是接下来讨论的基础;第三章和第四章马上将认知隐喻和翻译联系起来，但是这种联系仍然停留在比较抽象的议题上，如从认知隐喻角度讨论对等、文本和目的等较为宏观的议题；第五章和第六章则更进一步把具体翻译过程中的一些议题加以讨论，如认识隐喻与理解和表达的关系以及其他一些实际议题。第七、八、九章则完全是翻译的实例分析，且附有大量例句。从第一章到第九章，翻译实践的比重渐次加重，最终基本是把前面学到的认知隐喻知识运用到翻译实践中去。此外，每章后还附有章节概要、参考书目和一些思考练习题。书的最后还有一个附录，包含大量短句和短文，并给出了使用指南，可供教师留作业之用。需要说明的是，本书中的例句和练习都是英译汉方向的，基本不涉及汉译英。我尽量把它设计成一本教科书，而不是理论专著，目的是希望本书能为翻译实践者提供帮助。

  本书写作过程中受到不少鼓励和帮助。我大学时的同学，任教于浙江大学的翻译家王之光先生校阅了全书手稿，并提出了宝贵建议；我的同学联合国高级译审蔡力坚先生就某些章节和例句提供了他的意见；本校口笔译及语言学院的学生朱力安、朱墨等为本书提供了一些译文；加拿大学人 John Casnig 和我讨论了一些例句，夏乐为本书提供了插图，特此一并致谢。北京大学出版社编辑朱丽娜在出版过程中认真负责，在此特表谢意。最后，我还要感谢我校 Faculty Development Grants 对本书写作和出版的支持。希望本书能为翻译研究提供一个全新的视角并为翻译专业的学生和实践者提供一些切实可用的知识。

叶子南
2013 年 2 月 3 日
美国蒙特雷国际研究学院

目 录

第一章 从认知语言学角度看隐喻 ························· (1)
  1.1 传统隐喻观和认知隐喻观的区别 ······················ (1)
      翻译教学的隐喻新视角 ···························· (1)
      认知隐喻理论的基础 ······························ (2)
      传统隐喻理论的基本特征 ·························· (5)
      认知隐喻理论的基本特征 ·························· (6)
  1.2 为什么要用隐喻 ···································· (7)
      体验、动因和映射 ································ (7)
      非隐喻语言空间有限 ····························· (10)
  1.3 语言隐喻无处不在 ································· (12)
      生活语言中的隐喻 ······························· (12)
      专业语言中的隐喻 ······························· (16)
      文学语言中的隐喻 ······························· (19)
  1.4 本章内容概要 ····································· (21)

第二章 从跨文化角度看隐喻 ··························· (25)
  2.1 隐喻的跨文化视角 ································· (25)
      隐喻体验和常见事物的跨文化特征 ················· (25)
      基本隐喻和复合隐喻 ····························· (25)
      映射、蕴涵和混合 ······························· (28)
      多个源域概念对应单个目标域概念 ················· (31)
      单个源域概念对应多个目标域概念 ················· (33)
      意象图式隐喻和意象隐喻 ························· (34)
      隐喻的常规性 ··································· (36)
      隐喻的概括性 ··································· (38)
  2.2 概念隐喻跨文化案例分析 ··························· (41)
  2.3 本章内容概要 ····································· (45)

第三章　从认知隐喻角度看翻译 ················· (48)
　3.1　从对等原则的角度看隐喻和翻译 ················· (48)
　　　翻译对等原则简述 ····························· (48)
　　　认知对等概念的提出 ··························· (50)
　　　对认知对等观点的评论 ························· (52)
　3.2　从文本类别、翻译目的角度看隐喻 ················ (56)
　　　文本分析有何意义 ····························· (56)
　　　不同文本中隐喻的处理 ························· (57)
　　　翻译目的视角简介 ····························· (62)
　　　翻译目的和隐喻处理 ··························· (65)
　3.3　前景化概念在分析隐喻时的作用 ·················· (66)
　　　前景化概念的提出 ····························· (66)
　　　前景化概念的发展 ····························· (67)
　　　前景化、隐喻和翻译 ··························· (68)
　3.4　本章内容概要 ································· (71)

第四章　文学中的概念隐喻和语言隐喻 ··············· (75)
　4.1　从认知隐喻角度看文学语言 ····················· (75)
　4.2　认知隐喻与文学翻译 ··························· (76)
　　　从隐喻的角度看文学翻译 ······················· (76)
　　　注重宏观对等的文学翻译理论 ··················· (78)
　　　微观宏观或求平衡或各得其所 ··················· (80)
　4.3　本章内容概要 ································· (82)

第五章　更多与翻译实践相关的议题 ················· (85)
　5.1　从认知隐喻角度看翻译的理解和表达 ·············· (85)
　　　从认知隐喻角度看译者的理解 ··················· (85)
　　　从隐喻角度看译者的表达 ······················· (86)
　5.2　一词多义的隐喻基础与翻译 ····················· (87)
　　　一词多义现象简述 ····························· (87)
　　　一词多义现象对翻译的启示 ····················· (90)
　5.3　从认知隐喻的角度看词性转换和翻译 ·············· (94)
　　　认知语言学家眼里的词性 ······················· (94)
　　　认知词性观对翻译的启示 ······················· (97)

	5.4 本章内容概要	(98)
第六章	从隐喻角度看翻译决策	(101)
	6.1 隐喻的价值判断和翻译中隐喻的取舍	(101)
	对原文中隐喻价值的判断	(101)
	隐喻取舍的文本因素	(106)
	隐喻取舍的目的因素	(115)
	6.2 更多"翻译"还是更多"释义"	(117)
	翻译概念和释义概念的界定	(117)
	翻译和释义概念的应用	(118)
	6.3 从隐喻的角度看准确性	(120)
	在不同语境中诠释准确的涵义	(120)
	过于准确的致命弱点	(123)
	6.4 本章内容概要	(123)
第七章	隐喻翻译实例分析（单句）	(126)
	7.1 Deep 一词的分析和翻译	(126)
	7.2 意象图式隐喻的分析与翻译	(131)
	7.3 强烈意象隐喻的分析与翻译	(139)
第八章	隐喻翻译实例分析（段落）	(147)
	8.1 非文学文本中隐喻的分析与翻译	(147)
	8.2 文学文本中隐喻的分析与翻译	(161)
第九章	隐喻翻译实例分析（篇章）	(176)
	9.1 West Unique, Not Universal 片段翻译分析	(176)
	9.2 The Dumbest Generation 片段翻译分析	(181)
	9.3 Economic Explained 片段翻译分析	(187)
	9.4 The Meaning of the 21st Century 片段翻译分析	(194)
	9.5 Emerson's *Friendship* 诗作翻译分析	(199)
附录 供分析和翻译用的英文原文		(204)
主要参考文献		(221)
起于心还是缘于物（代后记）		(224)

第一章 从认知语言学角度看隐喻

1.1 传统隐喻观和认知隐喻观的区别

翻译教学的隐喻新视角

讨论翻译一开始关注的是字词句,然后逐渐扩大,不断地引入文本以外的因素,最后竟至于完全抛弃了文本。这种从微观到宏观的演进,正是从经验之谈过度到理论研究的过程,反映了人们的观点逐渐深刻、视野更加广大,不仅加深了对翻译活动的理解,同时也多少促进了翻译实践。比如说,人们一开始从语言学的角度讨论翻译,首先是字词句,然后又引进了文本、篇章等超越句子的角度,试图在语言学内解决翻译问题。可是人们发现以文本为基础的语言学视角太狭窄,很多翻译问题都不能从这个角度看清楚,也得不到满意的答案。于是人们开始离开文本,超越语言学的视野,从更宏观的角度思考翻译,引入社会、文化等文本之外的观察角度,如一般熟悉的功能对等理论(Functional Equivalence Theory)[1]就不仅是语言功能的对等,而且将文化因素考虑进去。至于目的论(The Skopos Theory)[2]则更是进一步扩大视野,将翻译文本的使用者这个社会因素考虑进去。再后来,人们发现翻译不仅是文字的转换,还是文化博弈的载体,于是将帝国主义、后殖民等概念引入了翻译研究,文化翻译(The Cultural Translation)于是也登堂入室,此时的翻译研究已全然抛弃了文本,在象牙塔中大谈没有翻译的翻译(translation without translations)[3]。所有这些研究都有它们存在的价值,也不同程度地影响到翻译实践活动。

---

[1] 对等概念一直是西方翻译理论的一个主要特征,大意就是我们在一个语言中说的话能在另一个语言中找到价值相等的话,而对等理论的巅峰之作就是奈达的功能对等理论。这个理论强调对等应该是语言功能上的,而不仅仅是语言形式上的。

[2] 目的论(The Skopos Theory)首先是由德国学者 Hans Vermeer 提出来的,主要强调译文的使用者,译者可以根据使用者目的的不同提供不同的译本,这就和对等论分道扬镳了。

[3] 提出翻译文化转向(The Cultural Turn)的主要学者是 Susan Bassnett 和 André Lefevere。由于翻译文化转向不可避免地引入了跨文化和多文化的视角,所以它也和翻译的后殖民研究(The Postcolonial Turn)共水通航。至于更广泛领域的文化翻译则最先由哈佛大学的印度学者霍米·巴巴(Homi K. Bhabha)提出。

但是我们已经看到，随着视野的扩大，虽然理论思辨的力度确实加大了，但翻译中的具体文本却离我们越来越远，我们下笔时首先遇到的字词句更是被冷落在一旁。这不可能不对我们的翻译实践造成影响。比如说，接触过大量翻译理论的学生在翻译的准确性方面并没有显出优势，相反有时还会被宏观理论所牵绊，在翻译时作出错误的选择。这并不是说，宏观翻译理论本身有什么错，但当老师将这些理论灌输给学生时，学生所得到的是否是这些理论的精髓，学生吸收过程中这些理论是否已经走样？这些问题都没有得到应有的重视。更何况，有些宏观理论和具体翻译实践几乎毫无关系，他们之间只能各自精彩，不益将这些理论拿来作为翻译实践的具体指导。

本书正是在这样的背景下提出认知隐喻翻译观的。在某种意义上说，隐喻这个角度能把我们的视野拉回到文本上。认知心理学的隐喻研究确实更关注概念隐喻和思维活动，但是认知语言学则非常关注概念隐喻和语言隐喻的关系。若将这种关注放到跨文化跨语言的背景下，它就可能为翻译教学和实践打开新局面。基于概念隐喻的语言隐喻都落实在具体的文本上，体现在字词句里，这就使我们有机会在翻译教学中把注意力拉回到文本上。认知隐喻的视角当然不可能关照到翻译的所有方面，因此在具体的翻译过程中，业已存在的其他翻译研究方法，无论是语法的视角，语篇的观点，还是符号学的角度，或是目的论的视角都会在翻译过程中起到积极的作用。换句话说，没有一种单一的方法可以解决翻译中所有的问题，而认知隐喻翻译观当然也仅是意在补充，而非取代。

认知隐喻理论的基础

在讨论认知隐喻观和翻译前，我们有必要先了解支撑认知隐喻观的基础，否则我们无法展开有关翻译的讨论。

人虽然也用肢体、颜色等传递信息，但语言显然是交流的主要工具。由于表达的事物不同，表达起来难度也不一样。比如说，我们跑了十多里路，累得气喘吁吁，已经走不动了；或者说，我们走进一个漆黑的房子，什么都看不见，不知道应该向左转还是向右转，不知道前方是什么；再或者说，你独自站在寒冷的街上等朋友开车来接你，朋友来了，你坐进了他温暖的轿车，感到温馨舒适；再比如说，你和朋友打擂台，他将你打了下去。所有这些事件，表达起来都比较容易。这些是我们日常生活中亲身经历或者至少是见过的，它们历历在目，有些甚至你还用摄像机拍摄下来，比如打擂台的经过。由于生活中长期的积累，我们头脑中已经有了关于这类事件的非隐喻概念（literal concept），这些事件都比较具体，常都和我们人体的感知有关，并不牵涉抽象思维，我们能用简单的语言相当准确地描述这类事件。

现在我们再来看看较抽象的事物。比如说一个小伙子和他的女朋友谈恋爱,三五年了,却还没有结婚,过程相当冗长;一个公司的老板根本不与助理们讨论公司的发展规划;你去参加一个聚会,可是别人不理睬你,于是你到朋友那里去讲诉你的遭遇,朋友耐心地安慰了你;你竞选连任学生会主席,最后另一位竞争者胜出。这些事件都相当抽象。如爱情牵涉的主要是精神层面的活动,不太容易直接表达,所以人们一般会求助一个"把手"(handle),握住有形的"把手"来表达无从把握的抽象事物,说恋爱没完没了地谈下去,就像长跑一样,所以人们也许会说"婚姻的长跑","长跑"变成了一个"把手"。而那个老板不把自己的想法告诉别人,因此别人什么都不知道,不知道公司要向何方发展,就像一个人站在一个漆黑的屋子里一样,不知道该怎么走,也许有人就会说"老板这样是把员工蒙在鼓里","鼓"这个类似房子的三维空间就是一个"把手"。至于说你去参加聚会的经历,我们也许会说"受到了冷遇",而你朋友的安慰则是"非常温暖",物理意义上的"冷热"就是一个"把手"。表达你未能连任学生会主席的一个很有效的说法就是"下台了","擂台"就是一个"把手"。

上面的例子说明,人们遇到不可知,特别是较抽象的概念时,总是借用熟悉的、唾手可得的事物来表达。传说有一次学生问亚里士多德"What is life?"亚里士多德思索片刻,回答说"Life is a stage"。Life 这个概念是抽象的,不好把握,于是亚里士多德使用 stage 这个人们都很熟悉的概念来说明抽象的 life,stage 就是亚里士多德表达时用的"把手"。大家都知道,《圣经》中很多深刻的道理都是通过隐喻表达的。有人提出疑问,为什么要用这种方式来说教?其实抽象的道理很难用非形象的语言表达,为了能更好地把寓意说清楚,《圣经》的写作者采用了当时人们最容易懂的语言,比如《圣经》中"If someone slaps you on one cheek, turn to them the other also"这句话就是一句平易近人的大白话,简单明白,但现代人往往过于强调其字面意义,而忘了本句的寓意恰在于本段最后一句"Do to others as you would have them do to you",强调的是要忍耐,不要太计较,要己所不欲,勿施于人。

人的这种使用隐喻的能力是与生俱来的,并不需要借助后天的语言训练或依靠超群的文学天赋。传统上我们一般认为说话写文章能使用比喻是一种了不起的能力,但上面的例子却说明,在普普通通的语言当中,隐喻已经比比皆是。假如我们说,这种隐喻有文学色彩的话,那么我们甚至可以说,每一个人生下来就是诗人,因此维柯(Vico)[①]才将人使用隐喻的能力称之为 Poetic Logic。

[①] 詹巴蒂斯塔·维柯(Giambattista Vico)是18世纪意大利政治哲学家、修辞学家、历史学家和法理学家。他为古老风俗辩护,批判了现代理性主义,并以巨著《新科学》闻名于世。

人的这种与生俱来的能力一下子使语言充满生机活力，人们满脑子想说的抽象的话语都找到了言说的载体或"把手"。亚里士多德说"人生是一个舞台"，但我们也可以说，"人生是一条河"、"人生是一个旅程"、"人生是一个梦"，你甚至还可以使用其它"把手"说出更多有关人生的话，因为你有更多有关人生的抽象概念。每用一个新"把手"，都突显人生的一个新侧面，说"人生是一个旅程"，突显的是起点、过程、终点；说"人生是一个梦"则突显人生的短促。我们可以根据要表达的抽象事物，选用不同的"把手"。隐喻使语言充满生机活力，这还体现在有时隐喻并不是那么清楚，其不确定性往往给读者想象的空间，而想象使语言更有活力。说"人生是一条河"到底是什么意思？也许不同的人会有不同的解释，特别是不同文化的人解释的差异可能更大。我说人生是一条河，因为它一路奔腾而下，但也许有人会强调河蜿蜒曲折的一面，若是小河是否也有欢快的一面？说人生是一个梦突显了人生短促这一面，汉语文化圈基本能在这点上取得一致，但谁能排除人生是梦可能散发的人生空虚的一面，甚至也很难完全排除人生无忧无虑的一面。离开文化共识的遣词造句有时反而是文学创意之所在。总之，隐喻可能被任意解读。认知语言学圈内有个熟知的例句：The theory has thousands of little rooms and long, winding corridors (Lakoff and Johnson, 2003: 53)。这到底是什么样的理论？我们可以根据 thousands of little rooms 和 long, winding corridors 的特点基本得出一个揣测：这个理论似乎很复杂，就像有上千个房子那么复杂，这个理论看来很不容易理出头绪，就像长长的弯弯曲曲的走廊，行人会走丢。难道这就是全部意思吗？Lakoff 自己说（私人信件），上千个小房子还说明每一个都不很重要，但加起来就很重要了，因为一般认知体系中小表示不重要，大表示重要。你看，这隐喻世界该多么充满生机活力，它是动态的，不像逻辑语言那样静止不动、死气沉沉。

从上面的一些例子可以看出，抽象概念最容易找到的"把手"都与人体的感官有关，比如冷热与身体的感知有关，漆黑的房子和人们的视觉有关，从（擂台）高处掉下来与我们的方位感有关。因此我们说，人的认知能力是和人体紧紧联系在一起的，没有人体的参与，人将很难表达自己的抽象概念。当然，当亚里士多德用舞台比作人生时，舞台并不和人最基本的感官相连，舞台要比通过感官体验的物件复杂得多，它本身可能载有信息，且会与文化有关，因此对于因文化不同而没有见过舞台的人来说，这个隐喻就没有意义。所以，那些与人体最基本的感官相连的"把手"就成了人表达抽象概念的主要"媒介"。认知语言学有别于传统语言学的根本一点就是强调人体与心智的紧密联系，研究体验性（embodiment）是认知隐喻研究的基础。

The theory has thousands of little rooms and long, winding corridors.

传统隐喻理论的基本特征

人体和心智(body and mind)的关系虽然这么明显,但传统上却并没有得到重视。恰恰相反,占统治地位的观点一直把人体和心智的关系切断。从亚里士多德创建隐喻概念以来,人们一直认为隐喻只是比较两个事先存在的相似物的结果,是对客观事物的比较,人体并不参与其中,更与思维无涉,而且认为隐喻主要存在于文学领域,学者对非文学领域的隐喻一向不重视。Lakoff 和 Johnson 在他们的奠基著作中是这样总结传统理论的:

1. Metaphor is for most people a device of poetic imagination and the rhetorical flourish—a matter of extraordinary rather than ordinary language;
2. Metaphor is typically viewed as characteristic of language alone, a matter of words rather than thought or action. (Lakoff and Johnson,2003:3)

从这个总结中我们可以看到,传统隐喻观认为,隐喻不是贩夫走卒、引车卖浆者所用的语言,而是文人雅士之语。学者关注的是莎士比亚十四行诗中的隐喻,《红楼梦》中的隐喻,而不是小学生回答问题时说的隐喻,也不是农夫写欠条时用的隐喻。学者们一直未把文学领域外的隐喻放在眼里。

传统隐喻观之所以在"隐喻随处可见"这个明显的事实面前视而不见，也许要怪亚里士多德自己（Danesi，2004：12）。他在解释隐喻时所启用的基本上是"比较理论"（Comparison Theory），是在两个客观事物间的比较，没有引进人体的感知，思维当然被排除在外。专门研究隐喻的匈牙利学者 Zoltán Kövecses 在解释 the roses on her cheeks 时清楚地概括了传统隐喻观（Kövecses，2002：68）。首先，传统理论认为隐喻是点缀装饰的语言，比如使用 roses 的目的就是要让语言生动活泼，产生一种令人愉悦的效果。另外，传统理论认为隐喻只是语言现象，不涉及人的思维概念，我们选用 roses 而不是其它词语，仅仅是一种语言的选择，我们还可以使用其它词语。再者，我们选用 roses 主要是因为花朵的颜色和 cheeks 的颜色接近，我们希望将两者做一个比较。最后，这种两件事物的相近处是预先存在的，并不是人们自由选择的。

简言之，传统隐喻理论认为隐喻是较为奇特的语言，特别是文学领域的语言；隐喻属于语言范畴，与思维无关。

认知隐喻理论的基本特征

认知隐喻理论可以说是与传统隐喻理论针锋相对的。下面是 Lakoff 和 Johnson 对认知隐喻理论的概括：

1. Metaphor is so ordinary that we use it unconsciously and automatically; as a result metaphor does not belong to the category of literature only. In fact, metaphors in literature also rely heavily on everyday ones;
2. Metaphor is not only a matter of language, but more importantly a matter of thought. (Lakoff and Johnson, 2003: 3)

从这个概述中，我们可以看到认知论和传统论是完全相反的，认知隐喻论认为，隐喻相当普遍，不用努力就能说出隐喻，存在于所有类型的语言中，决非文学语言所特有；这和传统隐喻论针锋相对，后者认为隐喻是特殊的语言，主要存在于文学中。另外，认知隐喻论认为，隐喻不仅是语言现象，更重要的是思维现象，这也和传统隐喻论的观点对立。

目前认知语言学家收集的材料已可使我们毫不犹豫地相信，隐喻语言在我们日常语言中比比皆是，决不仅仅存在于文学语言，更谈不上是奇特语言，根本不依靠特殊的语言天赋。一句话，我们时刻用隐喻。隐喻在我们会话或写作时源源不断地跳出来，它们来得如此不经意，我们甚至没有意识到自己在用隐喻，我们想不用隐喻都难。

我们当然并不否认隐喻中两个客观事物的相似性是隐喻形成的一个条件,但在认知语言学家看来,概念隐喻的基础不是这种相似性,而是人类主观的经验。正是这种在生活中长期积累起来的经验诱发了语言中的隐喻,成为语言隐喻形成的主因。比如说,I am really low these days 这句中的 low 就是一个隐喻,这是因为人在情绪低落时体位总是下降的,所以我们才会使用具有隐喻特征的形容词 low,我们不会在高兴时说 I am low。相反,我们会说 I am in high spirits,因为人的体位在高兴时一般是向上的。认知语言学家认为,人体对外部世界的感知实际上是隐喻形成的深层基础。这种人的体验潜藏在我们的思维中,当我们需要表达某个抽象概念时,它一下被激活,与要表达的事物映射,推出隐喻。由于这个过程是在下意识状态下完成的,而非苦思冥想主观努力的结果,所以人们一般并未意识到自己使用了隐喻。这个诱发的过程学术界有个术语叫 motivation(理据或动因)。认知语言学认为大部分隐喻是被诱发出来的,它们的形成是有动因的(motivated),不是精心策划后选择出来的,这显然和传统隐喻观截然不同。由于人不断有涉身体验的经历(embodied experience),结果就可以不断地援用这种经历来表达抽象概念,因此认知语言学家们认为,人们使用的语言隐喻非常广泛。那些我们原来并不认为是隐喻的表达法,在认知语言学家眼里都是隐喻。

认知隐喻理论可以概括为:隐喻并非奇特语言,而是普通语言;隐喻不仅属于语言范畴,更属于思维范畴。这两点和传统隐喻理论恰恰相反。

1.2 为什么要用隐喻

体验、动因和映射

上一节我们提到隐喻形成的体验因素,现在我们需要把讨论深入一步,还需要引进几个术语。其中最重要的一个就是 grounding 这个词。认知隐喻理论认为,人的认知结构是从感觉和动作(sensorimotor)发展而来的。我们每天使用的隐喻表达法虽然显现在语言中,但它们仅是思维中概念隐喻在语言层面上的表现,而概念隐喻却是基于人的经验(grounded in experience)。这种经验可能是非常基本的,如视觉触觉,人体对冷热的感觉就属于这类。但是概念隐喻还可以基于较为复杂的经验,如文化经验,亚里士多德用的"舞台"就属于文化经验。感觉运动的经验最普遍,超越文化,但文化经验却会有局限性。比如说,一个人若没有见过舞台的话,那么"人生是一个舞台"这个隐喻对这个人就没有意义,但冷热之类的感觉却是普遍的。换句话说,抽象的、无形的、非实体的概念通过具体的、有形的、实体的、可以用感官感知的东西得以概念化,这就是 grounding 的意思。

把隐喻分成由人体感觉或动作诱发和由具有文化属性的事物诱发显然过于简单,因为很难在身体和文化之间清楚地画出一道分水岭,但由于我们关注的是认知隐喻和翻译,特别是翻译实践的关系,为方便起见,我们暂且接受这个粗略的分类,毕竟站立这个动作更具人体属性,而参加升旗仪式更具文化属性,两者之间的差别还是显而易见的。确实,我们不停地使用含有文化特征的隐喻,比如见了某个特别瘦的人,我们会说那人"真是根竹竿"。这时竹竿和瘦人之间就建立起了一种相似关系,隐喻就可能因竹竿而诱发,或者说,竹竿成了隐喻的动因或理据(motivation)。这种动因显然有其局限性,因为没有直接或间接(如通过电视)见过竹子的人就很难领会这个隐喻的意义。由文化动因诱发的隐喻还可能会有解读的潜在困难,因为同一件事物可能有不同的附加信息,而这对翻译来说就很有意义。

然而有些隐喻的形成动因并不受文化环境的制约。相反,他们被诱发的动因基于人的感官,是生理的,更具普遍性。认知隐喻研究领域常举的一个例子就是愤怒和体温的关系。人愤怒的程度和体温的高低成正比,越愤怒,体温越高,因此才有 ANGER IS A HOT FLUID 这个概念隐喻。在这个概念隐喻的诱发下,就可能形成很多语言隐喻,比如说 hot temper, boiling with rage 等语言隐喻都是基于上面那个概念隐喻。这类基于人体感官的隐喻也称为基本隐喻(primary metaphor)。理解这类隐喻一般不需要克服文化障碍,因为诱发它们的动因是生理的,不受文化等因素影响,跨文化表达时也常可保留隐喻的特征,如"热暴脾气"、"气得热血沸腾"等。如果说,诱发人使用"擂台"、"竹竿"的经验仅有部分的普遍性(partially universal),那么诱发"热暴脾气"、"气得热血沸腾"这类语言隐喻的经验就有广泛的普遍性(universality)。

另外,除了在普遍性上的差别外,这两类隐喻还有另一个区别。使用文化隐喻的能力常为学得,而使用基本隐喻的能力则是习得,使用前者有意识选择的成分大,而后者的使用常为下意识的。下意识使用的隐喻不是使用者刻意选择的结果,所以不构成作者写作的特征,因此在翻译时一般不用给与过多关注。相反,一个隐喻如果是刻意选择的结果,那么它至少反映了作者的意图,他本可以使用另一个隐喻,可他没有用,偏用了这个隐喻,这种选择对翻译就可能有意义。

了解体验、动因后,我们有必要了解认知语言学家如何描写概念隐喻和语言隐喻间的关系。人不能直接和思想接触,因此中间必须有一个媒介,而这个媒介就是概念(concept)。概念可以是非隐喻的,通过体验而来的概念就是非隐喻的。但表达抽象事物的概念却几乎都是隐喻的。我们通过概念了解抽象的思想,将这种思想隐喻化,然后再把它变成语言隐喻或称隐喻表达法,结果抽象的思想便以隐喻的形式见诸于文字。认知语言学在描写这个过程时使用了几个专业术语,也就是源域(source domain)、目标域(target domain)和映射(mappings)。让我们用一个最常见的概念隐喻来说明从概念隐喻到语言隐喻的过程。当我们想表达一个人已进入晚年,我们会用"黄昏岁月"这样的表达法。显然我们这么说的时候,使用了一个语言隐喻(黄昏),而我们之所以使用"黄昏"这个语言隐喻,是因为在我们的思维中已经有了一个概念隐喻 LIFE IS A DAY。在这个概念隐喻中,life 是我们想要表达的,它比较抽象,我们管它叫 target domain,即目标域,而 day 是我们借助的概念域,就是我们前面说过的"把手",我们管它叫源域。我们求助这个源域,因为它是我们非常熟悉的概念。这样,我们通过具体的、熟悉的概念来了解抽象的、不熟悉的概念,而源域和目标域之间的相互关系就可以用映射(mappings)来描述,如下图示:

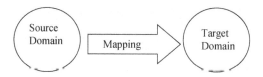

Kövecses 根据 *Cobuild Metaphor Dictionary* 和其他来源列出了十三个最常使用的源域,他们分别是①:

1. The Human Body (the heart of the problem, shoulder the responsibility)
2. Heat and Cold (warm welcome, cold reception)
3. Light and Darkness (a dark mood, the foggiest idea, she brightened up)
4. Health and Illness (sick mind, healthy society)
5. Forces (He is driving me nuts, Don't push me!)
6. Movement and Direction (do it step by step, go crazy)
7. Cooking and Food (my recipe for success, cook up a story)
8. Building and Construction (He was ruined financially.)
9. Plants (the fruit of his work, Exports flourished)
10. Animals (He is a snake.)
11. Money and Economic Transactions (spend your time, invest a lot in friendship)
12. Machines and Tools (the machine of democracy)
13. Games and Sport (to toy with the idea, a heavy weight politician)

---

① 这里十三个源域的排列顺序和 Kövecses 原来的排列不同,这里的排列主要是希望能区别人体基础和文化基础。其原书的排列见 *Metaphor: A Practical Introduction*, p.16。

我们可以看到,在这十三个被要求援助的源域中,第一到第三直接和身体感官有关,第四也和感官脱不了干系,第五和第六则和人体的运动有关。由于和感官有关,所以文化差异就不大;但是第七到第十三则属身外之物,人们对它们的熟悉程度可能会因文化而不同,比如体育运动就有文化差异。下面我们再来看看常需帮助的目标域有哪些:

1. Emotion (deeply moved, bursting with joy, unleash anger)
2. Desire (hungry for knowledge, starved for love)
3. Morality (low trick, shady character)
4. Thought (grind out new ideas, search for the memory, see your point)
5. Society/Nation (neighboring countries, a friendly nation, fathers of the country)
6. Politics (The president plays the hardball. The fight erupted over abortion.)
7. Economy (build a strong economy, the growth of the economy)
8. Human Relationships (a budding relationship, friendship in full flower)
9. Communication (give you some information, a dense paragraph)
10. Time (The time will come. Time flies. Time goes by fast.)
11. Life and Death (The baby will arrive soon. Grandpa is gone.)
12. Religion (God as Father, Shepherd and King)
13. Events and Actions (Reach one's goal. She turned thirty last month.)

从上面的例子可以看出,这些目标域可以分成心理精神、社会组织、社会事件、人际交流等,但它们都是抽象的。抽象概念不容易表达,所以才需要借助不抽象的源域。而源域和目标域之间的映射正是语言隐喻形成的过程。以感知运动和常见事物为基础,通过映射诱发的隐喻数量不小、体系庞大,在我们的生活中能起到举足轻重的作用,所以它们是我们"赖以生存的隐喻"(metaphors we live by)。另外,认知语言学家用英文书写概念隐喻时一般使用小型大写字母(small caps),比如 life is a journey 写成 LIFE IS A JOURNEY。

非隐喻语言空间有限

我们语言中难道就没有非隐喻了吗?一个从来没有接触过认知语言理论的人也许很难接受隐喻广泛存在的观点。当我和学生说 He is in trouble 这句话中含有一个隐喻的时候,有些学生私下就说,这个老师连隐喻是什么都不懂,这句话里根本没有隐喻。因为根据传统的隐喻理论，in trouble 不是隐喻，是认知隐喻理论把隐喻的范围扩大了。但是我们的思维中仍有不少非隐喻的概念，我们的语言中也有非隐喻的表达法。一句话，字词句仍然有字面的意思。

当我们为别人指路时说，先向左拐，然后往右转，我们指的就是字面的意思，不是隐喻；当你和同桌吃饭的朋友说，把酱油拿过来，你要的就是实实在在的酱油，无言外之意；当医生叫你弯腰低头时，他说的也是字面意思，你只需弯腰低头即可；当气球升上天，我们会仰头去看；当苹果从树上掉下来，你会用手去接；当瓶里装满水时，你会去倒出来；当母亲向你走来时，你会前去迎接、去拥抱。所有这些发生在你面前的事件都不是隐喻的，他们实实在在存在于你的生活中，你不用觉得自己在做梦，向你走来的就是那个从小把你养育成材的母亲，这些都不是虚构事件。

不过这些事件有一个特点，认识和理解它们所依靠的主要是我们人体的感官，它们所描述的都是客观具体的事件，而非主观抽象的概念。认知语言学家们认为，要想不使用隐喻来思考抽象的、主观的经验和判断，几乎是不可能的，更别提用语言表达了。只要你自然地说话或写作，隐喻就逼人而来，就会像开闸的洪水一样，你想拦都拦不住。如果你小心谨慎，刻意避免使用隐喻，你也许可以走一程没有隐喻的路，但是你步履艰难，最多也只能表达一些比较简单的概念，一旦出现复杂概念，你就不得不使用隐喻。不过在使用隐喻的过程中，你倒是可以大量借用上面那些非隐喻的概念。

你可以对于思想过于自由的人说"你们太左了"，而将思想保守的组织称为"右翼"，这当然不是在说马路上的左转右拐；你们会把借鉴别人的做法叫作"拿来主义"，拿来的不是酱油；你也会赞扬一位同事在不正之风面前不弯腰，说的当然不是真的屈体弯腰；看到某人当了局长，你会说"这小子上去了"，这和气球上天不同；而换工作后工资减少时，你会说收入下降，下来的不是苹果；岁尾年首，你会说新世纪向我们走来，让我们拥抱新的一年，拥抱的不是有血有肉的母亲。

认知语言学家并不否认非隐喻的存在，但他们认为，非隐喻概念存在的空间并不像原来我们想象的那么大，语言中非隐喻的表达法也相当有限。我们由于受传统理论的影响，往往没有意识到这点。比如一些我们原本认为并非隐喻的概念，仔细一想都是隐喻。Lakoff 曾让人做过一个实验：用非隐喻的方法来思考时间。不使用运动、空间的概念来思考时间，不使用物质的概念来讨论时间。他的结论是，我们根本无法思考时间，更遑论用语言表达时间了。我们说"2012 年来了"，那是时间在运动；如果说"我们走进了 2012 年"，那是我们在运动，这时我们是在启用 TIME IS MOTION 这个概念隐喻来帮助我们言说时间。如果我们说"在一个月时间里完成任务"，时间是不运动了，但我们却把时间当成了三维空间的容器（TIME IS A CONTAINER），就像我们说"在瓶子里"一样，我们说"在时间里"。你也许会说，我能避免运动和空间的概念,比如说"让我看看还有多少时间",这样你确实避免了运动和空间概念,但是却把时间比喻成了物质(TIME IS SUBSTANCE),可以用多少来描述时间,就像你说有多少水一样;你也许会说"计划安排时间"(budget time)、"浪费时间"(waste time),但这些表达法都源于另一个隐喻性的概念(TIME IS MONEY),你仍然无法逃离隐喻。一般来说,那些不通过隐喻概念理解的概念就是非隐喻概念。只要我们只谈物质世界中具体的经验,我们也许能勉强"苟且地"生活在非隐喻世界里。但那是一个不正常的世界,因为在那个世界里,主要是物质生活,没有精神或情感的生活。一旦我们想不再讨论物质世界的具体经验,而去讨论抽象的、情感的概念,我们马上就觉得"束手无策",不得不借用概念隐喻了。没有隐喻,我们几乎寸步难行。概念隐喻已无所不在地渗透在我们的生活中,根本不是你选择不选择它的问题,没有它你根本生存不下去。在生活的各个领域中,无论是文学艺术,还是科学技术,隐喻思维和语言都是我们赖以生存的媒介。

至此,我们对传统隐喻理论和认知隐喻理论作了一个简单的概述。我们因此扩大了视野,隐喻不仅是语言的,更是概念的。另外,我们也认识到隐喻实际渗透到了语言中的各个领域,不仅只是文学艺术中才有隐喻,几乎所有的话语和文本中都充满隐喻,即便是那些逻辑思维最严密的领域,如科学技术、法律经济,隐喻仍然比比皆是。下面就让我们来看一看不同领域中的语言隐喻以及诱发它们的相关概念隐喻。

1.3 语言隐喻无处不在

生活语言中的隐喻

我们已经在上面简述了语言中隐喻比比皆是这一观点。现在让我们进一步用大量的语言实例来加强对这一观点的认识。让我们首先借用 Kövecses 的一个例子:

> People might say that they try to give their children an education so they will *get a good start* in life. If their children act out, they hope that they are just *going through a stage* and that they will *get over it*. Parents hope that their children won't *be burdened with* financial worries or ill health and, if they face such difficulties, that they will be able to *overcome them*. Parents hope that their children will have *a long life span* and that they will *go far in life*. But they also know that their children, as all mortals, will *reach the*

end of the road. ①

我们可以看出,这段文字是描写人生的,显然作者借用了一个"把手",也就是人们非常熟悉的旅程(journey)概念。若看一下文字中的斜体字,就会发现他们都和人生活中的旅程有关,旅程有开端,有不同阶段,旅程中也会有障碍要克服,有人旅程中轻装前进,有人却得背上包袱,旅程可长可短,旅程的收获可多可少,但是最后所有的旅程都会结束。我们可以看出,这个抽象的人生概念是借用一个具体、熟悉的概念来表达的。用比较学术些的话说,我们要表达的 life 是一个目标域(target domain),所借助的 journey 是源域(source domain),而源域和目标域映射后就产生了一个概念隐喻:LIFE IS A JOURNEY。这种源域和目标域之间的映射在人思考和语言表达时千万次地发生。同一个源域可被借去派不同的用场,同一个目标域可借用不同的源域。比如说,可借用 LIFE IS A GAMBLING GAME 这个概念隐喻来表达 life,于是就有了 Those are high stakes in life 这样的隐喻表达法;也可让 journey 发挥不同的作用,如让 LOVE IS A JOURNEY 这个概念隐喻去解救很难言说表达的 love,于是就有了 Our relationship is not going anywhere 这样的隐喻表达法。类似这样的语言隐喻在我们每日的生活中几乎比比皆是,Lakoff 在他那本著名的奠基著作中罗列了大量例句(Lakoff, 2003:10, 25, 46),其中包括不引人注意的概念隐喻 HAPPY IS UP; SAD IS DOWN 所诱发的隐喻,如 My spirits rose 和 My spirits sank;还包括 LIFE IS A CONTAINER 这样明显的隐喻,如 Life is empty for him 和 His life contained a great deal of sorrow。

但概念隐喻是学者看问题的角度,而我们普通人不会从学者的角度去看语言隐喻。不过无论你横看竖看,隐喻仍然挥之不去。请看下面这些句子:

> We have the chance at any moment to *walk outside our prejudices*.

His life contained a great deal of sorrow.

---

① 本节主要试图阐明隐喻无处不在这一现象,因此本节中有关例句不附中文翻译,但将在下面的章节中附加汉译。这段文字选自 *Metaphor: A Practical Introduction*, p. 3。

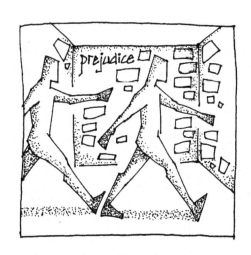

We have the chance at any moment to
walk outside our prejudices.

本句中的 walk outside our prejudices 就是一个隐喻,偏见被比喻成一个三维空间,诱发这个语言隐喻的动因就是概念隐喻 PREJUDICE IS A CONTAINER。这种用三维空间作比喻的说法在英文中相当普通,比如我们说 get into trouble,get out of trouble,be in love 等都是基于这种容器隐喻。鉴于这种隐喻的基础是一般的空间概念,而对空间的感知又是人最基本的认知能力,所以这类隐喻在我们一般生活中的数量很大。再看下面的句子:

> Some of the talented young are *swiftly defeated*, and *retreat into more ordinary lives*. Others are *shooting stars*, here and gone. Those made of *sterner stuff* last longer.

这短短两句话中至少有四个隐喻。首先 swiftly defeated 就是一个隐喻,因为这里说的有才干的年轻人也许是政界新秀、商界新人或初出茅庐的艺人,他们并没有真正和任何人进行战争意义上的竞争,所以这个 defeated 仍然是隐喻的,其背后的概念隐喻是 LIFE IS A WAR;至于 retreat into more ordinary lives 中语言隐喻的动因是 LIFE IS A CONTAINER 这个概念隐喻,人们可以进入这种更为普通的生活,当然也可以出来(go out of);第三个隐喻 shooting stars 实际是一个意象隐喻(image metaphor),成功是流星,瞬间即逝;最后一句中的隐喻 sterner stuff 表示人是材料做成的,所基于的概念隐喻是 MAN IS A SUBSTANCE。这两句很生动地说明,在生活中隐喻确实无处不在,躲都躲不开。

只要我们翻开各种报刊杂志,无论是小县城里的日报,还是大名鼎鼎的《纽约时报》,你都会看到各种各样的隐喻,有些你也许没有意识到它们是隐喻,但有些却是夺人眼球的隐喻,请看下面这些句子:

1. Now and then an author comes along who *rewires a part of our brains*. (*The New York Times*)
2. We have *a mountain to climb* in the House to achieve an override. (*The Wall Street Journal*)
3. Many women actually *abandon ship* before they reach the *pinnacle of their success*. (*The New York Times*)
4. To reach *the port of heaven*, we *must sail sometimes with the wind* and sometimes against it, but we must sail, and *not drift*, not *lie at the anchor*. (Oliver Wendell Holmes)
5. At twenty man is *a peacock*, at thirty *a lion*, at forty *a camel*, at fifty *a serpent*, at *sixty a dog*, at seventy *an ape*, at eighty nothing at all. (Baltasar Gracian)

Many women actually abandon ship before they reach the pinnacle of their success.

第一句中的 rewires a part of our brains 就是一个隐喻,它将人的大脑比喻成计算机;第二句 a mountain to climb 也是一个隐喻,是把美国众议院中推翻议案的过程比喻成爬山;第三句的 ship 和 pinnacle 是两个不同的隐喻,妇女向成功迈进的过程比喻成了船的航程,而成功则比喻成了山之顶峰,两个隐喻之间没有根源上的联系,也就是说这两个语言隐喻的动因是两个完全不同的概念隐喻;第四句有好几个隐喻说法,如 the port of heaven, sail with the wind, drift, lie at the anchor,但是与第三句不同,几个隐喻都出自一个同源的隐喻概念,就是把通向天堂的路比成航海,进入天堂就是抵达港口,一路上顶风顺风都可能有,但不可随波逐流,不应无所事事,这种由一个概念隐喻诱发数个语言隐喻的现象在翻译上很有讨论的意义;第五句中使用了一连串的动物,而这些语言隐喻的源头就是概念隐喻 PEOPLE ARE ANIMALS,作者把各种不同隐喻的特征都映射到了不同年龄的人身上。

隐喻可能非常"招摇",读者一看就知,但也可能很"低调",隐藏于文本话语之中。一旦我们从跨语言的角度认真审视这些隐喻表达法,我们也许会发现,有时我们说某个句子难翻译,究其根源实际是隐喻在"作怪",而如果能从隐喻角度看问题,也许有些翻译难题就会迎刃而解了。

专业语言中的隐喻

专业类别泛多,如科学、技术、法律、经济等不胜枚举。先说隐喻和科学的关系。科学的第一要务就是发现,而"发现"一词本身就含有隐喻的意义。我们可以发现一个山洞,或发现别人丢失的手机,或发现一个走丢的孩子,这些都不是隐喻,都是可以触摸的实实在在的东西。但当你说发现了一个物理学的定律时,就有隐喻的含义了。

"原子"的发现就和隐喻不无关系。物理学中有关"原子"的经典理论认为,原子是不变的弹子球状物质,是不可进一步分割的、最小的物质单位。可是科学家们后来发现,原子并不是一个馄饨状的球,它本身仍然有结构,而且是可进一步分割的,于是"中子"等比原子小的物质单位就被发现了。在整个探索、发现、命名的过程中,科学家们都依靠与体验有关的隐喻概念,帮助其言说科学的新现象(Brown, 2003:53, 74)。在所有科学技术的领域,新事物的出现都需要新的语言来表达,这时人们总会求助隐喻思维,将难以言说的概念付诸形象的语言。这样的例子很多,如电子学中使用的 electric current,就是借用了水流,与之映射的概念隐喻是 ELECTRICITY IS WATER,后者还引出一系列其他的同源语言隐喻,比如 the ripple of current, the leakage of current, battery drain 等。此外,生物科学、环境科学、能源科学、农业科学、医学科学、计算机科学等领域都常依靠隐喻表达专业概念。而且不少这样的语言隐喻常能在另一个语言中照原文或基本照原文思路表达。尽管这种贴近原文隐喻的译法未必是最佳译法,但毕竟能让读者理解其基本意思。之所以能被理解是因为它们所依赖的概念隐喻是来自无文化差异的基本认知。下面让我们来看看医学和计算机科学中的隐喻。

医学,特别是基础医学的语言中隐喻也非常多。细胞是人体的基本组成部分。一个细胞从诞生到死亡恰如人的一生,所以我们可以说 a cell is born, a cell grows, a cell dies, a poorly nourished cell, life cycle, lifespan, life history 等。我们之所以使用这些语言,是因为在我们的思维中已经存在一个概念隐喻 CELLS ARE HUMAN BEINGS。由于细胞被比喻成了人,所以就可以用下面的隐喻描写肿瘤细胞的转移:escaped from the primary tumor of the lungs, entered the blood circulation, and eventually invaded the brain;鉴于肿瘤入侵人体,所以肿瘤就成了我们的敌人,于是就可以用下面的语言描写肿瘤的治疗:blocked the tumor cell's invasion and killed the tumor cells。由于细胞是人,我们还可以说 T cells blind to tumor, host defense system, population of lymphocytes, migration of tumor cells 等等。若想进一步了解医学文献中的隐喻,可参考 *Metaphors in Medical Texts* 一书(Tongeren,1997)。

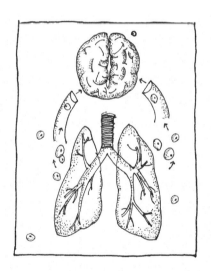

Cancer cells escaped from the primary tumor of the lungs, entered the blood circulation, and eventually invaded the brain.

计算机领域中的隐喻同样很多,有人用 metaphors we compute by(Lawler,1999)来说明隐喻在计算机领域普遍存在的现象。我们大家非常熟悉的一个计算机隐喻是 folder。我们把不同的文件分门别类,放到不同的文件夹里,有些文件夹放图片,有些放工作用的文件,有些放私人的文件,就好象我们把文件放到墙角的文件柜里一样,但我们都知道,这里说的文件夹是看不见摸不到的,是隐喻的文件夹,它背后的概念隐喻是 A COMPUTER IS A FILING CABINET。当我们说硬件的时候,所指的器件也许确实看得见摸得到,可是当我们说软件的时候,我们就不能用手去触摸某样软的东西,所以 software 也是隐喻。我们一般经常说的 cut 和 paste 显然也是隐喻的,因为我们根本没有剪刀之类的剪贴工具。有一种采用相同通信协议连接的网络设备称为 bridge(桥),但这仅仅是隐喻的桥。而另一种连接网络的设备称为 gateway(网关)同样也是隐喻的。在通信网络中有一种能加速报文传递的设备称为 router(路由器),存放信件的 mailbox(邮箱),影响设备操作的干扰 noise(噪音),以及你计算机左上角的 recycle bin(回收站),所有这些都是隐喻表达法。

那么社会科学的文章著作里是不是也隐喻丛生呢?其实也没有两样。Lakoff 写过一本从隐喻角度解析美国政治的书,书名叫 *Moral Politics*(Lakoff,1996)。在书中他从隐喻角度分析美国政治,认为保守派和自由派双方因观念不同,采用了完全不同的隐喻思维,结果保守派认同 Strict Father Morality 信条,而自由派认同 Nurturant Parent Morality 信条(很像中国人说的"严父慈母"),而这种隐喻思维渗透在生活的各个方面,包括语言。

另外,宏观经济领域经常说的 soft landing(软着陆)和 hard landing(硬着陆)都是隐喻,诱发这两个语言隐喻的动因是它们背后的概念隐喻 economic process is a flight,其来源是早期的氢气球旅行,在着陆前气球慢慢释放气体,使下降速度减慢,达到软着陆的目的,后来这个表达法也用于描写飞机和月球着陆。银行投资领域更是隐喻丛生,比如普通人熟悉的 bear market(熊市)、bull market(牛市)、hard currency(硬货币)、hot money(热钱)、face value(面值),和普通人不熟悉的 floating rate note(浮息票据)、horizontal merger(横向合并)、back-to-back loan(背对背贷款)、balloon option(气球型期权)。Black Monday(黑色星期一)和 black Friday(黑色星期五)显然都是隐喻,但是两个黑色意义完全不同。"黑色星期一"指的是美国金融历史上黑暗的一天(1987 年 10 月 19 日)。道琼斯指数下跌 508 点,大约达 22%,是纽约股票交易所史上单日跌幅最大的一天,但"黑色星期五"却是指感恩节后的第一个星期五,是美国零售额最多的一天。前者是负面的,其概念隐喻是 PESSIMISM IS DARK,是源于体验的隐喻,但后者完全是根据会计制度中黑字表示盈余,赤字表示亏损而来。然而这类隐喻源自会计制度,受文化制约,因此可能造成文化解读上的差异,比如中国股市一片红是大涨,但美国股市一片红是惨跌,在美国大涨是绿色,恰好和中国相反。

在法学、传播学、心理学、神学等其他众多社会科学领域中,隐喻都非常普遍。可以毫不夸张地说,在专业领域中,隐喻也是人们赖以生存的思维方式和言说手段。

文学语言中的隐喻

隐喻大量存在于文学作品这一观点,不管你持什么隐喻观都会同意。与非文学作品中的隐喻相比,文学作品中的隐喻份量可能更重。有时候隐喻呈现一个个单独的亮点,装点了语篇,使文句更形象,更有感染力;有时候隐喻构成一条贯穿主题的生命线,丢了隐喻就丢了生命线。我们不妨来看看文学作品中出现的一些隐喻:

1. ... there is the New York of the commuter—the city that is *devoured by locusts* each day and *spat out* each night. (*Here is New York*, by E. B. White)
2. On any person who desires such *queer prizes*, New York will bestow *the gift of loneliness* and the *gift of privacy*. (*Here is New York*, by E. B. White)
3. When the *storm of grief* had spent itself she went away to her room alone. (*The Story of an Hour*, by Kate Chopin)
4. *The face* of the heath by its mere *complexion* added half an hour to evening; it could in like manner *retard* the dawn, sadden noon, anticipate *the frowning* of storms scarcely generated, and intensify the opacity of a moonless midnight to a cause of shaking and dread. (*The Return of the Native*, by Thomas Hardy)
5. ... no memorial of the fair young girl remained on earth, except my own solitary tears, and the funeral bells from the desert seas, that, rising again more softly, sang a requiem over the grave of the buried child, and over *her blighted dawn*. (*Quicksands*, by Thomas de Quincey)

第一个例句中斜体的隐喻是用来形容纽约市的,说的是人们早上进城,晚上出城,在读者头脑中能形成一个意象,忙乱拥挤的场面跃然纸上。第二句是说若有人喜欢离群索居,那么纽约能让你心满意足,将礼物和孤独放在一起,凸现了礼物的奇特,造成吸引注意力的效果。第三句将悲哀比喻成风暴,凸现女主人公情感之激烈。第四句则是一连串的比喻,而且其中三个隐喻均导源于同一个概念隐喻 HEATH IS A PERSON WITH A FACE,因为本句中的 face, complexion, frowning 都和人的脸有关,当然句子里还有其他的隐喻。第五句隐喻也许不止斜体的部分,但 blighted dawn 却是一个有特殊意义的隐喻。本来 dawn 这个词就是清晨的意思,而且在德昆西的那篇散文诗中，女孩恰恰是在清晨陷入流沙而死去的，所以 dawn 本来也是字面意思的清晨。可是作者同时将 dawn 赋予了另一层含义，把一天中的清晨比喻成了人的青春年少，也就是说，被毁灭的是那个女孩的青春，在这层意义上看，这个词是隐喻的，诱发这个隐喻的动因是 LIFE IS A DAY。鉴于在清晨中死去就是这篇短小散文诗的主题，所以这个 dawn 就不仅仅是一个修饰的隐喻，而是与主题相关的隐喻，因此我们就不应该把它和一般仅起修饰作用的隐喻相提并论。顺便需要提及的是，这种与文本外更大议题相关的隐喻并不仅仅出现在文学文本中，非文学文本中也常有。比如 2012 年总统大选中美国副总统拜登在攻击罗姆尼的华尔街政策时说："Unchain Wall Street. They're going to put y'all back in chains."拜登主张要控制华尔街，但罗姆尼要为华尔街松绑。偏偏拜登讲话的听众是一群美国黑人，于是就引起轩然大波，共和党攻击拜登用词不当，不该使用 chains 这个能让人联想到黑奴的词。在这种语境中，将 chains 这个词解释成"束缚"等都将严重影响原文意义的传达，必须保留"锁链"这个隐喻。

若看上面几个句子，我们会发现，其中的隐喻都较能引起读者注意，用认知语言学的话说，它们是 image metaphor。这些隐喻与人体感官诱发的隐喻不同，后者是以成年累月的经验为基础，是慢慢形成的，所以常不被人意识到，但意象隐喻则是"急就"而成，不是长期感知的结果，是临时选择的结果，而且还需要一定的常识，比如你若不知道什么是风暴，就不会用这个隐喻。尽管这类意象隐喻招人关注的程度可大可小，但总体上说，所有意象隐喻都比较容易被发现，比如说把愤怒比作风暴很普通，艺术感染力可能并不显著，但还是一下子就能让人看出是隐喻；但是将人群比作蝗虫，且可以吞吐，则是相当背离常规的表达法（deviate from the norm），至少构成了作者写作的一个特征，翻译时如何处理很值得讨论。其实，传统隐喻理论所说的隐喻大都是这类意象隐喻。在这点上，认知理论和传统理论之间没有很大分歧。

但是，传统隐喻理论认为文学中的隐喻是特殊的表达法，需要特殊的才能，这点却是认知语言理论所不能完全苟同的。认知隐喻派认为，很多文学隐喻的源头都是普通人的普通概念，是市井小民头脑里都有的概念，文人创作隐喻的最原始的（思维）材料一般老百姓也已具备，只是文人使用这些材料的方法与众不同，才使作品与众不同。比如说 Robert Frost 下面这首著名的诗：

> Two roads diverged in a yellow wood,
> And sorry I could not travel both
> And be one traveler, long I stood
> And looked down one as far as I could

To where it bent in the undergrowth.

Then took the other, as just as fair,
And having perhaps the better claim,
Because it was grassy and wanted wear;
Though as for that the passing there
Had worn them really about the same.

And both that morning equally lay
In leaves no step had trodden black.
Oh, I kept the first for another day!
Yet knowing how way leads on to way,
I doubted if I should ever come back.

I shall be telling this with a sigh
Somewhere ages and ages hence:
Two roads diverged in a wood, and I—
I took the one less traveled by,
And that has made all the difference.

这首诗的隐喻源头其实就是人们很熟悉的概念隐喻 LIFE IS A JOURNEY。诗人头脑中必须先有这个最基本的认知结构，才能想到诗中的很多具体的表达法。但作者创造性地延伸了这个普通人都熟悉的概念，写出了 Two roads diverged in a wood, and I—I took the one less traveled by 这样令人难忘的诗句。换句话说，诗句确为奇语，但写出奇语的基础并不奇特。诗人恰像是艺术高超的魔术师，手中普普通通的一块手绢，竟被他化普通为神奇，真是让我们普通人望尘莫及。

文学隐喻风景无限，既具有挑战，又让人神往。我们会在下面有关的章节里进一步讨论。

1.4 本章内容概要

- 认知隐喻理论认为，隐喻相当普遍，不用费力就能说出隐喻。隐喻存在于所有类型的语言中，决非文学语言所特有，在科学、技术、商业、金融、法律等诸多领域都是隐喻丛生；这和传统隐喻论针锋相对，后者认为隐喻是特殊的语言，主要存在于文学中。另外，认知隐喻理论认为，隐喻不仅是语言现象,更重要的是思维现象,这也和传统隐喻理论的观点对立。
- 隐喻的本质是借助一个比较具体的概念来表达一个抽象概念。这个具体的概念就像一个"把手",借此来把握一个很难把握的概念。
- 概念隐喻的形成很多都是以人体体验为基础的。认知语言学认为,大部分隐喻是被诱发出来的,它们的形成是有动因的,不是精心策划后选择出来的。
- 认知语言学在描写隐喻过程时使用了几个专业术语,即源域、目标域和映射。熟悉的概念是源域概念,想要表达的抽象概念是目标域概念,将源域概念投射到目标域上就是映射。

主要阅读材料

1. 有关奈达功能对等的理论可参考他与人合作的 *The Theory and Practice of Translation*(1982),也可参看国内学者介绍解释奈达理论的著作,如谭载喜的《新编奈达论翻译》(1999),及叶子南《高级英汉理论与实践》(第三版,2013)中有关奈达的章节。
2. 目的论可参考 Hans J. Vermeer 的 *A skopos Theory of Translation* (1996)。
3. 有关后殖民的翻译理论可参考 Susan Bassnett 等主编的 *Postcolonial Translation: Theory and Practice*(1999)。
4. 有关文化翻译的主要理论可参考霍米·巴巴的 *The Location of Culture* (1994)。
5. 认知概念隐喻的必读书是雷科夫和约翰孙的 *Metaphors We Live By*。如果希望比较详尽地了解认知概念隐喻,可以参考他们两人合著的 *Philosophy In The Flesh* 和 *Women, Fire and Dangerous Things*。国内学者王寅的《Lakoff & Johnson 笔下的认知语言学》(2001)简洁地概括了概念隐喻的理论。
6. 有关 poetic logic,可参考 Marcel Danesi 所著的 *Poetic Logic*(2004),特别是第一章 Metaphor and Poetic Logic 写得通俗易懂。
7. 有关体验和动因,可参阅 Kövecses 所著的 *Metaphor: A Practical Introduction* 一书中 The Basis of Metaphor 一节。作者在讲解时使用的语言平易近人,毫无书卷气,是初学者入门认知隐喻的一本好书。
8. 有关文学隐喻这个题目,必读的书是 Lakoff 和 Turner 所著的 *More than Cool Reason*。

> 思考题和练习

1. 在大众阅读的报刊杂志中寻找一段 300 到 500 字的文字,然后按照认知语言学家对隐喻的定义,阅读该文本,数一下到底有多少比较明显的隐喻和不很明显的隐喻,最后看一看这些语言隐喻背后的概念隐喻是什么。
2. 从最接近生活的语言中寻找隐喻,比如在每日的交谈,商场购物,看医生,使用电脑和智能手机等活动中,我们是否使用隐喻,都使用些什么样的隐喻,这些隐喻都非常明显还是不易发现?在课堂上展开讨论,看看这些隐喻中,哪些是很难避免的,哪些未必需要使用,使用隐喻和不使用隐喻的利弊何在?
3. 采用认知隐喻的观点,下面的句子中哪些是隐喻:
   I have not burdened the text with footnotes, but have taken care to make only statements which can be backed by sources, and have as far as possible used the original words, though this may not be apparent.
4. 下面这段文字是讨论平板电脑价格的,请根据认知隐喻的理论找出其中的隐喻以及诱发这些隐喻的概念隐喻:
   But Microsoft said "competitive," and if Microsoft really wants to compete with Apple, it probably has to undercut the iPad. So while the $599 is more than likely, it would be nice to see Microsoft enter the market aggressively, rather than launch high, then drop the price if (when?) sales are slow. Amazon didn't price its Kindle Fire high then drop it, it went on the cheap. Meanwhile, RIM priced its PlayBook very high, then dropped and dropped and dropped the price. Which company is holding its head high now? (From nbcnews.com)
5. 下面这句话中,有不少隐喻。请根据认知隐喻的定义,找出句子中明显的和不明显的隐喻,然后用解释的办法重写一下这句话,尽量把隐喻消除,再来看看有隐喻的和没有隐喻的句子的差别何在:
   Those of a positivist inclination have tended to sweep metaphor under the academic rug, deeming it as linguistic frill that can always be reduced to the kind of literal language with which they are more at home. (From *The Educated Mind* by Kieran Egan)

6. 现在我们已经扩大了隐喻的视野,也许已经感觉到隐喻的表达法真是比比皆是,那么就来看一看下面这段并非文学语言的文字。从认知隐喻的角度看,你能发现多少隐喻表达法:

In its tough, often remorseless way, New York is a crucible for every manner of talent. Some of the talented young are swiftly defeated, and retreat into more ordinary lives. Others are shooting stars, here and gone. Those made of sterner stuff last longer, and it helps if they have lived on our streets. (From *The New York Times*)

第二章 从跨文化角度看隐喻

2.1 隐喻的跨文化视角

隐喻体验和常见事物的跨文化特征

大家已经知道,Lakoff 等研究认知隐喻的学者有一个核心思想,就是隐喻不仅存在于语言中,更存在于思维中。换句话说,他们认为我们不仅借用隐喻说话,更借用隐喻思想。由于人们的很多体验是相同的,所以我们大家其实共享很多隐喻思维模式。比如一个男孩成长过程中逐渐认识到,人情绪低落时体位常向下,而高兴时一般体位常向上,这一认识慢慢渗入到他的思维深处,结果他便在无意识的状态下形成了 HAPPY IS UP AND SAD IS DOWN 这一对概念隐喻,于是在成长过程中的某一点,便不自觉地将这个概念隐喻用来作为表达日常事件的"把手",开始说"热情高涨"、"情绪低落"这样的话。这个男孩的妹妹和他一起长大,有与他一样的体验经历,因此也有相同的隐喻体验基础,所以兄妹两人共同享有这个理解的体验基础,于是当哥哥说"我今天情绪低落"时,妹妹一下子就理解了。上述假设以单一的文化为基础,已经得到心理学的证实。但我们是不是也可以假设这种共享也可以延伸到所有文化呢?也就是说,在所有文化中的人都有共享理解世界的体验基础。这实际是在讨论隐喻的普遍性(universality),或者说隐喻的跨文化性。我们很难通过调查世界上所有的语言来证实这点,但是至少可以在有限的语种间作比较研究,相对地证实隐喻的普遍性或跨文化性。但是即便都是概念隐喻,它们之间的跨文化亲和力是不同的,所以在讨论隐喻的跨文化性前,有必要对隐喻进行区别。

基本隐喻和复合隐喻

像 HAPPY IS UP AND SAD IS DOWN 这样的概念隐喻跨文化的亲和力最强,最能在不同文化中找到"知音"。从孩提时起,我们就通过每日衣食住行的基本活动与环境互动,而这一路的互动"影响"着我们的感知系统,潜移默化地模塑着我们对世界的认知,隐喻在这个过程中起着举足轻重的作用。一般基本隐喻的形成依靠两方面,即主观的经验和判断以及感觉和动作的经历,但很多认知语言学家认为这两者是混在一起的,因为主观经验和感觉动作经历很难分开(Lakoff and Johnson,

1999：47）。比方说 These colors are similar 不是隐喻,但我们也完全会脱口说出 These colors are close,后者就是基于 SIMILARITY IS PROXIMITY 这个概念隐喻;同理,He achieved his purpose 不是隐喻,但说 He got what he wanted most 则是隐喻。你看,要将主观的经验和判断与概念隐喻完全分开有多困难,因为你一不留神,隐喻就出来了。由于这类隐喻概念是通过基本的感知和运动形成的,所以可以称为"基本隐喻"(primary metaphor)。用 Kövecses(2005：3)的话说就是"普遍存在的基本经验产生了普遍存在的基本隐喻"(Universal primary experiences produce universal primary metaphors)。也正是由于这类隐喻基于普遍存在的基本体验,不同文化的人就可能共有这类隐喻概念,换句话说,隐喻跨文化的可能性就很大。比如下面的隐喻都可称为是"基本隐喻":

  MORE IS UP（Prices are high.）
  INTIMACY IS CLOSENESS（He is my close friend.）
  KNOWING IS SEEING（I see your point.）
  UNDERSTANDING IS GRASPING（I failed to grasp your point.）
  AFFECTION IS WARMTH（They greeted me warmly.）
  EVENTS ARE MOTIONS（What's going on here?）
  PURPOSES ARE DESTINATIONS（They have reached their goal.）
  DIFFICULTIES ARE IMPEDIMENTS（Let's try to get around this problem.）

Let's try to get around this problem.

相信不同文化中的人思维里都有这种基本的隐喻概念。但除这些最能在不同文化里唤起共鸣的基本隐喻外,还有一些隐喻虽然相对复杂,但也非常"基本"。它们形成的动因不是单一的基本概念隐喻,而是数个基本概念隐喻。Lakoff 等分析了 A PURPOSEFUL LIFE IS A JOURNEY 这个复合隐喻(1999:61),认为这个复合隐喻其实是由两个基本隐喻构成的:PURPOSES ARE DESTINATIONS 和 ACTIONS ARE MOTIONS。理解这两个基本概念隐喻似乎不困难,"目的就是目标"这点在我们日常的生活中有所体会;"行动是运动"这个概念更有所领会,若不伸手怎能拿到苹果,这点我们也经历过。但是要认识到人生应该有目的地,他们应该行动起来接近目的地,就掺杂了文化价值内容。换句话说,这个概念隐喻是有价值取向的。根据上述分析,我们可以说,A PURPOSEFUL LIFE IS A JOURNEY 这个概念隐喻是由两个基本隐喻合成的,所以这类隐喻常称为"复合隐喻"(complex metaphor)(Evans,2007:30)。此外,这类概念隐喻的基础已超出基本的感知和运动,所以理论上说,其在不同文化中被接受的机会就没有基本隐喻那么大,但由于它们的基础都是较熟悉的事物或事件,如建筑物、容器、火、行程等,所以它们仍然很"基本",一般并不构成严重的跨文化障碍。Lakoff 将基本隐喻比喻成"原子",复合隐喻就是"分子",数个原子放在一起就构成"分子"(1999:60)。下面是一些复合隐喻的例子:

A THEORY IS A BUILDING(That is a foundation for this theory.)
ANGER IS A HOT FLUID IN A CONTAINER(I could not contain my rage.)
LOVE IS A JOURNEY(Our love is at a crossroads.)
ANGER IS FIRE(He is smoldering with fire.)

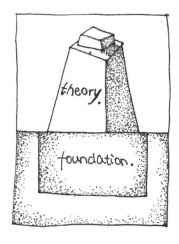

That is a foundation for this theory.

He is smoldering with fire.

基本隐喻固然能有超强的跨文化能力,但它太基本,所以不能反映很多复杂的生活经历,所以复合隐喻实际在我们的思维和语言中占有很大的比例,加之其常有文化价值内涵,就显得更为重要。

映射、蕴涵和混合

映射(Mappings)这个概念,我们在上面曾经提到过。这里有必要更详细地介绍一下。简单地说,映射就是将源域投射到目标域上。让我们用最常引用的概念隐喻 LIFE IS A JOURNEY 来说明映射(Kövecses,2005:127):

> LIFE IS A JOURNEY.
> He's without direction in life.
> I'm where I want to be in life.
> I'm at a crossroads in my life.
> She'll go places in life.
> He's never let anyone get in his way.
> She's gone through a lot in life.

在这六个含隐喻的句子中,抽象的一方是 life,也就是目标域,具体的一方是 journey,即源域,而源域的具体内容在我们理解时都映射到目标域上,具体映射如下:

> travelers → people leading a life
> motion along the way → leading a life
> destination(s) of the journey → purpose(s) of life
> obstacles along the way → difficulties in life
> different paths to one's destination(s) → different means of achieving one's purpose(s)
> distance covered along the way → progress made in life
> locations along the way → stages in life
> guides along the way → helpers or counselors in life

上述一组八个映射一般称为"跨域映射"(cross-domain mappings),映射内容是人们非常熟悉的,因为它们是基于最常见的生活经验。life is a journey 虽是复合隐喻,但并没有很强的文化特性,所以由其诱发的语言隐喻仍具有跨文化特征,不同文化中的人基本可以理解。这些映射的内容,如 obstacles along the way,different paths to one's destination 等,都是不同文化中人们生活中长期接触经历的,在跨文化过程中基本能畅通无阻。但是，另有些映射却是为了临时目的急就而成。这类映射常把源域和目标域结合起来，构成第三个概念或思维空间（conceptual or mental space），而这个思维空间是实时、临时（real time and online）搭建起来的，因此相对不稳定，在跨文化过程中被接受的程度就不确定，如常被引用的 This surgeon is a butcher 就是一例。有关这类引出第三思维空间的隐喻，我们将在下面进一步分析。总之，映射的内容如果长期存在于人们的生活中，构成了生活的一部分，又为不同文化的人所熟知，那么由这样的概念隐喻诱发的语言隐喻在跨文化过程中被接受的可能性就大；相反，映射如果是临时急就而成，特别是在两个映射域外出现第三个思维空间，则由这类概念隐喻诱发的语言隐喻就有可能在跨文化过程中遇到一些障碍。

蕴涵①（Entailment）：Kövecses 将蕴涵界定成"将源域映射到目标域过程中映射内容超出基本成分的对应，这种追加成分的映射就是蕴涵"（2005：7）。所以理解蕴涵的关键是区别基本和追加（basic and additional）。我们一般认为，一个抽象的概念可以有不同的方面，所以可以借助不同的隐喻思考或表达这些不同的方面，比如你可以借助 LOVE IS A JOURNEY 来思考爱情，但也可借助 LOVE IS A UNITY，LOVE IS AN ECONOMIC EXCHANGE，LOVE IS HUNGER 等概念来思考，就看你想表达爱情的哪些方面。这几个不同的概念隐喻就构成爱情隐喻的不同方面。我们在表达时，可根据自己的需要选择某个方面，如我们说 This love is quite expensive，其实就是选中了 LOVE IS AN ECONOMIC EXCHANGE 这个概念隐喻。现在让我们用 love is a journey 来进一步说明蕴涵。请看下面的概念隐喻及其下面的几个对应关系（出处同上）：

  travelers → lovers
  vehicle → love relationship
  destination → purpose of the relationship
  distance covered → progress made in the relationship
  obstacles along the way → difficulties encountered in the relationship

我们说 LOVE IS A JOURNEY 是表达爱情的一个方面，而上面五个对应关系就是表达这个方面的具体内容，有时称为 constituent elements，因为这五个对应的关系正是一般人们用来表达 love is a journey 的最基本内容，又因为它们的内容不具体，无细节内容，所以认知语言学界常用 skeleton 这个词形容来形容它们，就是说它们仅仅是骨架子，无"血肉"的内容。假如隐喻的对应是发生在上述五个基本关系之间，那么就是我们说的"映射"。但是我们还可以在 LOVE IS A JOURNEY 这个总的框架

---

① 根据 Kövecses 的定义，entailment 就是非常规的映射。鉴于目前这个词在语言学界常译成"蕴涵"，所以这里沿用，但其在认知隐喻研究领域的基本含义就是"超常规映射"之类的意思，有别于普通的"映射"。

内,用其他办法寻求对应,比方说 vehicle 可以表示爱情的关系,那么如果交通工具抛锚了怎么办? 我们可能不得不走出交通工具,寻求其他工具抵达目的地,或者我们要把车修好,或者我们就呆在车里,什么都不做。你于是发现所有这些发生在车抛锚后的一个个小事件,都和爱情的具体内容有对应。假如我们使用的隐喻是在这些细节上求得对应,我们说这仍然是"映射",不过学术界将这种对应称为 entailment(蕴涵)。所以说,蕴涵是更为具体的、超出基本内容的映射。但蕴涵仍是一种映射,它和映射不同之处在于,映射的内容是最基本的、框架的,没有更为详尽的内容;而蕴涵所牵涉的内容却更具体详尽,不是骨架,而会"有血有肉"。若想了解这些细节,需要借用生活中获得的一些知识,学术界常把这些知识称为 rich knowledge。简言之,这是两种映射,一种是简单基本的映射(mappings),而另一种是借助丰富的常识完成的映射,称为"蕴涵"。我们可以看到,蕴涵需要一些附加的知识,而获得知识就可能受文化环境的制约,所以假如我们认为"映射"过程不容易遇到跨文化的障碍,那么"蕴涵"的过程却可能遇到跨文化的障碍。Kövecses 对蕴涵有很详尽的叙述,希望深入了解这一概念的人可以参阅相关书籍的章节(2002:93)。

混合(Blending)这个术语,源自概念混合理论(Conceptual Blending Theory)。要把这个解释清楚,还得从头说起。前面说过的映射和蕴涵虽然有些差别,但它们是 Lakoff 和 Johnson 等创导的概念隐喻理论(CMT)中的概念。后者有几个特征,首先 CMT 以两个"域"为基本支撑,即源域和目标域。这个理论的核心概念映射和蕴涵就是在源域和目标域之间展开的。此外,CMT 还认为隐喻形成的过程总是从具体的概念走向抽象的概念,从来不会反向行走,这一原则人们一般称之为单向原则(Unidirectionality)。可是后来人们发现这两点未必尽然。首先映射单向就有例外,但关键的是有些隐喻在源域和目标域间的具体成分并不对称,如我们形容一位医术不高的外科医生时说 This surgeon is a butcher。在外科医生和屠夫之间确有对称的内容成分,如:

  Butcher → surgeon
  Animal → human being
  Commodity → patient
  Cleaver → scalpel
  Abattoir → operating room
  Cutting meat → cutting flesh

用 CMT 描写映射正是这样描写的。可是上述描写却未能反映这个隐喻最关键的一点,即外科医生的无能。屠夫固然不如外科医生学历高,但无能并不是屠夫的特征,你无法将无能从屠夫身上映射到外科医生身上(Grady, Oakley & Coulson)。所以说,起用CMT两域映射的理论无法解释这个隐喻。于是概念混合理论出现了。

严格地说,概念混合理论不只是为解释隐喻而诞生。人在生活中经常需要假设、幻想等违反事实的思维方式,结果我们的思维中就有了一个空间"悬"在那里,我们可以在这个空间内构建反事实的概念。为了说明这个理论,概念混合理论的创始人举了这样一个例子(Fauconnier & Turner, 2002: 39):一个和尚一天早晨上山,傍晚时抵达山顶,在山上静思冥想数日,然后某日早上又下山,傍晚抵达山脚下。你回答一下,在上山和下山这两个不同的行程中,哪一点是上山的和尚和下山的和尚相遇的地方?但是和尚不可能分身,他不可能同时上山又下山,不可能自己和自己会面,所以我们不知道现实中那一点到底在哪里。但是事实是,我们每天都在假设、想象,每天都在既当和尚一,又当和尚二,一个思维健全的人肉体分身固然不可能,可在思维中我们却不停地"分身"。在充满想象的思维空间里,和尚与自己会面了,因为这个概念将上山的路程和下山的路程叠加在一起,于是你就可以在脑海中看到一个和尚从山下上去,一个从山上下来,在某一点他们相遇了。思维中那个被混合的想象空间,我们一般称之为blended space。混合理论和CMT的一个重要区别就是,前者在源域和目标域外又多出了一个混合空间。在这个空间里男人可以怀孕,女人也可以成为男人。比如说,你的女朋友对你说"我要是你,就把房子买下来",在那个想象的空间里,你的女朋友和你混合在一起,女友变成了你。我们刚才说的那个外科医生是屠夫的隐喻,只要将屠夫的一些特征和外科医生的一些特征都投射到这个混合的空间里,医生于是就可以用屠夫的屠刀和方法给病人开刀,无能这一特点就出现了(具体解释过程相当复杂,可参考Kövecses, 2005: 267)。

我们知道,CMT中的映射往往与基于人体感知系统的隐喻概念有关,所以这些隐喻的认知基础是慢慢形成的,它们长久地隐伏于语言文化体系中,在跨文化过程中不容易遇到障碍。但是需动用混合理论解释的隐喻往往是临时凑合而成的,一般都比较具体、有细节,它们不是那些在文化中沉积已久的隐喻,不属于语言文化体系,很可能属于作者本人的创意,所以至少在理论上说,在跨文化过程中遇到障碍的可能性就更大,因此这类隐喻对翻译研究的意义就可能很大。

多个源域概念对应单个目标域概念

我们前面说过,目标域中的一个抽象的概念可以有不同的方面。其实所有的抽象概念都有各自的"面面观",比如LIFE IS A JOURNEY是人生概念的最普通的一面,但是我们也可以从其他方面描述人生,比如:

LIFE IS A BUILDING (His life is in ruins because of his failed marriage.)

LIFE IS A GAMBLING GAME（Those are high stakes in life.）
LIFE IS A PLAY（And one man in his time plays many parts.）
LIFE IS A DAY（Charlton was by then in the twilight of his football career.）
LIFE IS A WRITING（My move to China began a new chapter in my academic career.）

My move to China began a new chapter in my academic career.

很多认知语言学家都对多个源域概念描述单个目标域概念现象有所讨论,如 Kövecses 在多处讨论过这一现象(2002：84，2005：70),他使用 the range of the target 来说明一个目标域概念可以由数个源域概念来描述。这里借用并修改 Danesi 的图(2004：86),来形象地说明目标域中人生的抽象概念和源域中具体概念的关系：

从跨文化的角度看,如果不同的源域概念是以人的基本经验为基础,那么文化间的转换就无大问题,比如上述六个小圈中的概念似乎都不会在跨文化转换中遇到什么大障碍,把人生比作旅程在汉语中可以被理解,比作一出剧也无理解问题,比作是一天也没有什么难理解的,像 My move to China began a new chapter in my academic career 这样的句子,中国人一般都没有理解上的问题,而说 His life is in ruins because of this failed marriage，虽然 in ruins 这个比喻略显文学味，但也不存在理解上的困难。不过文化间不一致的情况也有，如汉语中的"心花怒放"就是基于 HAPPINESS IS FLOWERS IN THE HEART 这个概念隐喻，而在英语中却没有对等的思维概念(Yu，1998：65)。

单个源域概念对应多个目标域概念

这和前面的单个抽象概念用多个具体概念正相反。这回是仅有一个源域的具体概念，但却有数个目标域的抽象概念，也就是同一个具体的事物可用来比喻不同的抽象概念。Kövecses 用 the scope of the source 来表达这个现象(2005：70)。这里借用他的几个例子来说明这个现象：

THEORIES ARE *BUILDINGS*（The foundation of his theory is solid.）
RELATIONSHIPS ARE *BUILDINGS*（They have built a solid relationship.）
A CAREER IS A *BUILDING*（Her career is in ruins.）
ECONOMIC SYSTEMS ARE *BUILDINGS*（The economy is in ruins.）
A LIFE IS A *BUILDING*（The girl ruined his life.）

这个现象说明，目标域中抽象概念虽然不同，但它们都有源域概念的一些特征，在上面的例子中所有抽象概念都有建筑物的特征，所以我们可用 ruin 这个词来表达所有这些抽象概念，如你可以说 ruin your theory，ruin your relationship，ruin your career，ruin the economic system，ruin your life。单源域概念和多目标域概念的关系可以通过下面的图表示：

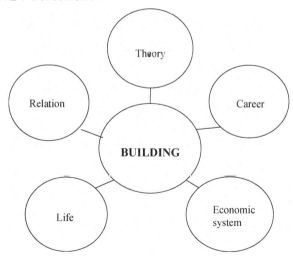

心理学家 Danesi 把多个源域概念描述单个目标域概念以及单个源域概念描述多个目标域概念这种思维方式称为 Cultural Groupthink（文化集体思维）。目标域的概念是中间的大圈，四周是数个源域的概念，由小圈表达，他把这种关系叫作 clustering；而中间一个源域概念，四周是不同的目标域概念这种现象被他称为 radiation。从跨文化的角度看这个文化集体思维，观察源域概念和目标域概念在跨文化过程中可能遇到的障碍，这对于翻译的研究和学习也是有意义的。

意象图式隐喻和意象隐喻

我们上面提到的隐喻不仅可以从基本隐喻、复合隐喻等角度讨论，还可以有其他分类与观察的角度，比如认知语言学家还常把隐喻分成意象图式隐喻（image schema metaphor）和意象隐喻（image metaphor）。不要以为戴上这两顶帽子的隐喻就是什么新东西，其实它们就是上面分析过的那些隐喻，无非换了一件"马甲"。但为了把意象图式隐喻和意象隐喻之间的差别说清楚，有必要先解释一下"图式"（schema）这个概念。

我们前面提到过"体验"（embodied experience）这个概念。图式和体验有关，即人在生活中与物质世界互动后在大脑中形成的意象图式，这些图式是我们用概念隐喻感知抽象世界所需的媒介。这些最基本的图式是源于生命中最早期的经历，如婴儿第一次站起来走路时的愉快，后来摔倒在地的痛哭，这类上下体位的变化不知不觉地和孩子的心情连了起来，正是这类经历慢慢孕育了 HAPPY IS UP, SAD IS DOWN 这个概念隐喻。这种图式虽然也是意象，但是它们的特点是粗线条，没有具体内容，比如路径图式（path schema）、力图式（force schema）、接触图式（contact schema）这些图式都没有具体的内容，像路径给人的感觉是经过行走，人可以从一点到另外一点，这个感觉就构成了一条线形的移动路径，其基本成分就是两点一线，非常粗线条，没有更为丰富的内容，难怪有些认知语言学家把这类意象图式称为 skeletal image schema，好像仅仅是个架子。根据这样的定义，那些以上下、内外、容器等为图式基础的概念隐喻就都是意象图式隐喻，而被这类概念隐喻诱发的隐喻为数可观，比如人们一般并不认为下面的句子里含有隐喻：

> I am out of trouble. (based on the IN-OUT schema)
> I am in love. (based on the IN-OUT schema)
> That was a low trick. (based on the UP-DOWN schema)
> He went crazy. (based on the MOTION schema)
> You are driving me crazy. (based on the FORCE schema)

但其实每句都是由意象图式隐喻所诱发。在传统理论中他们不是隐喻,但在认知隐喻理论中它们却都是隐喻。

上述这些隐喻都不引人注意,抽象和具体的概念在源域和目标域之间不停地映射,投射出无数的隐喻,但这些隐喻的说者无心,听者无意。它们数量虽然很大,但却从不显山露水,蛰伏在思维里,静卧在语言中,默默地支撑起语言体系。如果我们的语言中仅仅是这类意象图式隐喻,那么过不了多久我们就会感到"无聊",话语太缺乏波澜,言说太显得平淡。于是我们不满足于思维中现有的"资源",希望走出脑海内既有的资源库,到外部去寻找养料。突然间,你发现在路旁的树上有一个干瘪的树枝,于是你马上想到了昨天刚在一场时装表演赛上看到的那个模特,瘦得简直无法形容,你正愁没有言辞来形容这位模特,凑巧这个干树枝能胜任形容模特之大任,因为树枝的外形和模特的体形颇多相似之处,于是你就说 The model is just a twig。认知隐喻理论中说的意象隐喻(image metaphor)就是这种临时凑合出来的隐喻,它们不像意象图式隐喻,需要缓慢的过程才能稳固地蛰伏在语言中,它们来得快,可能也去得快,因此它们还有一个名称 one shot image metaphor。它们不是源域和目标域间粗线条式的映射结果,而是将一个整体图像映射到另一个整体图像上,如将树枝图像投射到模特身上,构成隐喻,因此这类隐喻有时还称为 resemblance-based metaphor。认知语言学界常引用的一个例子就是 My wife's waist is an hourglass,即将沙漏的外形投射到女人的形体上。前面提到的 the city that is *devoured by locusts* each day and *spat out* each night 这句中的隐喻也是这种意象隐喻,把蝗虫蠕动的意象映射到纽约人潮移动的意象上。这类隐喻的特点是引人注意。我们在意象图式隐喻的氛围中已经"昏昏欲睡",但突然间一条"树枝",一个"沙漏",一只"蝗虫"就把我们唤醒。作者若想一语惊人,至少得让读者注意到你的语言特征,可是作者不能单靠意象图式隐喻达到这个目的,因为依靠图式的隐喻不很容易引起读者注意。于是为让读者感到与众不同,不少作者常会使用意象隐喻,以获得效果,因此意象隐喻在文学作品中有举足轻重的地位。

现在我们从跨文化的角度来看一下这两类隐喻。鉴于意象图式隐喻的基础是图式,而图式又是基于人体的感知,人体的感知无文化差异,而且是一个封闭的系统,所以这些概念较容易在跨文化过程中被接受。无论是那些以上下、内外、容器等为图式基础的概念隐喻,还是以力图式、接触图式为基础的概念隐喻,在跨文化过程中理解它们都不很困难。而由这些概念隐喻诱发的语言隐喻,在跨文化交流中也不会遭遇很大困难,至少理解这些隐喻不会很困难。但是意象隐喻的情况就不一样。这类隐喻的特点是,引入映射的源域图像是一个物体,而这个拿来作为隐喻基础的物体完全会因文化而异,而且可供选择的物体所构成的是一个开放系统,世上的任何物件都有可能拿来作比喻。比如用人们从来没有见过的动物来作为源域映射的基础,不同文化的人当然就不容易理解了。所以,我们可以说,意象图式隐喻在跨文化中的理解并不会太困难,但在不同文化中如何表达却很难说。相反,意象隐喻有潜在的文化特异性,所以在跨文化过程中就有可能会遇到一些障碍。鉴于意象隐喻往往反映某些文学作品的特色,承载的信息可能更具有文学价值,因此如何在跨文化交流中正确处理这类隐喻就成了文学翻译的一个重要方面。

隐喻的常规性

隐喻的常规性(conventionality)其实是个很简单的概念,就是说某个隐喻常见与否,读者熟悉不熟悉。我们这里指的隐喻包括概念隐喻和语言隐喻。人有一种习性,见到从来没见到的事物就感到新奇,结果就特别注意那个事物,用句时髦的话说,特别吸引眼球。比如我们从来没见过熊猫,见到了就特别有新奇感。但是每天见到的事物就会感到习以为常了。即便是一开始感到非常新奇的事物,天长日久也会失去吸引力,熊猫也不例外,经常见到后就会失去新鲜感。

现在回到隐喻上来。如果你想用一个崭新的思维概念思考事物,可能需要苦思冥想。新概念不是现成的概念,你不可能毫不费力地找到新的概念。从语言层面上看,如果你要使用一个新的隐喻,你同样需要苦思冥想,搜索枯肠,因为你现有的"语料库"中没有新的表达法,要找出新的隐喻不是件容易的事。相反,如果我们使用现成的概念隐喻考虑问题,使用现成的语言隐喻表达自己,那么我们就会轻松自如,不必苦思冥想,不用搜索枯肠,不费吹灰之力就能找到那个需要的隐喻,有时甚至连自己使用了隐喻都不知道。所以有些认知语言学的著作里常会用 automatic,effortless,unconscious 这样的词来形容无新奇感的、常见的、现存于思维体系和语言体系中的隐喻,而会用 effortful,conscious 这样的词来形容那些新奇的、需苦思冥想才能获得的隐喻。因此不新奇的、常见的、熟悉的、不费力就能解读或使用的隐喻常规程度较高,而新奇的、不常见的、不熟悉的、苦思冥想得来的隐喻常规程度就低。看一个隐喻是否为常规隐喻,Kövecses 的定义是这样的:普通人为每日普通的目的所使用的隐喻到底是否已经使用经年,是否已深深地蛰伏于语言体系之中(2002:29)。需指出的是,常规和非常规之间的关系不应是二元而应是多元,一个隐喻从非常规到常规的转变过程也应该是逐渐的。

根据这样的定义,我们可以说意象图式隐喻的常规程度会比较高,而意象隐喻的常规程度就要看所用意象的通俗程度,不常见的意象势必造成隐喻常规程度较低。这是因为图式(schema)本身是人脑思维固有的组成部分,但意象则是"身外之物",是隐喻临时组成的材料。比方说 Religion is a journey, not a destination 就是借助 journey 这个图式表达的,所以这个隐喻的常规程度就比较高,读者解读时困难不大,因为同一文化中的人已很熟悉这个图式。说到解读隐喻,依靠语境帮助与否也是一个因素。一般常规程度越高,解读时对语境的依赖就越小,而越不常见、越新奇的隐喻,解读时越需要语境的帮助,比如上面这句有关宗教的隐喻常规程度高,不需要任何语境就可以理解这句话。下面这句的基础是意象,而不是意象图式:I am going to let Paris stew in her own gravy。这句中的 stew in her own gravy 构成了一个鲜明的意象,所以理论上说,就有可能比图式隐喻难理解。如 gravy 在有些文化中就可能没有,但汤中炖食物也许仍然是人们很熟悉的生活经历,没有肉汁,也会有类似的汤类,所以尽管不是图式隐喻,但常规程度仍然不低,解读时也不需要语境的帮助。下面是一句非洲的谚语 The earth is a beehive we all enter by the same door, but live in different cells,显然 beehive 也是一个意象隐喻,但这个解读相对就略困难一些,比如若没有 we all enter by the same door, but live in different cells 这部分,The earth is a beehive 这部分到底是什么意思不确定,说话者到底想通过什么把大地和蜂窝联系起来并不清楚,只有看了后面的才清楚,说明隐喻的解读需要借助语境。

  现在来看看隐喻常规性和跨文化之间的关系。鉴于图式是以人的感官为基础的,所以理论上说,意象图式隐喻不会在跨文化过程中遇到大障碍。当然我们这里主要指的是理解,而非表达,因为完全可以理解并不等于可以按照原样翻译,这点我们以后再谈。先说常规程度高的隐喻,比方说 Religion is a journey, not a destination 这句不仅在英语中能被理解,在汉语中人们也能理解,因为 journey 这个意象图式在说汉语的人的思维中也同样存在。而 I am going to let Paris stew in her own gravy 这句虽然不是以意象图式为基础,但由于这个意象隐喻的基础也是生活中常见的活动(炖食物),常规程度并不低,所以理解也没有大问题。当然到底是按照原来的隐喻翻译,还是不按原来的隐喻翻译,仍可以讨论。最后英语成语 Every dog has its day 中的比喻方式则相对不那么常见,或者说常规程度较低,所以"狗"这个意象隐喻在跨文化中的差异便值得注意,因为狗在英汉文化中的附加含义不同。

  隐喻的常规程度在跨文化研究中是个很值得关注的问题,特别是在翻译表达时,如何看待不同常规程度的隐喻这点非常关键。我们需要给不同常规程度的隐喻划定价值,到底哪些隐喻更有价值,需要在翻译中保留,哪些无大价值,可以自由处理,甚至可以完全忽略。比如汉语中的"你我之间有点摩擦"、"21 世纪已经到来"、"网络技术马上就会赶上他们"等都是隐喻说法,但我们并未察觉到其中有隐喻,因为这些隐喻的基础都是图式,所以这些隐喻的价值就相对较低。而 The State of New Jersey is a valley of humility between two peaks of conceit 这句中的 valley 和 peaks 也是隐喻,但却是意象隐喻,所以给人以强烈的印象。在什么情况下需要保留意象图式隐喻或意象隐喻,在什么语境中可以忽略它们,制约隐喻取舍的条件是什么?这些都将在下面的有关章节讨论。

隐喻的概括性

概括性(generality)也是区分隐喻的一个角度,即看概念隐喻是笼统概括(generic,类属),还是详尽具体(specific,种属)。如上面的 LIFE IS A JOURNEY 这个概念隐喻,可以称它为种属隐喻(specific-level metaphor),因为你能找到比较具体的映射对象,比如有旅程的起点、终点、旅行者等。但 EVENTS ARE ACTIONS 这个概念隐喻就不同,它没有具体的映射对象,events 指什么,actions 指什么,都有很多可能。可把这类隐喻称为类属隐喻(generic-level metaphor)。旅程(journey)仅是行动(action)的一种,所以"旅程"隐喻就包括在"行动"隐喻之中。Lakoff 和 Turner 用生物学属(genus)和种(species)的概念来比喻类属隐喻和种属隐喻的关系(1989:81)。类属概念隐喻的基础是类属图式(generic-level schema),种属隐喻则基于种属图式(specific-level schema)。类属和种属的关系,可由下图表示:

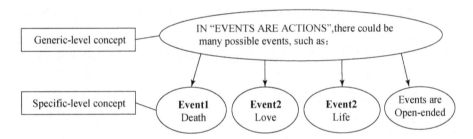

那么隐喻的概括性和文化有什么关联呢?具体的概念隐喻越笼统概括,越有跨文化共性,越详尽,越容易有文化特性(Danesi,2004:89)。比如较笼统的 EVENTS ARE ACTIONS 这个概念隐喻就比具体一些的 LIFE IS A JOURNEY 更容易在不同文化中被接受,至少在理论上如此。不过即便是较具体的概念隐喻仍然有很大的文化共性,因为其基础仍然是人们比较熟悉的活动或事件,如旅行。因此很多源于种属概念隐喻的语言隐喻至少在英汉跨文化的交流中基本没有理解的障碍。

在翻译实践中我们有时会抛弃原文的隐喻,用一个全新的隐喻,比如 Clinton can sell ice to Eskimos 若翻译成"克林顿能把死蛇说活",译文的隐喻就完全脱离了原文隐喻的概念基础。但有时两个概念隐喻虽在种属层上不同,却仍可追溯到同源的类属概念隐喻,比如 EMOTIONS ARE FORCES 是一个无详细具体映射内容的类属概念隐喻,但在这个类属隐喻下,可以有不同的种属隐喻,理论上说,这个种属隐喻的数量是无限的。比如上面的有关情绪的(emotion)类属隐喻就可诱发 INTENSE

ANGER PRODUCES STEAM 和 WHEN THE INTENSITY OF ANGER INCREASES, THE FLUID RISES 这样两个种属概念隐喻，而这两个种属隐喻又可分别诱发 He got all steamed up 和 His anger welled up inside him 这样两个语言隐喻，见下图：

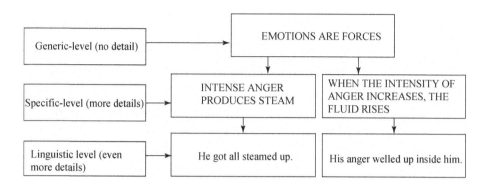

上述两句语言隐喻虽然在细节上有差别，如 steamed up 所勾起的意象和 anger welled up inside him 所勾起的意象不同，因为直接诱发它们的是不同的种属概念隐喻。但后两者都隶属于同一个类属概念隐喻，大致意思接近。那么在跨文化翻译时是否就没有必要把细节分得过于清楚，大致不违背 EMOTIONS ARE FORCES 这个大原则就可以了呢？换句话说，译者可以在不同的种属隐喻之间"横向移动"(horizontal move)，却仍在同一个类属隐喻控制下，并没有逃出"如来佛"的手心。在种属隐喻层横向移动可能会造成一些行文上的变化，但基本思维特征仍没有离开原文，意思基本相同。再看下面一例 We have a mountain to climb in the House to achieve an override. 这句若译成"如要在众院推翻法案，仍有一座山要爬"，则译文保留了原文斜体部分背后的种属概念隐喻 MOUNTAINS ARE OBSTACLES；但若翻译成"若要在众院推翻法案，仍有一个难关要过"，则译文背后的种属概念隐喻就是 PASSES ARE OBSTACLES。然而这两个种属概念隐喻却都下属于 BARRIERS ARE DIFFICULTIES 这个更为抽象的类属概念隐喻，因为 mountain 和 pass 都是 barrier 的更具体的范例，而 obstacle 则是 difficulty 更具体的范例。所以如果能够搞清楚什么情况下译者可以横向移动（如将"爬山"换成"过关"），什么情况下译者甚至可以偏离类属隐喻，甚至完全抛弃隐喻，那么我们就能找到很多处理隐喻问题的答案。

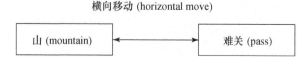

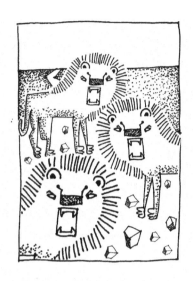

Her way was strewn with invisible rocks and lions.

除了横向移动外，有时也会出现"纵向移动"的情况，也就是把原文中的一个较具体的隐喻翻译成较笼统的隐喻或笼统的隐喻翻译成较具体的隐喻，如 They are dollar-starved 中的 dollar 当然可以译成"美元"，但在一定的上下文里，也可翻译成"钱"。MONEY IS NUTRITION 是较抽象的类属概念隐喻，而 DOLLAR IS FOOD 则是有具体内容的种属概念隐喻。再比如 Her way was strewn with invisible rocks and lions 这句若翻译成"她的道路上布满了看不见的岩石和狮子"，就是保留了原文的具体隐喻。这样的译文在文学语言中当然不能排除，但一般语言中显然不合适。所以有人也许会翻译成"她的道路上布满了看不见的障碍物和危险物"，这样就是将较具体的换成了更抽象的隐喻（from specific to generic），因为更抽象的语言不会遭遇文化障碍，更笼统的隐喻表达法较容易被读者接受。而要更进一步从隐喻中脱离出来以求增加可接受性，甚至可将"障碍物和危险物"中的"物"字拿掉。

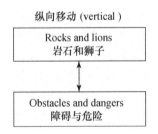

翻译时什么时候可以将具体的隐喻换成笼统的，什么时候可以将笼统的隐喻换成具体的，什么时候能完全排除隐喻，总结出一套"纵向移动"的规则，可以加深我们在跨语言过程中对语言的认识，进而使翻译决策更有依据，使译文更准确。

在跨语言过程中值得讨论的隐喻议题当然还有，但限于篇幅只能挂一漏万。比如我们这里讨论的大多是孤立单个的隐喻在跨文化过程中的意义，但是在实际语篇中有些隐喻并非孤立存在，他们可能是一连串隐喻中的一个，像是下面的对话（Danesi，2004：102）：

Student 1: You know, that professor is a real snake.
Student 2: Yeah, I know, he's a real slippery guy.
Student 1: He somehow always knows how to slide around a touch situation.
Student 2: Yeah, tell me about it! Keep away from his courses; he bites.

这段对话中的源域概念隐喻是 PEOPLE ARE ANIMALS，但这个隐喻概念贯穿整个对话，诱发出不止一个语言隐喻，分别是 snake，slippery，slide，bites。有时甚至会出现一段文字中同一个抽象概念启用不同的源域概念隐喻。这就促使我们在分析隐喻时要有语篇意识，从语篇的高度观察隐喻，这又进一步需要我们从文化的角度分析这些串联隐喻的文化涵义，以及这种文化涵义在翻译过程中的变化。此外，我们也没有讨论转喻（metonymy）这个非常重要的比喻现象。与隐喻不同，转喻可用一个实体来代表一个与之相关的实体，有时是以部分代表整体（She is just a pretty face），有时是以地点代表事件（Iraq could cost Tony Blair the job），有时是以地点代替机构（Beijing refused to comment），有时是以生产者代表产品（I am reading Charles Dickens）。这些未讨论的隐喻议题会在后面有关隐喻和翻译的章节不期而遇，但不会重点讨论，毕竟我们的中心任务是翻译。下面让我们从跨文化角度来分析几个概念隐喻的个案，以加深对概念隐喻和跨文化活动的认识。

2.2 概念隐喻跨文化案例分析

案例一：AFFECTION IS WARMTH

这是一个依靠基本感知为体验基础的概念隐喻，属于较抽象的种属概念隐喻，所以我们可以预测，这个隐喻在跨文化过程中（此处指汉语文化）被接受的机率很高。

隐喻的体验基础：我们每个人都有被人拥抱而感到温暖的经历。这一点从我们出生那一刻就开始有所感受，所以这个体验是慢慢地在我们的思维中留下"烙印"的，以至于最后深植于我们的思维深处。

跨文化共享隐喻：鉴于目标域概念依靠的源域概念是人的感知，因此在说汉语的人和说英语的人的思维中都有这个概念隐喻。换句话说，他们共享这一概念隐喻。

英语中的语言隐喻：在这个概念隐喻的诱发下，可以生成一系列语言隐喻，比如：

1. She's a *warm* person.
2. They gave me a *warm* welcome.

3. He took a while to *warm up* to me.
4. She is a *cold* person.
5. He gave me the *cold* shoulder.
6. He's a real *cold* fish.

汉语理解隐喻：汉语理解这些隐喻没有任何问题，证明共享同一概念隐喻确实能铺平跨文化中理解的道路。

汉语表达隐喻：可以理解当然也会给汉语表达提供方便，也就是说，可以将隐喻按照原样搬到汉语中来。比如说，第二句的隐喻就可以用"热烈欢迎"来表达；也许第一句和第四句也基本可以按照原文冷热的思维翻译，但可能需要有所变换，翻译成"热人"和"冷人"毕竟不妥，如可改成"热心人"。但仅就理解来说，直译不见得不行，如"冷人"不至于造成理解的问题，但却是不地道不恰当的汉语表达法。即便第六句在有一定上下文的情况下，也不至于造成相反的理解，但从汉语行文上说是不可接受的。第五和第六句在 AFFECTION IS WARMTH 这个概念隐喻的基础上，还添加了一个意象（shoulder，fish），造成直译表达困难的可能不是较抽象的概念隐喻，而是这两个意象隐喻。

案例二：LOVE IS A JOURNEY

这是一个复合隐喻，属于类属概念隐喻，目标域概念依靠的源域概念是一般人都有的经历。虽然 journey 这个概念不像 warmth 那样抽象，有不少具体的内容可参与源域和目标域间的映射，是个意象图式隐喻，但是仍然具有相当高程度的概括性，完全能在汉语中被理解和接受。

隐喻的经验基础：我们都有关于旅程的经历，虽然这个经历不像温暖这样的感受生下来就有，但随着人的成长，旅程的经历是不可避免的，所以说这也是一个相当基本的经历。

跨文化共享隐喻：鉴于目标域概念依靠的是一般人都有的经历，因此说汉语的人和说英语的人的思维中都有这个概念隐喻，即他们共享这一概念隐喻。

英语中的语言隐喻：在这个概念隐喻的诱发下，可以生成一系列语言隐喻，比如：

1. We have to *go our separate ways*.
2. It has been *a long, bumpy road*.
3. They are *at a crossroads* in their relationship.
4. We can't *turn back* now.
5. They're in a *dead-end* relationship.

6. This relationship has been *spinning its wheels* for years.
7. Their marriage has really *gone off the track*.

This relationship has been spinning its wheels for years.

汉语理解隐喻：汉语理解上述语言隐喻没有任何问题，因为人们非常熟悉旅程这个隐喻。这再一次说明共享同一概念隐喻有助于跨文化交流。

汉语表达隐喻：在汉语中，人们非常熟悉旅程概念，无理解困难，所以表达时按原隐喻翻译的可能性很大，如第一句汉语可以说"分道扬镳"，其他几句也可以基本按原隐喻的思路翻译，如"在十字路口"、"回不了头"、"进入死胡同"、"原地踏步"。即便是第二句，说爱情关系一路走来"颠颠簸簸"也未尝不可。说婚姻"已经出轨"容易和婚姻中某人出轨（有外遇）混起来，不宜使用。

案例三：IDEAS ARE FOOD

这也是一个类属概念隐喻，源域的概念是食物，也是一个人们特别熟悉的概念，因为我们一生下来就开始接触食物，对食物的方方面面都很熟悉，比如喂食、准备食物、消化食物等。这个隐喻的目标域概念是一个抽象的概念，由于不好表达，所以求助源域的概念"食物"。

隐喻的经验基础：这个隐喻虽然并不是依靠基本感知，但有关食物的经验是最基本的经验之一，人很早就有这种经验，甚至比旅程的经验还要早获得。目标域 idea 的概念和源域 food 的概念之间的映射也非新奇的联想。

跨文化共享隐喻：食物经验的普遍性决定了它跨文化的能力很强，也就是说，讲汉语的人和讲英语的人的思维中都有这个概念隐喻。

英语中的语言隐喻：在这个概念隐喻的诱发下，可以生成一系列语言隐喻，比如：

1. His idea was *half-baked*.
2. Let me *chew on* your idea for a while.
3. It'll take some time to *digest* that information.
4. They *swallowed* the idea.
5. The teacher *spoon-fed* them the information.
6. He has an *appetite for* learning.
8. School *nourishes your* mind.
9. That's a very *meaty* book.
10. She *devoured* every article about China she could find.

汉语理解隐喻：汉语理解上述语言隐喻没有困难，因为人们非常熟悉食物这个概念。这是共享同一概念隐喻有助于跨文化交流的又一例证。

汉语表达隐喻：上面有些例子直译完全可以接受，如"消化信息"、"有胃口学习"、"为大脑提供养料"、"喂给他们信息"，但是有些则不宜完全按照原样搬过来，如"半烤熟的想法"、"咀嚼想法"、"吞咽想法"、"多肉的书"、"吞噬文章"都很别扭。这种情况下需要略作些微调，如"不够成熟的想法""内容丰富的书"等。但是需要指出的是，上述所有一般情况下不宜使用、不可接受的译法，在特定语境中都可以接受，比如在文学作品中说"半烤熟的想法"也许恰到好处，放弃隐喻反倒不合适。一切需要看语境决定。

案例四：My wife's waist is an hourglass.

这是一个语言隐喻。与前面几个概念隐喻不同，这个隐喻不是意象图式概念隐喻，而是意象隐喻，也就是说，这是将一个图像整个地投射到另一个图像之上。虽然它和前面的意象图式隐喻不同，但本质上说，这个隐喻仍然是用映射的办法将源域的意象（hourglass）投射到目标域的意象（waist）上。

隐喻的经验基础：这个源域的意象有很强的文化特异性，只有见到过沙漏的人才知道这是什么东西，至少要看到过沙漏的图片。也就是说，这个隐喻的经验基础不算很普遍。

跨文化共享隐喻：在现代社会沙漏已经不使用了，所以理论上说，这个隐喻跨文化共享的机会不大。但是由于科技的发展，摄像技术已经非常普遍，所以实物虽然没有见过，但大部分人都见到过沙漏的照片，所以这个隐喻在很大程度上仍然是共享的。

汉语理解隐喻：由于共享这个隐喻，所以对大部分说汉语的人来说，理解这个隐喻没有困难。当然不排除有些人不理解这句话，因为他们完全没有见过沙漏。

汉语表达隐喻：对于大部分说汉语的人来说，翻译成"沙漏"完全可以。对于少数不理解的人可以考虑调换隐喻或完全不用隐喻的解释法。

在第一章和第二章里,作者希望从浩如烟海的认知隐喻研究文献中概括提炼出与主题最相关的内容,以便提供给读者一个认知隐喻的概貌,因此难免挂一漏万。大量认知隐喻的研究材料都偏重认知本身的研究,强调的是哲学和心理学。即便是涉及语言学的材料,也更偏重理论。因此在这两章中,我们只能从学术研究的角度切入。但毕竟本书不是隐喻学术研究之作,而是意在拉近认知隐喻和翻译的关系,为翻译实践添加一个观察的新视角。因此,我们将在下面的章节里,从实践的角度将隐喻和翻译进一步联系起来。

2.3 本章内容概要

- 隐喻还可以分为基本隐喻和复合隐喻,前者是以人最基本的感知和运动为诱发基础的,最具有普遍性,后者是由两个或数个基本隐喻复合构成的。
- 映射是将源域投射到目标域上,投射成分或内容都是人生活中非常熟悉的;蕴涵也是一种映射,但蕴涵将源域映射到目标域过程中映射内容超出基本成分。映射和蕴含都属于概念隐喻理论,但混合已不属于该理论,它和前两者不同之处在于,混合在源域和目标域外又多出了一个混合空间域。混合是因临时需要而快速诱发的,而通过映射而诱发的概念隐喻,其形成基础是缓慢的。
- 一个单一的目标域概念可以借助数个源域概念来表达它的各个不同的方面。同样,一个单一的源域概念也可以用来表达不同的目标域概念。
- 隐喻还可以分为意象图式隐喻和意象隐喻。意象图式隐喻是以图式为基础的,而图式和体验有关,因为人在生活中与物质世界互动后在大脑中能形成意象图式,这些图式是我们用概念隐喻感知抽象世界所需的媒介,前面说过的基本隐喻和复合隐喻都是意象图式隐喻。意象隐喻是临时凑合出来的隐喻,它们不像意象图式隐喻,需要缓慢的过程才能形成,因此它们还有一个名称 one shot image metaphor。它们不是源域和目标域间粗线条式的映射结果,而是将一个整体图像映射到另一个整体图像上。
- 不新奇的、常见的、熟悉的、不费力就能解读或使用的隐喻常规程度较高,而新奇的、不常见的、不熟悉的、苦思冥想得来的隐喻常规程度就低。所以意象图式隐喻的常规程度高,而意象隐喻的常规程度就可能较低。隐喻的常规程度和翻译关系重大,如何处理常规隐喻和新奇隐喻都是翻译中的大问题。

- 概括性也是区分隐喻的一个角度，即看概念隐喻是笼统概括（类属），还是详尽具体（种属）。概念隐喻越笼统概括，越有跨文化共性，越详尽，越容易有文化特性。在翻译时，译者可以在不同的种属隐喻之间"横向移动"，却仍在同一个类属隐喻控制下；也可能出现"纵向移动"的情况，就是把原文中的一个较具体的隐喻翻译成较笼统的隐喻或笼统的翻译成较具体的。

主要阅读材料

（请参阅第一章）

思考题和练习

1. 找出两个基本隐喻和两个复合隐喻，然后说出它们之间的异同。
2. 从基本隐喻和复合隐喻的角度分析 He probably can throw some light on this topic 这句中的隐喻，然后再分析 throw light 和 shine light 之间的差别。
3. 找出一个概念隐喻，然后说出源域和目标域之间有哪些内容有对称关系。
4. 寻找一个抽象的概念隐喻，然后思考这个抽象概念可能的方面，再看有几个源域的概念可以用来描写这个抽象隐喻，最后画出一个串状图(clustering)。
5. 寻找一个可以用来做源域概念的事件或物件，然后看它可以用来描写多少抽象的概念，最后画出一个放射图(radiation)。
6. 分别在一篇文学和非文学作品中寻找意象图式隐喻和意象隐喻，然后分析这些隐喻的常规程度。
7. 找出几个由概念隐喻 IDEAS ARE FOOD 诱发的语言隐喻，然后再找出由 LIFE IS A MIRROR 这个概念隐喻诱发的语言隐喻。从常规程度的角度对比两个概念隐喻，看看哪个隐喻常规程度更高。
8. 找出 Mr. Clemens poured out a volcano of ridicule 这句中的语言隐喻及其背后的概念隐喻，然后判定这个隐喻的常规程度。
9. 在 Chester's talk sped, the toe of the next sentence stumbling over the heel of the last 这句中的隐喻是什么？这个隐喻的基础是意象图式隐喻还是意象隐喻？这个隐喻的常规程度如何？

10. 分别举出两个隐喻翻译中"横向移动"和"纵向移动"的例子。
11. 请找出下面几句中斜体部分背后的概念隐喻,并说出这些隐喻的源域和目标域分别是什么:
    1. I do not *see* how anyone can *swallow* his ideas, especially since most of them have gone *out of fashion*, and thus are *dying*.
    2. These ideals *were nurtured* in me as far back as I can remember.
    3. A song *fades into* the oblivion of night.
12. 请从不同的角度寻找下面这段文字中的隐喻,比如意象图示隐喻、意象隐喻、常规隐喻、非常规隐喻(上述选项可能重叠),然后从跨文化的角度评估这些隐喻移植到汉语中的可能性:

    In an industrial society which confuses work and productivity, the necessity of producing has always been an enemy of the desire to create. What spark of humanity, of a possible creativity, can remain alive in a being dragged out of sleep at six every morning, jolted about in suburban trains, deafened by the racket of machinery, bleached and steamed by meaningless sounds and gestures, spun dry by statistical controls, and tossed out at the end of the day into the entrance halls of railway stations, those cathedrals of departure for the hell of weekdays and the nugatory paradise of weekends, where the crowd communes in weariness and boredom? (*The Decline and Fall of Work* by Raoul Vaneigem)

第三章 从认知隐喻角度看翻译

3.1 从对等原则的角度看隐喻和翻译

在没有阅读过第一章前,我们也许认为语言中的隐喻都是花园中精心培育的奇葩,只是少数有闲情逸致的文学爱好者偶尔欣赏把玩的珍品。但是,现在我们大概已改变了对隐喻的观点,隐喻更像是山岭上漫山遍野的蒲公英,四处可见。它们中有的也许可算是"阳春白雪",但大多数却是"下里巴人",我们的思维里缺不了它们,我们的语言中绕不过它们,以至于认知语言学家把它们称为是赖以生存的东西(something we live by)。由于它们比比皆是,所以我们有足够的理由从隐喻的角度讨论翻译。

翻译对等原则简述

对等不是一个新概念。当人们开始翻译时,总是有一个参照的文本,根据这个文本译者反复思考,写出和那个文本中意思相近的话。这就是对等原则的雏形。一个从事翻译的人,他至少认为那个原文的文本是可以翻译的。也就是说,他承认,在一个语言里可以表达的东西,在另一个语言里也可以表达,译者可以在译入语中找到价值相等的文字来表达原文的意思。当然我们也注意到,对语言不可译性采取比较极端态度的学者总认为,语言之间根本就没有真正对等的可能性,根本就不可能忠于原文。有的学者索性认为,对等其实是子虚乌有的东西,但大家已经用惯了这个概念,暂且就让它留在翻译研究的领域里,不必认真对付它就是了(Baker, 1992:12)。我们说,这种否定对等的态度不是没有道理,学者往往也可以找出例子证实这种不可译性。但从事翻译的人更看重语言之间实际交流的需求,他们不希望因为理论上的正确,就停止了语言间的交流。达不到彻底忠于原文的目的没关系,我们退而求其次,绝对的对等办不到,近似的对等总可以吧?因此,所谓的对等也不是百分之百的,译者只是尽一切努力,尽可能地靠近绝对对等,但我们永远达不到那个绝对的目标。

全方位的对等虽然达不到,但不同层次或不同程度的对等总是可以达到的。因此翻译学者后来就从不同的语言层次讨论对等。比方说,原文和译文之间是不是可能有语言形式上的对等?如果形式上不能对等,那么语义上是不是能对等?

语言的功能是不是能对等？也就是说，我们承认两个语言体系虽然不能对等，但是言语表达时的功能还是能对等的。总而言之，对等这个概念不再是一个不可分解的概念了。既然我不能全方位地求得对等，那么我们就从不同的层次取得相对的对等。

另外需要指出的是，在翻译理论中，对等这个术语也许是西方学者提出来的，但对等这个概念却并不只归西方特有，中国学者提出的信达雅、神似、化境等，都是以原文为参照，本质上说，他们想达到的目标也是对等。

在众多的对等学说中，比较引人注目的一派就是奈达提出的功能对等理论。讨论对等时先着重介绍一下奈达是必要的。

奈达是美国翻译理论家，堪称是翻译理论领域的巨人。他从《圣经》翻译中获得启发，发展出一套指导《圣经》翻译的原则，后来经他不断完善，形成了功能对等的翻译理论，也使他成为对等理论的主要代表人物之一。该理论后来已不局限于《圣经》翻译，而被认为对翻译有普遍意义。

根据奈达的观点，翻译就是要在目标语中以最自然的方式重现原文的信息，首先要重现语义，因为语义是最基本的，然后可能的话也要重现风格。他认为，最好的翻译读起来应该不像翻译。要让原文和译文对等就必须使译文自然，而要达到这个目标就必须摆脱原文语言结构对译者的束缚。因为大多数情况下，原文的结构和译文的结构是不同的，所以必须有所改变。可以看出来，他的对等概念并不是文字上的对等，不是说要在词的层面上，在短语结构层面上，在句子结构层面去寻求对等。相反，他认为这些形式，往往需要在翻译中摆脱，因为被原文的文字结构牵着走，就会产生不自然的文字来，而奈达主张译文应该自然顺畅。由于有这样的指导思想，他就认为，将 Do not let your left hand know what your right hand is doing (Matt 6:3 RSV)改成 Do it in such a way that even your closest friend will not know about it 是可以的，因为原文仅是一个隐喻，隐喻本身的形式没有多大意义，翻译时把隐喻的意思说出来就行了。他甚至认为 washing the feet of fellow believers 这种译法不恰当，正确的译法应该是 showing hospitality to fellow believers，因为这个洗脚动作的基本意思是 show hospitality，而洗脚这一仪式在近代已经失去其原始的意思，仅具有隐喻意思。奈达的一个最经典的例子就是将 as white as snow 译成 very white，因为如果读者从没有见到过雪，按照原样将比喻说出来，读者反而不懂。奈达上述的观点，反映出他对文化因素的重视，对等不是机械的对应，而是考虑到社会文化因素后的灵活对等，难怪他早期使用的术语就是灵活对等(dynamic equivalence)。

另外，奈达也深感语言结构是翻译交流中的一个大障碍，所以他对词法和句法构成的翻译困难给与很大的关注。比如他常使用 unpack 这个词，来提醒译者在翻译时常常需要理清词与词之间的关系,然后抛弃原文结构的束缚。他的一个经典例子就是对 the beauty of her singing 和 her beautiful singing 这两个短语的分析。他认为尽管在这两个短语中,词的表层结构不同,如一个是名词 beauty,另一个是形容词 beautiful,但透过表层词性的障碍,我们可以看到,两个短语说的是一回事。换句话说,这两个短语在基本语义层上是对等的。再如 environmentally damaging waste 这个短语有人译成"在环境上有损害的废物",因为原文的 environmentally 是副词,当然是修饰形容词 damaging 的。但用奈达的分析法,就会发现这个短语中的 environmentally 实际是源于名词 environment,短语中三个词间的关系是 Waste does damage to environment,所以这个短语可以翻译成"损害环境的废物"。

综上所述,功能对等就是要抛弃语言形式的束缚,求得在语言功能上的对等。这是奈达本人对翻译理论的最大的贡献,但恰恰也是后来很多人对他批评的焦点。人们认为,翻译中的很多语言形式,无论是短语结构,句法结构,还是语义结构等都有可能有意义,不应该在翻译中忽视。

Pym 最近提出的自然对等(natural equivalence)和方向对等(directional equivalence)可以说是对等研究方面的新亮点(2010)。他的理论很大程度上得益于东德学者在 1968 年提出的对等理论(2010:28),即所谓的"一对一"(one-to-one)和"一对多"(one-to-several)。一对一的概念是指一个原文只有一个译文,别无选择,如科技语等,这可以说是完全对等;一对多则是指一个原文可有数个译文,如一般翻译实践中我们常面临的情况,即常有数个选择的可能性。除此之外,他还给出另外两个情况,即整体对部分(one-to-part),就是没有完全的对应,但有部分对应,以及一对无(one-to-none),就是译文完全没有对应。对 Pym 来说,自然对等在翻译活动之前就存在于语言之间,其最主要的特点就是在原语和译入语之间可以反复翻译而不会走样,如 hard-drive 翻译成"硬盘",无论你反复多少次,都不会变化。而一对多的情况则完全不同,它是以不对称为基础的,其特点是单方向。也就是说,你只能从一个方向翻译到另一个方向,却无法返回原点。换句话说,你无法 back-translate。这是因为译者翻译时总是面临数个选择,因此说"一对多"是以选项为基础的(choice-based)。把对等分成自然和方向,增加了我们观察对等的角度,特别是在目前本地化非常盛行的时代,应该说是一个进展。

认知对等概念的提出

正是在这个对等的大背景下,我们将概念隐喻引入讨论,提出诸如隐喻层的对等有没有意义?翻译中哪些隐喻的对等有意义?哪些没有意义?隐喻作为文化的载体在跨文化中到底有多大意义?鉴于一个个语言隐喻都是心智中概念隐喻在语言上的具体表现,那么有没有必要在翻译中求得"认知对等"(cognitive equivalence)?目前学术界已有人提出这个问题(Mandelblit,1995;Zoltán Kövecses,2005;Al-Hasnawi,2007;Đorđević,2010)。但如果有必要求得认知对等,对等的内容又是什么?这些问题却有待澄清。

早在1995年,Mandelblit就在其博士论文中提出"认知翻译假设",认为翻译隐喻可从下面两个方面考虑:

1. 在源语和目标语之间映射条件相同
2. 在源语和目标语之间映射条件不同

有趣的是,Mandelblit是从翻译过程花费时间长短这个角度看翻译问题的,他认为,如果源语和目标语之间映射条件相同,翻译时花费的时间就少,步骤相对简单。而在源语和目标语之间映射条件不同时,译者就有可能需要在不同的翻译策略之间权衡,如到底是将隐喻翻译成明喻,还是采用释义法(paraphrase)、加注法,或是索性解释,甚至完全删除。我们可以看出,Mandelblit的具体处理方法和传统隐喻翻译方法没有差别,但决策的基础却完全不同,他是从认知隐喻的映射角度切入的。他在源语和目标语之间映射条件不同时提出的建议可以说和我们目前采用的常规方法无异,但对于源语和目标语之间映射条件相同时的建议,我们未必完全认同。在实际翻译过程中,源语和目标语之间映射条件相同时,我们未必就采用和原文隐喻相同的译法,我们照样需要推敲。换句话说,译者仍然可能像在源语和目标语之间映射条件不同时一样,需要在不同的策略间选择,并不一定简单。这就引出了一个很重要的问题,翻译的总策略到底应该是以不偏离原文为首选,还是时刻都给偏离原文的译法留有一席之地。其实,这是个很复杂的问题,牵涉到所译文本、翻译目的等各种因素,仅仅因为源语和目标语之间映射条件相同就假设翻译时花费的时间少,步骤相对简单也许未必能正确描述翻译的实际运作。

另一位学者Al-Hasnawi(2007)则提出了隐喻处理的三种情况:

1. 在源语和目标语之间映射条件相同
2. 在源语和目标语之间映射条件相同,但翻译词语选择不同
3. 在源语和目标语之间映射条件不同

虽然这是三个条件,但作者认为把它们看作是一个连续体更合适。在这个连续体的一端是源语和目标语之间映射条件相同的情况,在另外一端则是源语和目标语之间映射条件不同的情况,而介于中间的是上面的第二种情况。那些具有文化普遍性的隐喻恰恰适合第一种情况,而第三种情况则可以解释文化特异性强的隐喻,

因为有不同的映射,翻译时需要不同的隐喻。至于第二种情况,则是那些概念隐喻相同,但源语文化和目标语文化伦理道德系统不同的情况。尽管在这一类中,作者建议在源语和目标语之间映射条件相同的情况下,可以使用不同的选词,但其理由则仅仅是"伦理道德系统不同",并没有包含那些由于通顺修饰方面的考虑而改变原文隐喻的情况,而这种情况却很常见。

Kövecses 隐喻翻译的观点则要更全面(2005:131—151)。他的基本策略可以概括成下面四种:

1. 隐喻的映射条件相同,相同的词汇表达
2. 隐喻的映射条件相同,不同的词汇表达
3. 隐喻的映射条件不同,相同的词汇表达
4. 隐喻的映射条件不同,不同的词汇表达

我们可以看出,他的处理方法更为详尽,包括了我们关注的本可以用相同译法,但却偏偏不用的情况(第二种情况)。

另外,Đorđević 也从科技、专业和官方文本的翻译角度讨论了这个问题,认为从认知文化的角度分析原文表达译文是必要的(2010)。总之,提出翻译认知对等的学者大有人在。

对认知对等观点的评论

如果我们仍然按照旧的隐喻观思考问题,我们绝不会提出认知对等的问题,因为在那个旧体系中,隐喻仅仅是词语,翻译中反映出来与否,也仅是一个词语缺失与否的问题,意义不够重大。但是如果我们接受了认知隐喻理论,那么隐喻已不只是词语语,它是一个认知单位,正是一个个这样的认知单位,构成了语言这个认知隐喻的网络。我们常视隐喻为文化的一部分,那么一直强调注重文化因素的人怎么能忽视翻译的认知文化层面呢?在这样的前提下,探索认知对等至少有一定的依据。

那么我们如何看待认知对等这个问题呢?换句话说,认知对等到底指什么,或者更确切地说,译者需要怎么做才算达到了认知对等的要求?首先,我们不否认认知对等是一个合理的议题。但是假设原文确实存在一个由无数隐喻构成的认知网络,构成了译者翻译时移植的对象,那么译者真的有必要把这个网"搬到"到译文中吗?反对这样做的人也许会从强势文化和弱势文化的角度看这个问题,认为把原文的认知网络搬过来无疑会将强势文化移植到弱势文化中来,把原文的思维特征移植到译入语的文化中,潜移默化地改变译入语文化的思维特征。其实这倒未必

需要担心，因为假如翻译方向相反的话，也许就会把弱势文化输出到强势文化，整体上看各得其所。而且普通文本中大部分的语言隐喻都是基于感觉器官的感知和最常见的生活经历，而这些概念都具有跨文化的普遍性，所以搬过来也未必就是陌生的怪思维，我们自己的生活中也依靠这种隐喻思维概念。至于那些通过"蕴涵"、"混合"、"拟人"等手段创造出来的特异隐喻，它们不是"生活中依赖的"(live by)隐喻，不是认知隐喻网络中的"主体成员"，因为它们常是作者刻意安排的隐喻。这类隐喻即便没有认知隐喻对等这一要求，译者可能原本也会基于修辞、美学等其它因素，将它们移植到译文中来。所以，上述原因并非很有说服力。

　　笔者之所以不热衷于认知对等这个概念，是因为在不分具体的文本和翻译目的的情况下，讨论认知对等的大原则意义并不大。首先，从阅读习惯来说，一般即刻阅读(online reading)时人们的注意力不可能注意到隐喻网络的存在，因为网络中具体的隐喻有很大一部分都是基于常用的概念隐喻，它们的特点就是不引人注意，要注意到它们需要特别关注隐喻的专业阅读。但在翻译过程中译者面对的信息已经目不暇接，再去关注一个新的层面相当困难，因为这不符合普通人阅读的习惯。当然我们不能因为困难，就否定其重要性。问题是，大多数情况下，在翻译中反映出隐喻的网络（且不说可行与否）并没有多少意义。假设翻译某个文本的目的是要从宏观角度传达原文语言文化的特征，那么要达到这样的翻译目的当然需要瞄准隐喻网络，求得语言文化系统层的认知对等，可是大部分的翻译活动都不会以翻译语言体系为使命。活生生的言语活动是体系在生活中的具体表现，译者主要是关注有语境的文字，而不是无语境的体系。一些学术研究虽然涉及到翻译，却仍然更关注没有语境的例句，所以主要注意力可以说仍然停留在体系上，而没有完全分析译者实际的翻译过程。实际工作中的译者，不可能完整将原文的信息百分之百地全部搬过来。我们从事的翻译活动几乎都有实际目的，译者不翻译抽象的语言体系，即便他想这样做，也办不到。这里引用 Pinker 在介绍认知隐喻时所举的一个例子(2007：235)：

> When, in the course of human events, it becomes necessary for one people to dissolve the political bands which have connected them with another, and to assume among the powers of the earth, the separate and equal station to which the laws of nature and of nature's God entitle them, a decent respect to the opinions of mankind requires that they should declare the causes which impel them to the separation.

这个很长的句子摘自英文版的《美国独立宣言》，除了句子结构较复杂外，所用的词语大都是普通的常见词，没有什么要查词典的陌生词。但是其中却隐喻丛生。这里我将 Pinker 对文中隐喻的解释简述如下。他认为，该宣言是英语表达政治理念最著名的文本。在上面的这段文字中，抽象核心理念的表达全依靠一连串的具体隐喻，最明显的隐喻是 bands 这个词，正是这个纽带把殖民地和英国 connected，现在他们要 dissolve 这个纽带，希望求得 separation。这四个英文词是语言隐喻，而诱发它们的概念隐喻是 ALLIANCES ARE BONDS。如果这就是该段隐喻的全部，那么我们说，译者也许并不觉得一定有不可逾越的困难，只要阅读时细心些，表达时也许能找到恰如其分的词，在译文中比较完整地求得认知隐喻的对等，把 ALLIANCES ARE BONDS 这个概念隐喻诱发的语言隐喻都表达出来，比如"纽带"、"联系"、"解开"、"分离"（暂且不说最后一个恰当与否）。可是文中隐喻的源泉才刚刚开始流淌。Pinker 接着又说，其实 impel 也是隐喻，它的更为字面的意思可以用推进器来表达，背后的概念隐喻是 CAUSES OF BEHAVIOR ARE FORCES。还没完，一开始的 course 是用来形容历史的，和 course of river 一样，只是历史抽象，河流更具体，背后的类属隐喻是 A SEQUENCE OF EVENTS IS MOTION ALONG A PATHWAY，再上一层的种属隐喻是 TIME IS MOTION。这还没有完。如果再往深层挖掘，还有隐喻。比如 in the course of human events 中的介词 in 把时间当成空间（TIME IS SPACE），to dissolve the political bands 中的 to 则表示目的，背后的概念隐喻是 INTENTION IS MOTION TOWARD A GOAL。Pinker 一路说下去，追溯到词源，结果发现最后不是隐喻的词好像只剩下上帝和人了。

这样一张隐喻的网络，由一层层的隐喻编织而成，有些相对比较显眼，如以 bands 为核心的隐喻，有些比较隐蔽，如那些介词表达的隐喻。译者不可能照单全收，我们没有那么大的能耐，或者说根本就没有那个必要。假如所谓的 cognitive equivalence 指的是把那张隐喻的网络移植过来，其实是没有这种必要的，也是行不通的。认知隐喻理论固然重要，但是否重要到需要考虑照单全收，显然不是。当然主要原因还是做不到。跨语言的言语活动一直是根据具体文本和翻译目的，"挑挑拣拣"地尽量反映原文的信息，却从不奢望将原文的信息和盘奉献给译文读者。比如《独立宣言》的这段英文，译者具体处理时就很难从隐喻网络这个角度观察译文，译者会首先把文字读懂，然后再把注意力放到译文的安排上。鉴于此为重要的文本，译者会本能地谨小慎微，不做过大的调整，但该做调整的地方还是不能按照原文的思路邯郸学步，这样思考后，也许头脑中可以形成下面这样一个解释性的英文文本：

> In human *history*, when one nation needs to terminate *its political relations* with another, which have hitherto connected it with that nation, and

needs to take up the *independent* place to *stand equally* with other nations in the world, a place given by the laws of nature and laws of nature's God, that nation, *out of appropriate respect to the opinions of mankind*, should declare the causes which impel it to the independence.

这个文本大致反映了原文的意思,而根据这样的理解,译者可以对具体的译文作修改,如:

> 在人类前进的道路上,当一个民族必须终止其和另一个民族间的政治联系,并在世界各国之间,依照自然法则和上帝意旨,取得独立平等之地位时,出于对人类舆论合宜的尊重,他们应当声明不得不独立的原因。

首先,bands 作为这段原文中有特殊隐喻意义的核心隐喻,译文中没有了,应该把"纽带"加进去。再沿着这个思路看下去的话,动词 connected 最好在译文中加进去,而 dissolve 一词这里当作 loosen asunder 解释,于是就有个搭配的问题,若译成"解除纽带"不通,所以可以加词"解除纽带关系"。解决了核心隐喻后,还可以看看其他的隐喻,但主要还是从汉语行文上看,不必需要被原文隐喻系统牵着走,很多翻译的问题不从隐喻角度观察也照样会解决,从隐喻角度看可能会更透彻,如"在人类前进的道路上"这个译法是否就可以再斟酌一下,因原文的介词有隐喻内涵(TIME AS SPACE),所以三维空间的"进程中"似乎更恰当。而译成"并在世界各国之间"不能更好地体现介词 among 的隐喻思维(AFFILIATION IS PROXIMITY),所以译成"立于世界各国之林"等似乎更接近原意。原文的 a decent respect to the opinions of mankind 是 requires 的主语,动作拟人化后可以实施动作,具有隐喻意义,所以也可考虑不用"出于对人类舆论合宜的尊重"这样的说法,而改成"对……的尊重要求他们……",但这仅仅是一种选择,未必最好。另外,"依照自然法则和上帝意旨"这样的译法忽视了 entitle 这个词,是否译文中加入更好?而"不得不独立"就没有很好地反映出 impel 这个动词,根据 Pinker,这个动词也是隐喻,可以考虑翻译成"驱使",有人翻译成"迫使",显然其隐喻形象没有"驱使"更接近原文。关照隐喻后的参考译文并非是更为流畅的,但从认知隐喻的角度看,更接近原文:

> 在人类历史事件的进程中,当一个民族必须和与他们一直联系在一起的另一个民族解除政治纽带,并依照自然法则和上帝意旨所赋予他们的权利,取得独立平等的地位,立于世界民族之林时,他们对人类舆论应有的尊重要求他们公开声明驱使他们独立的原因。

在上面的译文中，我们关注了主要的隐喻后，也照顾到了一些不明显的隐喻，但是这仅仅是隐喻网络中的一部分隐喻。如果 Cognitive equivalence 仅走到这一步，也许可行，甚至也有必要，但过度地追求认知对等不仅不可能，也无必要。

尽管我们不主张认知对等这样一个总的提法，但我们却认为在不同的情况下给隐喻足够的重视确实必要。这里强调的不同情况主要包括文本和目的，也就是说，在有的情况下，可以考虑移植有些隐喻，有的情况下则可以忽视隐喻，皆视所译文本和翻译目的而定。比如普通传达信息的文本中就不必考虑那些基于常见概念隐喻的表达法，但文学等文本中就有必要考虑意象隐喻等。也就是说，对于认知隐喻对等这个问题，我们希望具体情况具体对待，不主张笼统地谈认知隐喻对等。下面就让我们来看看翻译中隐喻问题具体是怎么处理的。

3.2 从文本类别、翻译目的角度看隐喻

文本分析有何意义

译者拿到一个翻译任务，不能马上就开始翻译，首先要对文本的特征有所了解。比如电影《卧虎藏龙》翻译成 *Crouching Tiger, Hidden Dragon*，隐喻完全重现。但如果有人对你说"外语系卧虎藏龙"的话，估计你就不会使用上面的译法。这就说明文本不同，翻译的策略也可能不同。上面一个是电影的题目，另一个是普通的对话，两个文本截然不同。

说到隐喻，我们确实认识到它的身份特殊。在没有进入任何具体语境前，隐喻已经因其认知身份而显出了重要性，怪不得上面有那么多语言学家都去研究它。不过此时的重要性仅仅体现在语言体系这一层面上，因为这一个一个的隐喻还没有进入实际的言语活动，我们很难讨论如何翻译它们。换句话说，这些隐喻还是悬空地挂在语言体系里，对译者还没有很大的意义。译者要处理的是一个个在言语交流中"活蹦乱跳"的隐喻。在语言体系里的隐喻必须先"下嫁"到言语交流中，译者才能处理。只有当文本形成后，一个一个的隐喻才对译者有真正的意义，因为只是在这时，我们才能权衡它们在实际交流中的价值。比方说，你看到 Guys like you are in short supply 这样一句话，马上就认出了 in short supply 是隐喻说法，而且经过分析，也知道了这个隐喻实际是来源于 PEOPLE ARE PRODUCTS 这个概念隐喻。这里的源域概念是一个非常熟悉的商品概念，基于我们生活中经常接触的事物。这时我们马上便提高了对隐喻的"警惕性"，想把它翻译成"紧俏商品"。但是随后一想，这句话的意思不就是说那种人现在不多了吗？为什么不简简单单地翻译

成"像你这样的人目前可不多了"？你于是在两个译文之间举棋不定。换句话说,你不知道这句话到底是在什么场合说的,不知道语境是什么。假如有人告诉你,这是从一个普通的对话中选来的,你也许会因此更倾向于使用"这样的人不多了"这类只传达基本意思的译法,你会认为,那个隐喻也不是什么了不得的表达法,丢掉隐喻的译法基本过得去。也许你心里仍有些遗憾,但并不觉得这样处理有什么不可原谅的地方。可是如果有人说这句摘自某个文学作品,如引自一首诗歌,那么你马上就会感到解释性的译法不恰当。你马上会去思考保留隐喻的可能性,比如"像你这样的人现在可货不多了""现在可是紧俏产品"之类的译法一下子就进入了你的视野。这个决策的改变完全是因为文本的不同。类似的例子比比皆是,比如 last ounce of hope,一般不会有人翻译成"最后一盎司希望",但是如果是出自一句诗行,仅仅翻译成"最后一点希望"就大大地降低了诗歌语言的文学性。原文的 ounce 显示作者将希望比喻成了物质（HOPES ARE THINGS）,可以像称金银那样称希望,所以"最后一盎司的希望"就更形象,更有文学的感染力。所有这些,若没有文本的提示,便都是无从知晓,译者翻译的决策就可能相当盲目。

不同文本中隐喻的处理

我们上面说过,对于译者来说,我们接触的是文本,是实实在在的语言交流的产物。上面我们提到的几个有关隐喻的处理模式,都很有启发性,但是基本上说,还是在语言体系上思考问题。我们需要更具体到文本,来看看在五花八门的文本中,一个一个的隐喻应该如何处理。因此一个文本到手后,首先需要看的是文本的类型,这到底是什么样的文本。

我们有不同的文本分析法,如传统上我们喜欢根据文本的内容分类,比方说,这一篇是科技类,那一篇是文学类,还有一篇是法律类。这样分析一下当然能解决不少问题,比如我们基本能对隐喻在这些文本中的价值有一个大概的估量,说文学类应该更注重隐喻恐怕不会错。但是这个分法并不十分准确,因为不同的文学作品会有不同的特点,隐喻的价值在文学作品中并不是千篇一律的,仅仅把文学归为一类也许并非最佳办法。所以有些翻译老师比较喜欢从文本的功能来分类。

由于纽马克的 *Approaches to Translation*(1982)这本教科书被广为使用,所以他以文本功能为依据的文本分析框架(15)就常被引用:

	A	B	C
(1) Typicol exomples	EXPRESSIVE Literoture ovthoritative texts	INFORMATIVE Scientific and technicol reports and textbooks	VOCATIVE Polemical writing, publicity, notices, lows and regulotions, propagando, popular literoture
(2) 'Ideal' style	Individual	Neutral, objective	Persuosive or imperotive
(3) Text emphasis	Source longuage (SL)	Torget language (TL)	Torget language
(4) Focus	Writer (Ist person)	Situation (3rd person)	Reader (2nd person)
(5) Method	'Literal' translation	Equivolent-effect translation	Equivalent-effect recreation
(6) Unit of tronslation Moximum Minimum	Small Collocotion Word	Meoium Sentence Collocation	Large Text Poragroph
(7) Type of longuoge	Figurative	Foctuol	Compelling
(8) Loss of meoning	Considerable	Small	Dependent on cultural differences
(9) New words and meonings	Mandotory if in SL text	Not permitted unless reason given	Yes, except in formal texts
(10) Keywords (retain)	Leitmotivs Stylistic morkers	Theme words	Token words
(11) Unusual metaphors	Reproduce	Give sense	Recreate
(12) Length in relation to original	Approximately the some	Slightly longer	No norm

我们可以看出,在这个表格中,各种不同的文本都被挤进了三大类之中:表情类、信息类、呼唤类。文学作品是表情类文本的最合格的代表,而根据他的建议,翻译这类文本时,需要给原文、原文作者更多的关注,所以翻译单位就可能比较小。信息类文本的代表他选择了科技和教科书之类,而根据他的建议,翻译这类文本时需要取得等效,但应该以译入语为归依,因为这类文本需要信息畅通,任何影响交流的障碍都应该排除,换句话说,在信息类的翻译中,原文的语言结构不应该成为交流的障碍。呼唤类的代表文本是广告,他给出的翻译建议是面向读者,一切都应该围绕读者转,为了能取得和原文相同的广告效果,译者不必被原语原文化牵绊。现将这三个类别简化如下:

	Expressive	Informative	Vocative
Emphasis	Source	Target	Target
Focus	1st person:writer	3rd person:situation	2nd person:reader
Method	"literal"	translation	recreation

这个建议是基于英语和其他印欧语言之间翻译的实践而提出的,所以完全有可能不一定完全适应英汉之间的翻译实践。不过,总体上看还是比较合理的。比如说,文学类强调作者,用较为"直译"的方法去捕捉原作者的写作特征,理论上说当然是正确的,但直译到怎么个程度,甚至是否真能直译,译者在英汉或汉英翻译过程中遇到的困难也许并不是纽马克这个表格可以概括的。在纽马克后,还有其他学者在这个基础上提供了类似但却改进的框架,如下面 Munday 提出的分类法就更清楚简洁

(2001)，不过他在分析文本本身的基础上加入了翻译目的这个文本外的因素：

Text type 文本类别	Informative 信息型	Expressive 表情型	Operative 感染型
Language Function 语言功能	Representing objects and facts 表达事物与事实	Expressing sender's attitude 表达情感与态度	Making an appeal to text receiver 感染接受者
Language dimension 语言特点	Logical 逻辑的	Aesthetic 美学的	Dialogic 对话的
Text focus 文本焦点	Content-focused 侧重内容	Form-focused 侧重形式	Appellative-focused 侧重感染作用
TT should 译文目的	Transmit referential content 表达其内容	Transmit aesthetic form 表达其形式	Elicit desired response 诱出所期望的反应
Translation method 翻译方法	"Plain prose" explication as required 简朴的白话文，按要求做到简洁明了	"Identifying" method, adopt perspective of ST author 仿效，忠实原著	"Adaptive" equivalent effect 编译、等效

上面几种分类为我们提供了看翻译的视角，给出了建议，我们于是知道，在不同文本的翻译中应该有不同的处理方法。那么，这些分类和建议如何能有助于我们在翻译中更准确地处理不同的隐喻呢？

我们说，隐喻作为一种语言的形式特征，也完全可以纳入上述的讨论。我们所要搞清楚的就是，在不同文本中，隐喻的价值如何，然后我们才知道如何翻译这些隐喻。比如说，以基本感官为基础而生成的语言隐喻一般在各种文本中都无大价值，且它们在英汉之间转换也无大障碍，因为诱发它们的基础是无文化差异的，如上下、内外、高低、冷热等。这些隐喻是我们思维概念形成的形式，但在语言里面他们本身并不提供有意义的信息，翻译时不必给予过多关注，而且这些隐喻有时能很自然地被直接翻译过来，如：We are finally out of trouble 这句若翻译成"我们终于走出了麻烦"就是保留了 TROUBLES ARE CONTAINERS 这个借助三维空间概念表达的语言隐喻，但是如果翻译成"我们总算没有麻烦了"也可以，此时原来的"容器"隐喻就消失了，代之以另外一个概念隐喻 TROUBLES ARE SUBSTANCES，你可以有物质，也可以没有物质。但是一般我们对这类隐喻并不给予特别关注，因为作者使用它们时是"无心插柳"，自己都不知道自己用了隐喻，所以翻译时怎么翻译都可以，只要意思正确就行。然而即便是这样很难被人察觉的隐喻，由于文本的不同，也还是可能需要些关注，如在一首特别注意形式的诗歌里，保留"容器"隐喻似乎就更可取些。

至于那些依靠常见事或物为源域概念而诱发的语言隐喻，它们在进入文本前就比依靠感知诱发的隐喻更引人注目些，所以译者的警惕性就应更高些，如 we are at a crossroads 这句译成"在十字路口"，就是按照 LIFE IS A JOURNEY 这个原文的概念隐喻翻译的。但如果翻译成"我们该做决定了"则是放弃了原来的隐喻，这两个之间的取舍差别也不是特别重要，但文本还是会给译者一些线索，如在一般的信息类文本里取消隐喻也可以，译者基本没有必须保留隐喻的压力，但若是在表情类文本中，保留隐喻的压力也不会太大，但可能有一些，若是表情类语篇有很强的语言结构特征，则保留隐喻的压力就可能更大些，尽管这样的隐喻本身并无特殊文学意义。

有些较复杂的语言隐喻源于混合（blending），所以需要根据情况决定译法，如上面说过的 This surgeon is a butcher 这句，若保留隐喻译成"这个外科医生是一个屠夫"，显然汉语读者未必能懂。本句的核心意思是外科医生的无能，而屠夫未必无能，而且汉语的屠夫还有凶残杀人的意思。所以此句在信息类文本中抛弃隐喻最佳，即便是在表情类的文本中，保留隐喻如果会造成误解的话，仍然需要抛弃隐喻。不过我们仍然不能完全排除保留隐喻的可能，比如这句若摘自一首诗中，译者至少需要努力一下，尽量保留这个隐喻。

如前所述，在基本概念隐喻的基础上，进一步利用源域事物的非常规成分，往往能使语言与众不同，比如：

> Teacher: You look like a *healthy apple*.
> Author: I hope it's not *rotten inside*.
> Teacher: I hope, too, that it will *last a long time*. (Kövecses, 2002: 95)

这个对话中贯穿三句的概念隐喻是 PEOPLE ARE PLANTS，但是说话人在第一句把人比喻成苹果后，马上进一步利用苹果的另外一些特征，如苹果心会烂，苹果不能长期保留等一般人们不经常拿来作比喻的特征，使对话语言偏离常规，这在认知隐喻理论中称为"蕴涵"，其特点就是利用源域概念的非常规部分，使隐喻异乎寻常。假如我们把这句翻译成：

> 老师：你看上去很健康。
> 作者：希望里面没有烂。
> 老师：我也希望你能活得长长久久。

那么，基本表达了说话者的意思。但是语言的特征没有了，对话中的一些自嘲等口气就没有了。尽管这并不是一个文学语篇中的句子，但是没有保留隐喻仍然是很大的缺陷，因为译者并非不能保留隐喻，比如：

老师：你看上去像个健康的苹果。
作者：希望里面没有烂。
老师：我也希望这苹果放好长时间。

上述几个例子都是意象图式隐喻诱发的语言隐喻，但有些隐喻则是意象映射所形成的隐喻，比如前面的 My wife's waist is an hourglass，不论是在什么文本中都是保留隐喻更恰当，甚至更容易（我太太的腰身像一个沙漏），如果要翻译成"腰身上下粗大但是中间细小"反而不合适。再比如：

Mr. Clinton will need to continue *repairing his bridge* to the moderate and conservative democrats.

这句的隐喻词就是修补桥梁，有的人翻译成"继续和温和和保守的民主党人改善关系"，显然这是抛弃了隐喻，在信息类的文本里，这样一个隐喻意义并不大，上面拿掉隐喻的译法也可以考虑，但是翻译成"修补通向……民主党人的桥梁"也未尝不可。但是如果在一篇散文中，拿掉隐喻就会觉得文字比较平淡。

综上所述，文本因素往往是译者决定如何翻译隐喻的参照因素，没有文本的参照，翻译决策会没有把握。一般来说，表情类文本较容易接受隐喻，比较 user-friendly，各种隐喻往往都能找到落户的地方，不用说是意象隐喻，就是意象图式隐喻，甚至是那些以感知为基础的隐喻，有时保留隐喻也可以。但是在信息类文本中，保留隐喻的压力就不大了，把话说清楚就行，保留不保留隐喻不是关键。至于呼唤类文本中的隐喻则更可以自由处理，因为这类文本的文字仅是为了宣传的目的而用（见下一节），本身没特殊的价值。从文本看隐喻的翻译，我们大致可以用下面的表格总结一下：

文本类别	Expressive（表情类）	Informative（信息类）	Vocative（呼唤类）
译者保留原文隐喻的必要性	1. 很有必要 2. 意象隐喻最有必要 3. 意象图式隐喻次之 4. 感知隐喻更次之或无必要 5. 隐喻若有价值，需保留	1. 无大必要 2. 意象隐喻视语境而定 3. 意象图式隐喻视语境而定 4. 感知隐喻几乎无必要 5. 信息类中隐喻总体不重要	1. 一般不以隐喻为取舍的参照单位 2. 仅在隐喻是"卖点"的情况下考虑保留 3. 总体上隐喻对等无必要

除了从上面的角度看文本外，我们还可以根据义本的其他特征区别文本，比如文本文化色彩的强弱，文本中作者态度的强弱，都可以成为文本分类的依据，进而为隐喻的处理找到理由。比如在文化色彩浓的文本或作者表达强烈态度的文本中，隐喻的价值可能更大，所以保留隐喻的必要性就可能越大。有时，鉴别文本的

写作主要是逻辑驱动,还是情感驱动,也很有效。一篇法律文本的行文可能以逻辑驱动为主,而一篇抒情散文的行文则以情感驱动为主。一般情况下,逻辑驱动的文本不宜过多惊动原文的结构,而情感驱动的文本则可以对结构有所调整。而谈到隐喻,总体来说,逻辑驱动的文本隐喻的价值不大,除非隐喻被拿来做文章,而情感驱动的文本中,隐喻就可能有较大的作用,应该尽量保留。但这些都是一般原则,实际的取舍仍然需要看具体的语境而定。一个较为靠得住的方法是:首先确定隐喻在文本中的价值,隐喻可以有文学价值,但也可以有非文学价值,有时隐喻与主题有关,有时也不排除隐喻有修辞的价值。总之,一个译者在发现了隐喻后,必须要掂量一下它的分量,无足轻重的隐喻可放弃,举足轻重的隐喻则宜保留。

最后需要指出的是,隐喻作为语言中的一个形式在翻译中取舍的标准和其他语言形式的标准是类似的,比如是否需要保留原文的句法,是否需要保留原文的语音结构等,都要看该形式结构有没有意义。这种意义可以仅仅是修辞艺术的,也可以是与主题相关的,也可以是其他的意义。一旦形式结构有了意义,就有必要考虑保留,隐喻是这样,其他语言特征也是这样。

翻译目的视角简介

强调翻译目的的学者中,最有影响的是德国学者 Hans Vermeer,正是他提出了著名的 Skopos Theory。其实这个理论的发展是一个剪不断理还乱的过程,关注目的也不仅仅是他一个人,在他之前人们已经开始考虑目的在翻译中的作用了。当人们脱离翻译的语言学研究,进入功能领域时,目的视角虽然不甚清晰,却已见端倪,比如奈达的功能对等强调文本的功能,但也连带提到文本外因素的重要性。可以说,功能和目的之间的分界线并不清楚。不过无可否认的是,Vermeer 是举起"目的"(Skopos)大旗的主要旗手。

主张目的论的学者,内部如何意见不同,对外却是一致的,他们的主要矛头就是"对等理论"。目的论认为,翻译活动发生在实际的社会交流中,必须考虑"客户"这个因素。同一个原文可能有不同的客户,所以译者就有可能要照顾到不同客户的要求。主张目的论的人觉得,对等理论的目光只盯着原文的文本,然后参照原文,设法营造出一个"对等"的译文来,但却忘了译文将会由人来阅读,翻译的过程中竟然完全把读者的因素排除在外。换句话说,对等理论把译本看作是静态对等的产物,因为译者的目光总盯着文本,而文本是白纸上不变的文字。但目的论却要强调那个使用译本的人,而人是动态的。所以根据目的论,一个文本完全可以有数个不同的文本。只要有不同译文的需要,就可以提供不同的译文。为了说明目的论,Pym(2010:48)用了希特勒的自传《我的奋斗》来解释目的论的核心思想。他说,在这本书中,不同的功能重叠在一起,比如作者表达强烈个性的部分显然有"表情"功能,希特勒对历史的看法和叙述则有"信息"功能,而整本书则无可否认的具有号召人的"呼唤"功能。假如按照对等理论,就有必要将希特勒原文中的所有功能都反映在译文中,以求全面对等。也就是说,希特勒的嬉笑怒骂译者应照样描述,希特勒原著鼓动人们去追随纳粹主义,译著也要达到相等的效果。但目的论认为,译者没有必要去寻求那样的对等。译者只需将这本自传当作一个历史文件看待就行,其中过于渲染的部分可以把它去掉,总不能让读者读完之后都信奉纳粹吧?要达到这样的目的,对等理论是无法做到的,但是目的论可以。当然,根据目的论,理论上我们不排除一个有利于希特勒纳粹思想传播的译本,但那要看是否有"客户"的需要。总之,一个原文可有多个译本是目的论的一大特征,而正因为可以有多个译本,所以其中有的译本和原文有很大的差异就在所难免,且这种差异不仅仅是形式上的,有时甚至可能是内容上的增删变化。

另外,目的论的创始人 Vermeer 还认为,这个理论适用于各种文本,为此他用保险合同的翻译为例,指出即便是法律文本仍然可以有不同的目的(Šarčević, 2000),比如他认为合同若为一般民众实际使用,可以目标语为依归,照顾阅读的方便,但如果是为法庭作证使用,则应该较贴近原文,尽量和原文保持一致。但有些学者不同意这样的观点,认为到底怎么翻译,最终仍然需要看与文本有关的法律如何制约文本。有些情况下,甚至连文学文本也可能会有不同的目的,取悦不同的读者,比如将十四行诗按照原文的韵式翻译,也可完全沿用汉语一韵到底的韵式:

Tired with all these, for restful death I cry:(A)	厌倦了这一切,我求安息的死:(A)
As, to behold desert a beggar born,(B)	例如,看见有德的生来做乞丐,(B)
And needy nothing trimmed in jollity,(A)	又缺德的丝毫不愁锦衣玉食,(A)
And purest faith unhappily forsworn,(B)	又赤诚的心惨遭背信戕害,(B)
And gilded honour shamefully misplaced,(C)	又荣誉被无耻地私相授受,(C)
And maiden virtue rudely strumpeted,(D)	又处子的贞操被横加污辱,(D)
And right perfection wrongfully disgraced,(C)	又真正的完美却含冤蒙垢,(C)
And strength by limping sway disabled,(D)	又力量被蹇滞的势力废除,(D)
And art made tongue-tied by authority,(E)	又艺术结舌於当局的淫威,(E)
And folly, doctor-like, controlling skill,(F)	又愚昧,冒充淹博,驾御天聪,(F)
And simple truth miscalled simplicity,(E)	又简明的真理误称为童騃,(E)
And captive good attending captain ill.(F)	又被俘掳的至善侍候元凶。(D)
Tired with all these, from these would I be gone,(G)	厌倦了这一切,我愿舍此长辞,(G)
Save that to die I leave my love alone.(G)	只是我一死,我爱人形单影只。(G)
——William Shakespeare Sonnet 66	(台大陈次云译)

Tired with all these, for restful death I cry：(A)	难耐不平事,何如悄然去泉台：(ai)
As, to behold desert a beggar born，(B)	休说是天才,偏生作乞丐，(ai)
And needy nothing trimmed in jollity，(A)	人道是草包,偏把金银戴，(ai)
And purest faith unhappily forsworn，(B)	说什么信与义,眼见无人睬，(ai)
And gilded honour shamefully misplaced，(C)	道什么荣与辱,全是瞎安排，(ai)
And maiden virtue rudely strumpeted，(D)	少女童贞可怜遭横暴,
And right perfection wrongfully disgraced，(C)	堂堂正义无端受掩埋，(ai)
And strength by limping sway disabled，(D)	跛腿权势反弄残了擂台汉,
And art made tongue-tied by authority，(E)	墨客骚人官府门前口难开，(ai)
And folly, doctor-like, controlling skill，(F)	蠢驴们偏挂着指谜释惑教授招牌，(ai)
And simple truth miscalled simplicity，(E)	多少真话错唤作愚鲁痴呆，(ai)
And captive good attending captain ill. (F)	善恶易位,小人反受大人拜。(ai)
Tired with all these, from these would I be gone，(G)	不平,难耐,索不如一死化纤埃，(ai)
Save that to die I leave my love alone. (G)	待去也,又怎好让爱人独守空阶？(ai)
——William Shakespeare Sonnet 66	（北大辜正坤译）

　　上面这两个译文若以对等原则衡量,其中一个就很难被认可,因为从对等这点来看,两个译文在语义层上基本和原文对等,但在语音层上说,辜译显然没去求对等,而莎士比亚十四行诗的韵式又是该诗体的标志性特征。可是无法否认的是,辜译朗朗上口,显出译者才华横溢,在目的论的支撑下,两个译本便可以各自精彩。

　　在语言、功能长期占上风的情况下,目的论的出现,当然让人眼前一亮,但认为目的论是一场革命的提法,却未免给了它太多的光彩,因为关注目的毕竟不是什么惊人的发现。更重要的是,对等作为翻译的基本概念仍然具有绝对重要的地位,译者是看着文本翻译的,不管怎么强调目的,摆在手头的文本仍然是译者具体决策的依据,至少在翻译实践中抛开原文文本是不可想象的,当然纯理论研究可另当别论。从目前的翻译实践来看,时下广泛存在的译文不准确现象,更应促使我们强调对等原则的重要性。另外,我也对目的论的适用范围有保留意见。上面十四行诗的例子以及 Vermeeer 本人有关保险合同翻译的观点尽管有一定说服力,但说目的论放之四海而皆准,未免太宽广了些。文本分析中可归于呼唤类的文本似乎最适合用目的论来指导翻译。信息类、表情类则更次之。特别是后一类,有些文本原文未必都有目的。所以多大程度上援用目的论,仍然需要看具体的情况。翻译在很大程度上说是个"就事论事"的活动,找出放之四海而皆准的大原则不很容易。

翻译目的和隐喻处理

根据上面的讨论,可以这么说,任何一个认为客户的要求至高无上的理论,都不会强调原文隐喻,不会瞄准隐喻对等这个目标,除非客户要求将隐喻作为关注的目标,但后者仅有理论上的可能,实际提出这样目标的可能性几乎等于零。当然这不等于说,这类文本的翻译从不寻求隐喻对等,但这种对等是在考虑客户需求的大前提下的"小把戏",并非认知层的深刻考虑,与认知学者们提出的认识对等不一样。

前面我们说过,呼唤类文本的翻译最适合用目的论来解释。让我们现在来看几则广告翻译的实例,观察一下译者是否或如何处理原文的隐喻的:

Overdraft Facilities
Lock in your interest rate and protect yourself down the road!(BEA/东亚银行)
个人透支服务
锁定息率,毋惧利息起伏

在这个广告中,译文至少有两个隐喻,一个是"锁定",一个是"起伏"。第一个与原文的隐喻思维相同,但是第二个起伏则完全和第一个原文的隐喻不同。原文背后的概念隐喻 FINANCIAL LIFE IS A JOURNEY(down the road),但译文的隐喻则基于水波(INTEREST RATES ARE WAVES)。可以看出,译者尽管在第一部分完全接受了原文的隐喻,但第二部分却完全改变了原文的隐喻,就语义上说和原文基本没有关系,可以说是一种灵活的解释,前半句隐喻的对应,和后半句完全摆脱原文隐喻,不可能用认知对等来解释。从认知隐喻的角度,确实也可以有一些提示,比如原文 lock 是个比较明显的隐喻,基于我们生活中常用的实物,是一个意象鲜明的实物,而原文的 down the road 则是一个图像图式隐喻,所以图式隐喻比较容易被忽视,也是符合我们前面对隐喻的描写。

Is your money taking you where you want to go? Get there. (James World Funds)
阁下的投资有否更上一层楼?登峰造极。

这句广告中的隐喻显然是将投资当作是旅程(INVESTMENT IS A JOURNEY),而译文根本没有使用原文的隐喻结构。尽管采取原文的思路并非不能翻译(把你带到了你想去的地方),但是译者不会沿着这个思路翻译,因为它太缺少对读者的感染力,结果译者完全使用了另外一个全新的隐喻"更上一层楼"。从认知隐喻的角度看,原文的隐喻也是基于意象图式隐喻(JOURNEY),因此不去翻译它的可能性就很大,因为这类例隐喻尽管有认知的价值,却在达到广告目方面没有什么价值。这里,翻译的目的高于原文的隐喻特征。其实,即便是一个意象鲜明的隐喻,也必须服从广告的翻译目的,未必就有一定要在译文中反映出来。

> How FAST will the new high-speed internet actually be?
> Well, put it this way. Tie yourself down. (infineon technologies)
> 新的高速互联网究竟有多快?
> 请您系好安全带。

这则广告把互联网比作了高速公路,一问一答都是基于 the Internet is a highway system 这个隐喻,而译文完全保留了基于这个概念的语言隐喻。这个概念隐喻目前基本已经广为接受,所以没有交流的障碍,译者同时也觉得原文作者用了 Tie yourself down 这个由基本隐喻派生(extended)出来的意象鲜明的隐喻,可以成为译文的一个"卖点"。结果,原文和译文隐喻层完美对应。但是,这种对应毕竟不是语言的考虑,更不是背后概念的考虑,说到底仍然是翻译目驱使的结果。

本节我们介绍了翻译的目的论及其和隐喻的关系。我们觉得目的论由于把关注点放在了客户身上,所以原文的隐喻往往不是译者关注的焦点。换句话说,任何强调翻译目的论的人,大概对原文的隐喻以及隐喻背后的概念不会特别关注。通过前面这些越来越务实的讨论,我们也逐渐感到识别文本中那些有价值的隐喻是译者取舍的前提。那么什么样的隐喻算是有价值的呢?当然可能有不同的识别价值的办法,下面就让我们来看看"前景化"这个概念,以及它与翻译,特别是与隐喻翻译的关系。

3.3 前景化概念在分析隐喻时的作用

前景化概念的提出

前景化(foregrounding)这一提法并不新颖,早在20世纪30和40年代时,布拉格学派的学者提就提出了这个概念(Garvin, 1964)。用最简单的话概括就是,前景化时使用的语言与众不同,以至于引起了读者的注意。其实,前景化是和另外一个概念自动化(automatization)同时提出的,可谓孪生一对。有趣的是,Havránek 在阐述这对概念时,使用的例子恰恰是翻译(1964:9)。他举例说,当把俄语的打招呼用语 zdravstvuyte 翻译成捷克语 bud'te zdrav(be healthy)时,人们会觉得这个翻译不恰当,因为一个普通恰当的俄语表达法被翻译成了一个在这个语境中不寻常的表达法。换句话说,这个捷克语表达法本身并非不正常,用在有些地方很恰当,但是用在这里就不合适了。Havránek 认为这是将一个 automatized 的表达法翻译成了一个 foregrounded 的表达法。他接着又举了一个例子。如果将法语的 s'il vous plaît 翻译成捷克语的 libí-li se vám,尽管每个字都准确,但整个短语却不是法语的语境意思。也就是说,法语原文中的表达法并不引起人们的注意,用这样自然的语言交流,信息的接受者不费力,一听就懂,因为语言表达法本身并没有"跳到前台来"招引你的注意力,Havránek 用 automatization(自动化)来描写这种语言表达法。相反,捷克语的表达法就偏离了常规,因为它不是这种情况下广为接受的说法,语言本身"跳到了前台",因此引起了人们的注意。他把这种表达法称为 foregounding(前景化)。

在界定了自动化和前景化这两个概念后,Havránek 就开始进一步讨论这个概念在实际语言交流中的应用。他讨论了日常生活语言、科学技术语言和文学语言。比方说,一般的会话当然语言是自动化的,大家你一言我一语,对话正常进行,谁都没有被对话中的某个语言说法所吸引。可突然间对话的一方使用了一个很不寻常的表达法,意在激活对话,给人以惊奇的感觉,这个引人注意的表达法就是前景化的语言。再比如,科技文本的作者在写给专业人士阅读的文本中,会使用一些专业语言,在行内这些语言都是很正常的表达法,没有什么突出的特征,属于自动化的语言,但同样的表达法若讲给非专业人士听,就可能属于前景化,并可能产生特殊的效果。另外一位布拉格学派的学者 Jan Mukařovský 对前景化和文学语言有更深入的讨论(1964:17)。他从标准语言和文学语言的角度讨论前景化现象,认为在文学语言中,作者经常违反语言的规范,创造出一般人不说的话,结果触发前景化语言的出现。但同时他似乎也区别了一般为普通交流目的使用的前景化语言和为艺术美学目的而使用的前景化语言,认为后者更为举足轻重(1964:28)。

总而言之,前景化这个概念的核心内容就是使用的语言偏离常规,引起了人们的注意。这个概念在 20 世纪 30 年代提出时仅仅是一个"雏形"。后来它又被很多人应用并发展。直到今日,在语言研究领域中还经常有人提及并应用这个概念。

前景化概念的发展

自 20 世纪 30 年代以来,应用这个理论的人不少。尽管当年创建该理论时,Havránek 本人并没有局限于文学语言,但是后来研究的主要领域仍然是文学,特别是文体学领域,如韩礼德(Halliday,2007)就在他的著作中将前景化界定为"有动机的突显"(motivated prominence)。另外也有人希望将前景化这个概念用于外国人阅读学习文学领域(Picken,2007)。但应用前景化理论分析文学作品最深入的一位学者当属 Leech(1969;1981)。他将 Havránek 没有充分发挥的一些观点，更进一步阐述了，比如 Havránek 没有用足够的篇幅讲解有目的的前景化和一般语言突显的区别，而 Leech 则仔细区分了 prominence 和 foregrounding 的区别。Leech 首先从语言的内容和形式是否可以分开的角度切入，讨论了是否可以将文学语言释义(paraphrase)。持有些文学理论的人会认为，语言中有些意义(sense)可以用不同的语言来表达，而不失其原意。这种理论在用日常用语检验时并不会碰到大的挑战，但是遇到文学语言时就站不住脚了。他甚至举了新批评理论的观点，后者认为 A poem should not mean, but be。当然文学作品也不能都是一样的。他借用了别人的理论，将小说分为 Class 1 和 Class 2。第一类小说的语言没有特殊的语言表达法，第二类小说则有特殊的语言结构了(1981:19—37)。

在上面的基础上，Leech 进一步将"突显"(prominence)和前景化加以区分。我们说，在各种不同的文本中，仅仅表达法偏离常规并不一定有多大意义。我们在日常会话中有时就会使用一些偏离常规的说法，甚至一些文学作品中(比如上述的 Class 1)，都可能存在一些会引起人注意的特殊语言表达法，但是在这些语境中，这些表达法意义并不重大，因为这些用语可能并非作者故意安排在那里的，动机不强。这种偏离常规的语言成分，可以称其为突显，比如你说 I am cash-starved 这句话时，也就是顺口说出来的，虽然说 cash-starved 是一个醒目的说法，可能也偏离了常规说法，但是并没有特殊的价值，因为并非说话者刻意的选择，可以说是"无动机突显"(unmotivated prominence)。相反，有些偏离常规的表达法却是作者刻意所为，是作者有意选择的结果。换句话说，这个表达法是有动机的个体选择，比如第一章中引用的 the city that is devoured by locusts each day and spat out each night 这句中有关蝗虫的隐喻，就要比前面的 cash-starved 更有意义，因为这显然是一个经过推敲后的选择，是有动机的。Leech 认为应该区别这两类不同的偏离常规。而且有时这种有意义的偏离之所以更有意义，还因为不仅仅是一个独立的表达法，更主要是某个语言特征有系统地出现，因而构成某个作家的一种文体或风格，比如海明威的简短的句型就构成了他的风格。简言之，没有动机的突显可能与文本主体没有关系，而前景化则可能与主题紧密相连或在艺术上有意义，因为它是有动机的选择。

前景化、隐喻和翻译

前面我们对前景化的概念作了一个简单的介绍，现在让我们再回到隐喻这个主体上来，来看看我们是否能借助前景化这个概念分析隐喻，了解隐喻的价值，进而为翻译决策提供一些依据①。

我们在讨论概念隐喻的基本知识时,将隐喻分成了不同的类型,比如基本隐喻、复合隐喻,或者分成意象图式隐喻和意象隐喻,也可分成种属隐喻和类属隐喻,甚至还可以从隐喻的常规程度分类。让我们先讨论由基本概念隐喻诱发的语言隐喻。我们知道这类隐喻都是基于人体的最基本的感知,所以它们在原语中不偏离常规,而且在译入语的理解时也无困难,但是一般情况下这类隐喻没有什么意义。尽管有些在表达时按照原文的隐喻处理会造成语言的突显,但是它们基本没有什么意义,译者可以自由处理,不必顾虑太多。比如第一章中我们举出的基本隐喻的例子:

  Prices are high.(价格很高。)
  He is my close friend.(他是我的密友。)
  I see your point.(我明白了。)
  I failed to grasp your point.(我没有明白你的意思/我没有掌握你的意思。)
  They greeted me warmly.(他们热情地欢迎我。)
  What's going on here?(这里发生什么了?)
  They have reached their goal.(他们达到了目标。)
  Let's try to get around this problem.(让我们绕过这个问题。)

我们可以看出,上面的句子中大部分都能保留原文的隐喻结构而不造成突显。由于这些隐喻表达法都无重要意义,对主题或文体等亦无价值,所以翻译时无需将保留它们作为一个因素来考虑。那么,复合隐喻是否有价值保留呢?让我们来看看第一章中举的几个例子:

  That is a foundation for this theory.(那是他理论的基础。)
  I could not contain my rage.(我不能控制住我的愤怒。)
  Our love is at a crossroads.(我们的爱情正在十字路口上。)
  He is smoldering with fire.(他气得一肚子火。)

这几个句子在原文中都是常规用法,不偏离常规,并不造成突显或前景化,而且翻译成汉语时好像也能保留隐喻的结构,而不造成突显或前景化。更主要的是,这些

---

① 早在2001年,我就在《高级英汉翻译理论与实践》一书中就提出了将前景化概念应用到翻译中。可参阅该书第八章。

句中的隐喻都没有任何意义，根本谈不上有保留的必要，所以这类隐喻要是不能直接保留下来，译者根本不用担心灵活处理会有什么不良后果。比如最后一句在一般语境中完全改变隐喻也无大碍。若翻译成"他气得要命"的话，译文力度确实不如原文，但那可以由翻译的文木和目的因素加以解释，如普通会话中这样翻译，就已经基本达到了交流的目的。当然，有些通过概念的混合（blending）而形成的隐喻也许可能具有一些语言的特征（突显），甚至会有一些意义，构成前景化，但是否需要在译文中翻译这些隐喻，则还是要看文本和目的因素。总体上说，这类隐喻的价值仍然要视语境而定。如 This surgeon is a butcher，确实非常引人注意，但是如果这句出现在一个普通的对话中，那么隐喻的价值并不很大，翻译成"这个外科医生的医术真够呛"也未尝不可。然而本句若出自一个以语言取胜文学作品，则在一定的语境中，隐喻就可能有意义，所以也不能排除直译的可能性，至少不能像基本隐喻那样视而不见，直译实在不便时才考虑放弃。

　　隐喻还可以从意象图式隐喻和意象隐喻的角度分析。意象图式隐喻其实就是上面说的基本隐喻和复合隐喻，仅是说法不同。所以，大部分的意象图式隐喻对于译者来说都没有意义，无需在翻译时给与过多关注。但是意象隐喻就可能非常重要。我们前面讲过，这类隐喻是临时凑合起来的，它们不像意象图式隐喻已被语言体系接受，而是以异己的身份临时在语言中"小住"。属于体系的说法已被常规接纳，因为常规就是体系。但这类意象隐喻都是作者为了某个目的现场凑合起来的"急就"表达法，偏离常规的可能性极大，很有可能造成突显或前景化。对于这类隐喻，译者的首要做法是，先来掂量一下这个隐喻的分量。我们不能对所有的意象隐喻一视同仁，它们之间毕竟偏离常规的程度会不同，而且具体文本也会不同，目的也可能两样，所以不能一概而论，只能总体上把它们看得更重要些。比如上面的那句 the city that is devoured by locusts each day and spat out each night，就有必要在翻译时尽量保留隐喻，因为这个"蝗虫"的隐喻构成了作者写作的一个手法，具有一定的意义。但鉴于这仅仅是一个孤立的隐喻，所以其价值并不算很大。可是有时某个偏离常规的说法与主题息息相关，构成非常有意义的前景化，翻译时就更有必要保留隐喻，如下面这句：

　　　　... the funeral bells from the desert seas, that, rising again more softly, sang a requiem over the grave of the buried child, and over her blighted dawn. (*Quicksands* by Thomas de Quincey)

最后那个 her blighted dawn 就是一个偏离常规的表达法。名词 dawn 此处既代表早晨的时光，又代表文中女孩年轻的生命，也就是说，两个内容都绑在了一个词上面。本句选自德昆西的一篇散文,女孩的早逝就是该文的主题,所以这个短语就是一个很有价值的前景化表达法。在这种情况下,译者尽可能保留它的压力就会更大,仅仅翻译成"早逝的生命"就显得不够力度,因为 dawn 这个词和主题紧密相连,放弃这个词损失可能就比较大。翻译成"早逝的黎明"之类的表达法虽然在译文中会偏离常规,但却是有意义的努力,译者还前景为前景。

此外,常规性也是衡量隐喻在翻译中价值的一个很有效的手段。所谓常规性,就是看一个表达法被大众接受的程度。一个隐喻越是常用,读者理解起来就越不费力,也就越不感到隐喻的存在。所以常规隐喻一般不会造成突显或前景化,而那些非常规的隐喻就较容易造成突显和前景化。当然常规不常规是主观的标准,很大程度上依靠读者心理的反应。

总的来说,任何语言间的转换都会使得有些表达法在译入语种成为"异己分子",造成突显。但是并不是任何偏离常规的突显都有意义。译者更关心的是那些有意义的前景化,锁定的是那些有"价值"的隐喻。我们希望前景化这个角度能帮助我们看清楚隐喻的意义,掂量出隐喻价值的大小。但一个语言表达法的价值大小,最基本的仍然还是心的感受。概念、理论等把普通人心之所感条理化了,文学知识毕竟也是源于普通生活的常识。从这个意义上说,前景化的概念其实并非不可或缺。然而前人总结出的概念若能有助于我们阅读把握原文,进而使翻译的决策更准确,那我们当然也愿意接受这种理论。总结上面的讨论,大致可以用下面的表格综合前景化、隐喻和翻译的关系:

隐喻类别	原文前景化或突显	译文前景化或突显	价值	译者承受还原隐喻的压力
基本隐喻	无突显或前景化可能性	可能性小,视语境而定	不大	无或最小
复合隐喻	突显或前景化可能性小	可能性小,视语境而定	不大	很小
图式隐喻	突显或前景化可能性小	可能性小,视语境而定	不大	很小
意象隐喻	突显前景化的可能性大	可能性大	较大	较大
常规隐喻	突显或前景化可能性小	可能性小,视语境而定	不大	很小
非常规隐喻	突显前景化的可能性大	可能性大	较大	较大

3.4 本章内容概要

- 对等概念是翻译的经典概念,其核心思想是:在一个语言里可以表达的东西,在另一个语言里也可以表达,译者可在译入语中找到价值相等的文字来表达原文的意思。虽然学术界对这个理论有不少批评,但是从翻译实践的角度来说,它仍然是一个非常有价值的概念,不仅不能抛弃,还应该加以应用。

- 提到对等概念,就自然会想到尤金·奈达。他的功能对等理论是对等理论中最广为人知的。根据奈达的观点,翻译就是要在目标语中以最自然的方式重现原文的信息。他认为,最好的翻译读起来应该不像翻译。要让原文和译文对等就必须使译文自然,而要达到这个目标就必须摆脱原文语言结构对译者的束缚。换句话说,功能对等就是要抛弃语言形式的束缚,求得在语言功能上的对等。
- Pym 提出的"自然对等"和"方向对等"可以说是对等研究方面的新亮点。他的理论很大程度上得益于东德学者提出的对等理论,即所谓的"一对一"和"一对多"。一对一的概念是指一个原文只有一个译文,别无选择,如科技语等;一对多则是指一个原文可有数个译文,如一般翻译实践中我们常面临的情况,即常有数个选择的可能性。
- 鉴于语言隐喻都是心智中概念隐喻在语言上的具体表现,所以有人提出在翻译中求得"认知对等"的必要性,比如有人就提出"认知翻译假设"这个概念。但是翻译实践中以认知为基础做出翻译的选择是不现实的。因为,认知主要是一个思维体系的问题,而翻译处理的则主要是实际语言运用中遇到的问题。
- 文本是翻译实践的一个重要参考因素。无论是隐喻如何翻译,还是翻译中其他的决策,都离不开隐喻这个参考因素。文本经常可以分为"表情"、"信息"、"呼唤"三类。对于文学等表情类文本中的隐喻,翻译时需要特别重视,因为这些隐喻的价值可能比较大。但信息类文本中的隐喻就相对不重要,而广告等呼唤类的文本中隐喻的价值则需根据情况而定。总之,一个译者在发现隐喻后,必须要掂量一下它的分量,无足轻重的隐喻可放弃,举足轻重的隐喻宜保留。
- 目的论认为,翻译活动发生在实际的社会交流中,译者必须考虑译文的使用者。同一个原文可能有不同的使用者,所以译者就有可能要照顾到不同客户的要求。目的论认为,对等理论的目光只盯着原文文本,但却忘了译文将会由人来阅读。换句话说,对等理论把译本看作是静态对等的产物。但目的论却要强调那个使用译本的人,而人是动态的。所以根据目的论,一个文本完全可以有数个不同的文本,只要有不同的需要,就可以提供不同的译文。由于目的论强调译文使用者,所以势必轻视原文,所以原文中的隐喻不是目的论重点关注的。
- 前景化和自动化的概念是由布拉格学派提出的。前景化这个概念的核心内容就是使用的语言偏离常规,引起了人们的注意;相反,自动化的语言就是采用语言体系内的用法,不引起人们的注意。一般来说,常规性的语言不会造成前景化,但新奇的语言就会造成前景化。最容易造成前景化的语言多在文学文本中。译者对前景化的语言必须加以分析,有价值的前景化表达法需要考虑在翻译中反映出来,但没有文学价值的语言则不必考虑翻译。但若想翻译一个前景化的表达法,也仍然需要考虑是否能被读者接受。

主要阅读材料

1. 有关翻译对等的概念可以参考 Anthony Pym 最近出版的 *Exploring Translation Theories*,其中对翻译对等概念有提纲挈领的概述。在书中他也概述了他有关自然对等和方向对等的观点。
2. 此外,有关功能对等这部分,奈达的 *The theory and Practice of Translation* 是经典论著,有必要阅读。
3. Baker 所著的教科书 *In Other Words* 有多章讨论翻译对等概念,她的讨论更接近翻译实践的需求,不失为一本很好的参考书。
4. 要了解有关认知对等概念,Zoltán Kövecses 的 *Metaphor in Culture:Universality and Variation* 是必读之书。其中第七章专门讨论语言隐喻,和我们翻译的议题紧密相关。尽管讨论的议题和翻译相关,但切入的角度仍然是学术理论的,而非翻译实践的角度,所以读者有必要从实践角度阅读,以便自然地引出翻译的实用议题。
5. 有关文本分析可参阅 Christiane Nord 的 *Text Analysis in Translation*。本书非常全面地论述了翻译中文本分析的各个方面。从更实用的角度看,纽马克的 *A Textbook of Translation* 也可阅读,此书一开始就讨论文本分析。
6. 有关 Skopos Theory 的发展演变过程,可参阅 Pym 的 *Exploring Translation Theories* 的第四章。
7. 由 Paul Garvin 翻译的 *Paul L. Garvin, A Prague School Reader on Esthetics, Literary Structure and Style* 是介绍前景化理论的最早的著作。全书包括八篇文章,其中第一和第二篇就讨论前景化。

思考题和练习

1. 回顾一下你已经学习过的有关对等的理论。
2. 举出几个英汉翻译的例子来说明不同层次的对等,比如形式的对等、语义的对等、功能的对等。

3. 找出几个"源语和目标语之间映射条件相同"的例子，然后看看能不能将隐喻直译到目标语言中。然后再找出几个"源语和目标语之间映射条件不同"的例子，然后看看这样的隐喻怎么处理比较恰当。
4. 你对"认知对等"这个提法有什么看法？你觉得"认知对等"在实践中的可行性如何？
5. 举例说明为什么在表情文本时需要注重隐喻，而信息类则可不关注隐喻？
6. 选择一个呼唤类文本，并找出其中的隐喻，然后思考翻译中的取舍，并说出为什么？
7. 选择一个情感驱动的文本，找出其中不同类型的隐喻，比如哪些是以体验感知概念诱发的隐喻，哪些是意象图式概念诱发的隐喻，哪些是所谓的 one-shot-image metaphor，即意象隐喻。
8. 将本章内《美国独立宣言》中的那段英文再译成中文，但不要考虑任何隐喻的因素，完全自然地表达译文。然后将你的译文和本章中关注隐喻的译文进行比较，找出两个译文的差异，再评估两个译文各自的优缺点。
9. 在手术前病人常要签署病人同意书，医生才能为他做手术。但同意书又是用正规的法律语言写成的，译者在这种情况下应该怎么处理？
10. 找出几个有隐喻的句子，区别其中突显、前景化以及自动化的表达法。
11. 在一篇新闻报道中，若出现一些隐喻，你会怎么处理？那么若在传记中呢？
12. 选一个 100 多字的英文文本，然后采用比较靠近原文的译法翻译一遍，再采用释义法翻译一遍，最后对照两个译文的差异，并作出评论，特别注意隐喻在两个译文中的变化。
13. 根据第一章和第二章所学的内容，分析下面句子中的语言隐喻及其背后的概念隐喻，然后假设句子的出处和语境，再翻译成中文（可提供不同的译文）：
    a. The atmosphere is suddenly arctic.
    b. Christian turns his arctic glare on Ethan, who still has one arm around me.
    c. Her voice is a soothing balm.
    d. I push him, but he is a wall of hard muscle.
    e. Do you want me to throw this asshole out? she asks, radiating thermonuclear hostility.

第四章　文学中的概念隐喻和语言隐喻

4.1　从认知隐喻角度看文学语言

从文本分析和前景化的角度看，文学中的隐喻非同小可。这里让我们来看看认知语言学家是如何看待文学隐喻的。

本书刚开始时，我们就介绍了 Lakoff 和 Johnson 区别传统隐喻和认知隐喻的要点，其中一个就是隐喻并非文学所特有，它渗透在语言的所有领域。所以谈认知隐喻和文学，就得从这个基本点切入。我们平时也听到不少喜欢文学的人说，经典的文学作品都是讨论大问题，比如生命、死亡、爱情等等，而这些议题都比较抽象。比如说，死亡这个议题就抽象得很难用非隐喻的语言表达。当然你可以说，死亡就是人停止呼吸，心停止跳动，脑停止活动，但这些仅是科学的定义，一般交谈时不会这么说。我们没有注意的现象是，英语言中表达死亡的说法几乎都是隐喻的，Lakoff 就例举了一系列表达死亡的用语，比如 he passed away, he's gone, he's left us, he is no longer with us, he's passed on, he's been taken from us, he's gone to the great beyond, he is among the dear departed 等(1989:1)。这些都是语言隐喻，均源于 DEATH IS DEPARTURE 这个概念隐喻。所以在这派认知语言学家看来，文学隐喻的原材料也没有什么特殊的，无非是些日常生活中的普通概念而已。这就把文学和非文学之间的隔阂拆除了不少。确实，当我们读到 miles to go before I sleep 这句诗时，我们都知道这不是在说睡觉，而是在说人生，而其中的概念隐喻（LIFE IS A JOURNEY, DEATH IS SLEEP）确实是存在于我们思维中的普通概念。

那么难道会用这些隐喻就是文学家了吗？当然不是，否则的话，任何人都是文学家了。在文学家的笔下，这些概念隐喻仅仅是基本的材料。但这些材料我们都习以为常，所以没有什么新鲜感，作家们觉得它们不"给力"，不够劲儿，不能"震撼"读者。于是他们以这些隐喻为原材料，在细节上作些"手脚"，或加以延伸，或加以深化，总之，想尽办法让语言不平常普通，让文字出奇制胜，如莎士比亚《哈姆雷特》中的独白 For in that sleep of death what dreams may come。本句主要的认知基础是常规隐喻 DEATH IS SLEEP，原本并不特殊，但由于 dream 的使用，一下子超出了常规的期待，读者就感到隐喻与众不同。一个好的作家能化常规为神奇，思路起于常规，却不止于常规，Lakoff 举了下面的几句诗：

> Because I could not stop for death—
> He kindly stopped for me—
> The Carriage held but just Ourselves—
> And Immortality (Emily Dickinson)

表面上看,诗人这里的隐喻是比较奇特的 DEATH IS A COACHMAN,但是其依靠的源头概念隐喻仍然是非常普通的 DEATH IS DEPARTURE。所以源头的概念隐喻属于语言文化群体,已经被所有这个群体中的成员所接受,不可能有新奇感;但从源头延伸出来的隐喻则是属于作家的,是他苦心经营的结晶,作家为了这个可能会百般推敲,为的就是语出惊人。

求得语出惊人可以依靠常规概念隐喻,然后设法以不常规的方式营造出使人为之醒目的语言隐喻。所以观察文学隐喻可以从概念隐喻和语言隐喻两个方面分析。上面说的是概念层不惊人,但语言层惊人。但偶尔还有一种情况是,作者从思维概念层上就显得奇特。Lakoff 认为,只要概念隐喻结构合理,一个有创意思维的人总能合理解释一个奇特的概念隐喻。如果我们对香蕉这种水果非常熟悉的话,也就能解释 DEATH IS A BANANA 这个非常规的概念隐喻(1989:50)。如果概念本身就奇特,表达概念的语言不可能不奇特。但是以奇特概念隐喻为基础的语言隐喻是否需要在翻译中反映则另当别论。

当然对于 Lakoff 等学者提出的这套分析文学的理论也不是没有异议的。不仅认知语言学界有人挑战这种理论,传统的文学批评界也从叙事学、文体学等方面提出不同的看法,这里不赘述。

4.2 认知隐喻与文学翻译

从隐喻的角度看文学翻译

从上面一系列的分析,我们似乎已经渐渐地形成了一个观念,好像文学作品中的隐喻需要另眼看待,因为其价值较大。你看纽马克就把文学归为表情类文本,然后又具体地提出了文学类文本的处理方法,如译者需要将重点放在原文,要强调原作者,翻译单位要小,以便捕捉细微处的文学特征,遇到隐喻时需要在译文中再现隐喻。所有这些建议都提示我们,原文里有些价值不小的东西,而且常存在于细微之处,也就是我们常说的 the devil is in the detail。确实有时无需这些条条框框的规范,单凭直觉译者就能感觉到文学作品中的隐喻并非可有可无的摆设,比如 Pinker 引用了下面这个出自文学作品的句子:Soon we'll be *sliding down the razor-*

blade of life（2007：121），我们一眼就能看出有一个隐喻，而且这个隐喻从认知的角度看，并非基本隐喻，不是意象图式隐喻，而是意象隐喻。换句话说，这个隐喻是刻意安排的，可能会有价值，不是花瓶摆设。Pinker 就认为这个 sliding down the razorblade 是作者有意拿来"震撼"读者的，使读者能深切地体会生活的艰难。换句话说，为了让读者从普通平常中惊醒，作者下了"猛药"，誓要把他们震醒。这样一个依靠鲜明意象在源域和目标域间映射而成的隐喻不可能解释一下就了事，假如你翻译成 Life is hard，基本意思当然不错，但是力度就差远了。用目前时髦的话说，这样翻译就太不给力了。

Soon we'll be sliding down the razorblade of life.

再如，几乎很多学生都把 There are three New Yorks 这句翻译成"纽约有三种意义"、"纽约有三种人"、"纽约有三层意义"之类的解释性翻译，因为他们认为在现实生活中纽约只有一个，而且根据上下文，该句就是在说三种人。究其根源，这样翻译的原因还是译者没有树立隐喻意识。用复数描写一个城市本该促使我们去用隐喻解读，进而在翻译中保留原文的隐喻形式"有三个纽约"。再比如：

> Things in the east usually move with glacial slowness. Dawn, lazy and drawn-out, lingers in twilight a long time before spreading. A silver lining is a happenstance in an overcast sky.

这里生动的隐喻描写恰是文学的体现，用 glacial 是将世事变化比喻成冰川移动（HUMAN AFFAIRS ARE GLACIERS）；用 dawn 是将人类的历史比作一天的历程（HUMAN HISTORY IS A DAY），同时也将 dawn 拟人化（DAWN IS A HUMAN）；最后一句将希望比作阳光（HOPE IS SUNSHINE IN THE SKY）。译者若将如此丰富的隐喻用解释的办法抛弃或淡化掉，如"东方的事变起来总是极度缓慢"，就会大大地冲淡文学语言的感染力，文学也将不复存在，所以译者只能反映原文隐喻的特征："东方的事动起来总如冰川移动一般缓慢。黎明在破晓之前，总是慵懒地在昏暗的晨光中无尽头地徘徊。一线银光是阴沉天际中的偶然希望"。

为了在细微处捕捉文学表达的特征，有时只抓住 sliding down the razorblade 这样鲜明的隐喻仍不够，并不那么显眼的隐喻也有保留的必要。下面这句摘自一个短篇小说：

It was her sister Josephine who told her, in broken sentences, veiled hints that revealed in half concealing. (*The Story of An Hour* by Kate Chopin)

不少学生翻译这句时把后面的修饰语综合起来翻译成"吞吞吐吐地告诉她",应该说,这样的翻译基本达意,但是释义(paraphrase)的成分大了些。若在非文学作品中这样的释义也许可行,但文学翻译仍以少用释义法为上策。就本句而言,broken 是把文句比喻成物件,可以将它打破,hints 是可以被遮盖起来的物件,而话语也成了物件,可以分成两半,一半透露出去,一半仍然隐藏着,隐喻思维贯穿着这句话。但是这不是一个意象隐喻,上面提到的隐喻都是基于人体感知的图式概念隐喻(如 SENTENCES ARE OBJECTS)。若译成"吞吞吐吐、半掩半藏地向她吐露了这个消息",就更好地照顾到了隐喻。译者感到用"破碎的句子"不适合目标语的行文习惯,甚至意思会有偏差,而改用了"吞吞吐吐"表达了英文 broken 的意思,再用"半掩半藏"表达后半部分。

你也许会问,难道文学作品中的每一个隐喻都那么重要吗?那倒未必。我们无法像一个"执法者"那样,去规范译者的每一个翻译决策,但是提出大致的倾向却是有益无害的。有些隐喻也许对文体等有些作用,但分量仍然会有轻有重,重的需更认真对待,尽可能在译文中翻译出来,轻的则可视情况而定,没有翻译出来也不必感到十分内疚。

至此,我们一直在谈论总体的文学,但是文学的范围非常广泛,一句"文学翻译要注重隐喻"的口号是概括不了文学翻译的。莎士比亚的诗和自传文学不能同日而语,散文不能与小说一视同仁,即便都是诗,张三的诗和李四的诗隐喻力度也许差别显著。所以一个译者必须在翻译文学作品前做很多"功课",有时甚至需要借用一些观察分析文本的方法,以便分析能事半功倍。比如前面提到的将小说分成 Class 1 和 Class 2 的做法就非常有效,可以借鉴来观察隐喻,比如 Class 1 类的小说语言不很特殊,那么小说中的隐喻就相对不那么重要,Class 2 类的小说以语言取胜,其中的隐喻就可能更为重要,翻译时需要尽量保留。总之,找出一个可行的分析方法对译者是必要的。

注重宏观对等的文学翻译理论

综上所述,我们得到的印象是,文学翻译尽量不要释义(paraphrase)。根据西方文学理论,我们似乎能顺理成章地接受这样的结论。但是注重作品宏观把握的意见并非没有。换句话说,文学翻译不是要在细节上求得对等,而是需在总体上获得等效。这里我们来看一段童元方对文学翻译的观点:

> 如果属于文学语言,就没有必要管一字对一字的准确,一句对一句的工稳,一段对一段的齐整了。而所要求的是笼罩全书的气氛,鸟瞰整体宏观的架构,把语言不能表达的表达出来。既是文学的本质,翻译一事就不能用任何肯定的方法,只有求之于从模糊中显出要表达的意思来,求"雅"是文学之为艺术的唯一要求,"信"与"达"是不能列为要求的条件的。(《选择与创造》,第 6 页)

从这段文字中,我们可以看出,作者的文学翻译观和上面一节中提到的观点(如纽马克的观点)完全相反。我们刚才还在文字的细微处捉"鬼"(The devil is in the detail),希望把那些有价值的隐喻移植到译文中来,现在文学的价值已幻化成了薄雾,笼罩着全书。作者甚至提出,信与达都可以放弃,雅才是译者的目标。童元方接下去又说:

> 翻译小说,是翻译文学语言,是把日常语言所不能表达的东西曲予表达。不能谈"信",也不必谈"达"。只因严复的三者俱求的说法,把五四以来诸译家带入了不可挽救的灾难。徐志摩的散文有多潇洒,而徐志摩所译的他最爱的曼殊斐尔的短篇小说,我们能相信那是徐志摩的手笔吗? 鲁迅译的《死魂灵》,果戈里如看到那种译文哭都来不及了。鲁迅的犀利、爽快,敢哭的哭声,敢骂的骂语,敢笑的笑态,敢打的打姿都到哪裏去了? 这样金声玉振、慷慨激昂的大作家,竟然在同一笔下作出那样不三不四的不堪译品。为什么? 我们可以作一不必太大胆的假设,就是严复的信、达、雅三者不可一缺,把他们害了。徐志摩要顾到不可一缺的三原则,而不幸他又会英文,于是求雅之外尽量的求"信"又求"达",修了词,又修字,不乱成一团才怪。……倒是一个英文字不识的林纾在翻译上贡献大。为什么? 因为林琴南既不求所谓"达",更不计所谓"信",只道听而途说之,反倒成了统领风骚数十年的可读译品。

这样的观点完全不同于以西方文论为基础的文学翻译理论,它不计较于零零散散的残砖片瓦,即便那砖瓦价值不低,它也不在乎,因为它目标盯着那座大厦。应该说,这种青睐宏观对应的理论有更多中国文化的底蕴,而依据此种理论翻译出来的作品,会让更流畅的语言跃然纸上。比方说著名物理学家黄克孙翻译的《鲁拜集》就可归为此类:

> Oh threats of Hell and hopes of Paradise!
> One thing at least is certain—This Life flies;
> One thing is certain and the rest is lies;

The Flower that once has blown for ever dies.

碧落黄泉皆妄语，
三生因果近荒唐。
浊醪以外无真理，
一谢花魂再不香。

译者显然没有计较原诗的细节，更不刻意求隐喻对应。"碧落黄泉"和原诗差别很大，甚有添加之嫌。但假如你对中国文化的诗文仍有兴趣的话，你怎能不陶醉在译文所营造的氛围之中。短短四句诗带你做了一次感悟人生的精神之旅。无怪"化境"论的提出者钱锺书给黄译极高评价："黄先生的译诗雅贴比美 Fitzgerald 原译。Fitzgerald 书札中论译事屡云'宁为活麻雀，不做死鹰'（Better a live sparrow than a dead eagle），况活鹰乎？"[①]。

然而作为一个实践者，我们也许会问，译者毕竟是通过一个个的句子来翻译的，我们从微观着手，不可能从宏观起步！此话不假，我们很难视而不见眼前的文字，即便文字毫无意义，我们都很难摆脱文字。如何来实践上面的宏观理论呢？我看，关键仍然要看所译文本的类型。也就是说，童元方前面给出的建议，可能适用于某些文学作品的翻译，但不能说翻译所有的文学作品都可以遵循那样的建议，并非所有的文学翻译都可以像黄克孙那样翻译。有些仍然需要照顾到细节。语境不同，目的不同，对细节的关注程度也会不同。但是，宏观把握这个策略不应该被排除在译者的考虑之外。

微观宏观或求平衡或各得其所

现在我们眼前有了两个截然不同的建议，一个让你挖掘出有意义的语言形式，如隐喻，然后在译文中尽量按照原样反映在译文中；另一个建议你感受原文总的氛围，求大处气氛的对应，不求细微末节的移植。面对这样的困境，可以考虑的一个方法是，尽量在两者之间求得平衡，不在求细节的路上走得太远，写出根本无法阅读的文字来。有人认为，文学作品不应该以流畅为目标，因为过于流畅，就有牺牲原文语言特点的可能。这话当然不错，但文学作品毕竟有人要读，所以为了反映原文的艺术特点而不顾可读性的作法并不可取。学术上站住了脚，却失去了读者，并不是任何一个译者希望得到的"奖励"。但另一方面，搭建宏观架构，也不可灵活过度。抛开原文，似脱缰之野马也不是我们推荐的作法。走出困境的另外一个方法

---

① 见台湾树林出版社出版的《鲁拜集》封底。

第四章 文学中的概念隐喻和语言隐喻

是索性不被困境所扰,两种译文全都接受,没有必要把对方打入地狱,一山为什么不能容得两虎?两个译文读者反而收益,也许此时目的论可拿来撑腰。请看下面两个译文,原诗是埃米莉·狄更生的一首题为 Wild Nights! Wild Nights! 的小诗:

| Wild nights! Wild nights!
Were I with thee
Wild nights should be
Our luxury!

Futile-the winds
To a heart in port—

Done with the compass-
Done with the chart!

Rowing in Eden-
Ah, the sea!
Might I but moor-To-night-
In thee!
　　　　By Emily Dickinson | 暴风雨夜,暴风雨夜!
我若和你同在一起,
暴风雨夜就是
豪奢的喜悦!

风,无能为力——
心,已在港内——

罗盘,不必——
海图,不必!

泛舟在伊甸园——
啊,海!
但愿我能,今夜,泊在——
你的水域!
　　　　（江枫译） | 风宵雨夜,雷电交加!
但愿君驻我家,
任它风雨雷霆多少夜,
反似锦上添花!

心船一旦入港闸——
再无须理会风止风刮,

去也,航海图!
别了,罗盘架!

伊甸园里摇舟樯。
呀,大海!
愿系我孤舟今夜,
海角天涯。
　　　　（辜正坤译） |

我们不难看出,这两个译文译者所用的翻译策略迥异,因为他们的翻译理念不同。江译更注重原文形式的细节,但辜译则更照顾全诗整体的气氛。我相信,有人会喜欢江译,有人会偏爱辜译。两个译文其实各有所长,读者也有幸能有所选择,甚至先欣赏了江译再去赏读辜译。但我们这里想从认知隐喻的角度看一下两首诗的译文。读者应该能看出,此诗表面在说舟船,实则是在谈爱情。换句话说,诗人把舟船的航行当作原域(source domain),把爱情当作目标域(target domain),映射的结果就产生了一个概念隐喻:FINDING LOVE IS A (SHIP) JOURNEY。在这样的隐喻体系中,Wild Nights 也变成了隐喻的一部分,其他一连串有关舟船的词语,都是这个宏观隐喻的组成部分,比如 winds, port, compass, chart, sea, moor 等词都是这个大隐喻的构成原子。再来看这两个译文。江译确实全部保留了原文的隐喻;但辜译固然非常灵活,营造整体气氛的努力显而易见,可在隐喻的处理上还是全盘保留了原文的隐喻,如"心船、港闸、航海图、罗盘架、舟樯、大海、系我孤舟"等。也就是说,辜译的灵活仍然是在保留隐喻前提下的延伸舒展。两个译文在认知隐喻层面上

看,没有本质的区别。若拿出前面讲过的目的论,这两首诗就更可以各自精彩了。

当然对于初学文学翻译的人来说,我们仍然建议采取一种比较稳妥的策略,且特别要警惕的是不要过度解释。这里让我们用一段傅雷翻译的译文来说明这个道理。大家都知道,傅雷是翻译大师,是翻译应"神似而非形似"的提倡者。有些人会认为,他的译文会很灵活,但是当我们对照下段文字的英译文和傅雷的中译文,就会发现两个译文之间非常接近。鉴于英译和汉译都是源于法文原文,我们可以假设两个译本都没有偏离原文,进而提醒自己,即便是非常强调神似的傅雷,也没有在翻译时过度偏离原文。换句话说,神似并不等于放纵译者信马由缰:

> There are houses in certain provincial towns whose aspect inspires melancholy, akin to that called forth by sombre cloisters, dreary moorlands, or the desolation of ruins. Within these houses there is, perhaps, the silence of the cloister, the barrenness of moors, the skeleton of ruins; life and movement are so stagnant there that a stranger might think them uninhabited, were it not that he encounters suddenly the pale, cold glance of a motionless person, whose half-monastic face peers beyond the window-casing at the sound of an unaccustomed step.

> 某些内地城市里面,有些屋子看上去像最阴沉的修道院,最荒凉的旷野,最凄凉的废墟,令人悒郁不欢。修道院的静寂,旷野的枯燥,和废墟的衰败零落,也许这类屋子都有一点。里面的生活起居是那么幽静,要不是街上一有陌生的脚声,窗口会突然探出一个脸孔像僧侣般的人,一动不动,暗淡而冰冷的目光把生客登上一眼的话,外地客人可能把那些屋子当做没有人住的空屋。(选自傅雷译《欧也妮葛朗台》)

文学翻译是最没有标准答案的一种翻译,译者参与的作用不能小觑,但译者不是作家这点也应切记。毕竟,允许译者创作的空间是狭小的。

4.3 本章内容概要

- Lakoff 等认为,文学语言的隐喻和非文学语言的隐喻从本质上看,没有大的差异。换句话说,文学语言隐喻的源头是概念隐喻,而这些概念隐喻和普通人头脑中的概念隐喻是一样的。
- 文学家不同于普通人的地方在于能运用常见的概念隐喻,在细节处做文章,创造出新奇的隐喻。所以一般认为,要捕捉到文学中有价值的东西(如隐喻）就必须从细处着眼，不能采用释义的办法，因为那样会漏掉那些有意义的隐喻。
- 但中国文学翻译理论中也有人注重宏观对等，并不赞同微观对应。如童元方就认为，没有必要管一字对一字的准确，一句对一句的工稳，一段对一段的齐整，而所要求的是笼罩全书的气氛，鸟瞰整体宏观的架构。
- 译者应该在宏观和微观之间寻求平衡，过度偏重细节的对应或遗漏必要的细节都是不可取的。最后，译者应该根据实际情况决策，不能被条条框框限制住。

主要阅读材料

1. 从认知隐喻角度看文学的一本必读书是 Lakoff 和 Turner 的 *More Than Cool Reason*。本书的核心思想主要是文学隐喻的根基扎在普通语言之中，并非是一个独特的领域。另外也可参阅 Picken 所著的 *Literature, Metaphor, and the Foreign Language Learner* 一书。本书更强调语言隐喻，所以实用性可能更强，但无跨文化内容。
2. 有关挑战 Lakoff 文学理论的文献，可参阅 Pinker 的 *the Stuff of Thought* 中的一节 The Good, The Bad and The Ugly(p. 261)。另外，还可参阅 Bo Pettersson 的 *Literary Criticism Writes Back to Metaphor Theory*。

思考题和练习

1. 请在下面这句中找出隐喻。假设这句话出自非文学作品，应该如何处理句中的隐喻？假如这是出自文学语篇，又该如何处理同样的隐喻？还是说语境虽不同，但处理方法可以完全一样？

   There are cities that reveal their charms on introduction, shamelessly, and there are others that give you more time to get to know them, cities which are not voluptuous but viable, easy to get around, good humored, self-effacing without being apologetic. (From *On Manchester*, by Howard Jacobson)
2. 下面一段选自哈代的《还乡》，其中有很多隐喻表达法。请找出这些隐喻的说法，并从概念隐喻的角度来分析这些隐喻表达法，然后想一想在翻译中应该如何处理这些隐喻。可以参考目前出版的两个译本（张谷若译本和王之光译本）。

The heaven being spread with this pallid screen and the earth with the darkest vegetation, their meeting-line at the horizon was clearly marked. In such contrast the heath wore the appearance of an installment of night which had taken up its place before its astronomical hour was come; darkness had to a great extent arrived hereon, while day stood distinct in the sky. Looking upwards, a furze-cutter would have been inclined to continue work; looking down, he would have decided to finish his faggot and go home. The distant rims of the world and of the firmament seemed to be a division in time no less than a division in matter. The face of the heath by its mere complexion added half an hour to evening; it could in like manner retard the dawn, sadden noon, anticipate the frowning of storms scarcely generated, and intensify the opacity of a moonless midnight to a cause of shaking and dread. (*The Return of the Native*)

3. 本段选自一篇散文,请寻找其中的隐喻,特别注意斜体部分如何表达:
   But this beauty of Nature which is seen and felt as beauty, is the least part. The shows of day, the dewy morning, the rainbow, mountains, orchards in blossom, stars, moonlight, shadows in still water, and the like, if *too eagerly hunted*, become shows merely, and mock us with their unreality. (From *Beauty*, by R. W. Emerson)

4. 下面这段选自一篇有关纽约的散文。请从翻译的角度分析其中各类隐喻,判断隐喻不同的价值,然后将其翻译成中文:
   Mass hysteria is a terrible force, yet New Yorkers seem always to escape it by some tiny margin: they sit in stalled subways without claustrophobia, they extricate themselves from panic situations by some lucky wisecrack, they meet confusion and congestion with patience and grit-a sort of perpetual muddling through. Every facility is inadequate-the hospitals and schools and playgrounds are overcrowded, the express highways are feverish, the unimproved highways and bridges are bottlenecks; there is not enough air and not enough light, and there is usually either too much heat or too little. But the city makes up for its hazards and its deficiencies by supplying its citizens with massive doses of a supplementary vitamin-the sense of belonging to something unique, cosmopolitan, mighty and unparalleled... (From *Here is New York*, by E. B. White)

第五章 更多与翻译实践相关的议题

5.1 从认知隐喻角度看翻译的理解和表达

从认知隐喻角度看译者的理解

从认知隐喻角度谈翻译的理解，可以抽象到哲学层面，但是那不是我们所关心的议题。我们这里主要讨论与翻译活动最相关的方面。我们知道，Lakoff 的认知隐喻研究主要是在一种语言中进行的，跨语言问题不是他的主要兴趣。但他在讨论语言相对论时，却用了一些篇幅专门探讨翻译。当然他的讨论仍然是从认知语言学家的角度切入的。在说明翻译和理解的差别时，他提出应区分概念系统和概念化能力（the capacity-system distinction）。他首先总结了客观哲学观对不同文化中概念系统差异的观点。这种观点认为，概念的唯一作用就是切分客观现实（1987：309），就像用刀宰牲口一样，概念这把"刀"在牲口的"关节"处下手，语言文化体系的不同，可能会在概念的细节处有差别，或者说"关节点"不一样。但是这些"关节点"都是事先存在的，概念系统不能创建新的"关节点"。也就是说，概念系统是"屠夫"，客观现实就是那具被宰割的"牲口"。从跨语言的角度看，不同的语言文化可能在如何切割这个"牲口"的细节上有差别。由于事先存在的关节点不同，所以在不同文化中切割单位的大小就会不同。概念系统的作用仅此而已。

当然 Lakoff 不完全认同这种观点。他认为，概念系统仅仅是理解过程中的一个方面，但仍有很多概念并非是预先固有的，而是人们想象的结果，或者说，是人发挥概念化能力（conceptualizing capacity）的结果。换句话说，Lakoff 更强调主观的想象力。那么，如果切割方式不同的两个"屠夫"如何交流呢？或者说，两个概念系统不同的人如何相互理解对方呢？提出这个问题时，翻译就成了焦点。Lakoff 列举了四个假设（311）：

第一，两个语言概念系统大相径庭的话，语言间的翻译是不可能的；
第二，如果翻译不可能，说两种语言的人之间不能听懂对方说的话；
第三，如果概念系统不同，人不能学习另一种语言，因为他没有对方的概念系统；
第四，人们能学习完全不同的语言，这说明这些语言的概念系统并非不同。

上述假设过于强调概念的客观因素,好像预先形成的概念体系已经决定了语际间交流的结果,Lakoff 并不同意这些观点。他认为,概念系统之间的差异并不一定导致语言之间不能相互理解。他认为,理解仅仅是一个人内心的活动,人可以将原文的语言隐喻在内心概念化,然后通过想象力,寻求自己经历的共鸣,最终理解对方。也就是说,理解阶段还没有涉及跨语言活动,而我们概念化的能力有时能在这一阶段帮助我们理解对方。

至于说到英汉两个语言间的理解,可以说,在这两个语言的概念系统中相同或近似的概念很多。所以就这些概念来说,理解应无大困难,比如在基本隐喻、意象图式隐喻这些领域,英汉语言间的理解就没有大问题。导源于 HAPPY IS UP, LOVE IS A JOURNEY, ARGUMENT IS WAR 这类概念隐喻的语言隐喻,都不会构成很大的理解障碍。即便是较为特殊的隐喻,如 I have climbed to the top of the greasy pole, 也仍然可以运用我们的想象能力理解这些句子。

从隐喻角度看译者的表达

Lakoff 将理解和表达作了区别。他认为,理解是人内心的活动,但表达则需要一个语言与另一个语言间的映射。他认为,翻译可以在不理解的情况下进行,而理解可以在不能翻译的情况下发生(312)。显然,假如根据 Lakoff 的这个观点,语言间的映射是翻译的条件,那么不可译的东西就会很多。不过他承认,上述讨论仍然是在认知层面看问题。换句话说,如果从这个角度讨论翻译,我们势必会去寻求"认知对等",这个概念我们在前面提过。但是,几乎没有一个从事实际翻译的人会从这个角度看翻译。译者所面临的问题是要把原文的意思表达出来,并不是想求得认知的对等或语言间的映射,因此为达到我们的目标,可译的大门还是大大地敞开着。比如我们最常用的翻译单位是句子,而在句子层上,认知这个角度就模糊淡化了,而句子的基本语义就成了传译的焦点。Lakoff 也承认,假如翻译中所认定的标准是在句子层上求得真值条件(truth conditions),那么就完全可以忽视思维中的哪些活动,就完全可以忽视句子是如何被理解的,概念是如何组织起来的。对于一个仅仅希望求得语义对等或功能对等的译者来说,这些思维的东西都不是最重要的。从这里,我们也可以理解翻译不可能百分之百准确的说法,在大多数情况下,我们的翻译一般总是忽视概念隐喻这个至关重要的层面。

但目前翻译实践中我们常遇到的一个问题是,学生理解原文的偏差较大,有些理解完全离谱。这当然主要仍然是对外语的掌握不够熟练,还有许多硬功夫要下。但是有些学生理解原文的方式方法也多少是造成这种误解的原因。比如有些人总是用自己的概念去理解原文,让原文纳入译者的思维范畴,结果就很容易造成理解错误。我们不妨用"屠夫"寻求"关节点"切入的比喻来说明一下翻译的理解和表达。理解的过程应该是完全放弃自己,接受对方的过程,自己的所有"关节点"全要放弃,按照原文的"关节点"切入理解。换句话说,就像中国古代"庖丁解牛"的故事中说的那样,按照牛的生理结构,把刀劈进筋骨相连的大缝隙,再在骨节的空隙处引刀而入,完全依照牛体的本来结构用刀。译者如果在理解过程中,执意使用自己的概念去理解原文,就很像把刀用在关节点以外的地方,刀就会很容易损坏。理解错误主要是没有按照牛的关节点用刀。假如在这个阶段完全放弃自己,就能较为准确地理解原文。在这个阶段,译者还没有遭遇矛盾,翻译过程中所有的困境,那些左右为难的局面,还没有出现在译者面前,因为这仍然是在一个语言内活动。

但是这个放弃自己的策略,不应该延续下去。一旦进入译文表达阶段,我们就应该改变这个策略。这时,我们需要根据译入语的习惯表达,要让理解原文而来的内容纳入我们自己的语言系统,而且这个系统并非是认知层面的系统,而是语言系统。这时,我们可以按照我们的需要任意切割,不把原来的关节点放在眼里。尽管我们不排除在表达时需要按原文思路"切割"的可能性,比如有些特殊的文本,原文的思维结构可能会有意义,但总的说来,表达时让原文内容纳入译入语的总方向是正确的。最后要补充的是,理解和表达在我们的讨论中被理想化地分开了,在实际翻译的过程中,很难把两者清清楚楚地一分为二。

5.2 一词多义的隐喻基础与翻译

一词多义现象简述

一词多义或多义词(polysemy)现象是语言学家一直研究的议题。顾名思义,一词多义就是一个词却有数个词义或称多义词。但是我们必须分清楚,多义词的数个词义并不是任意获得的,它们之间的联系很有系统性(systematically related)。也就是说,一个词的多个词义都可以追溯到同一个根源。它不同于 bank 这样的词,后者虽有不同的词义,如表示"银行",也表示"河岸",但两个词义之间没有任何联系,这种借用同一个词表达不同意义,却又相互不关联的现象一般称为 homomyny(同形同音异义)。在编写词典的人眼里,这些词不能和多义词混为一谈。前者在词典中专设一个词条,比如 bank 在词典中就有好几个词条,分别代表不同的意思,如表示"河岸"的是一个词条,表示"银行"的是另一个词条,也就是说,它们是被当作两个不同的词来处理的。一词多义就不同了,多义词的不同的词义被看作是同一个词的不同词义,所以在词典中只有一个词条,不同的词义都被列在这一个词的项下。这是因为多义词的不同词义总在认知上有蛛丝马迹的联系,不宜分开处理。比方说,hot这个英文词既可表示"热",也可表示"辣",也许人们并未注意到他们之间的联系。但Rakova对这个词作了仔细的研究(2003:34),发现辣椒素所造成的神经生理变化和热度所造成的生理变化是相同的。鉴于认知语言学的一个基本理论是,人体的感知运动功能是概念形成的关键,所以hot这个词的两个不同的词义在认知层上就因能激发相同的生理反应而被联系起来了,换句话说,它们借hot这个"躯体"表达不同的词义,这并非任意现象,两个词义的基础是热度和食物造成的相同的人体分子的变化。Rakova进一步将hot这个词放到跨文化的语境中观察,发现在古希腊语、拉丁语、意大利语、西班牙语、法语、德语、荷兰语和俄语中,并不完全一致。但是,尽管有些差异,如有的语言中没有用hot,而用了biting, sharp, cutting, piercing等词,但是这些词在认知层面上都和hot有不同程度的联系,比如biting在有些法语词典中就是hot的同义词(2003:40)。

钱锺书在他那篇短文《通感》(见《旧文四篇》)中提到的一些语言现象就可以从认知言学的角度去解释。他举的一些例子,如"红杏枝头春意闹"、"寺多红叶烧人眼"等都是可以从认知隐喻的角度解释的。正如他所说,在日常经验里,视觉、听觉、触觉、嗅觉、味觉往往可以彼此打通或交通,眼、耳、舌、鼻、身各个官能的领域可以不分界限。颜色似乎会有温度,声音似乎会有形象,冷暖似乎会有重量,气味似乎会有体质。诸如此类,在普通语言里经常出现。英语也是一样,我们可以说bright sounds, loud colors,也可以说dim thunder和bright whisper,这些短语中的bright, loud, dim都是多义词,都在认知层面上和它们的基本意义有"亲缘"关系。

说到多义词的基本意义,学术界也有不同的看法。一般认为,多义词的最基本的意义是字面意义(literal),有些人把这个基本的词义称为"核心词义"(core meaning),而后来引申出来的词义则是隐喻的,比如hot的基本词义是"热",与温度的升高有关,所以这个词义是字面意义。由于hot已经有了一个字面词义,所以后来的词义就只能是隐喻意义了。但是这种说法也受到不少人的挑战(Rakova, 2003:43)。

当然一词多义现象不仅仅局限于感官词,比如stand这个词就是一个多义词。Gibbs通过实验,非常详尽地分析并描述了这个词可能的演变过程(Gibbs, 2005:174)。这里介绍如下:

Please *stand* at attention.
He wouldn't *stand* for such treatment.
The clock *stands* on the mantle.
The law still *stands*.

He *stands* six foot five.

The part *stands* for the whole.

She had a one-night *stand* with a stranger.

我们可以看到，在每一个句子中，都有一个 stand。尽管英文不是我们的母语，但是估计读本书的大部分人都不用作任何努力，就能懂得这些句子的意思。但是你若仔细一想，却会感到很好奇，这几个 stand 到底有没有联系？或者说，这七个句子各不相同，可是为什么都会用 stand 同一个词来表示完全不同的意思呢？Gibbs 没有去猜想，而是用实验去证明。根据认知语言学的原理，stand 这个词的不同词义必然是在认知上有联系，或者说，人体的感知诱发了这些词义的形成。怎么来证明呢？Gibbs 首先让一组参加实验的人做一些动作，在这个过程中参加者有意识地去注意自己站立的感受，如让他们站直，走来走去，弯腰。这样做目的是要参加者意识到人的不同的意象图式是如何由人体的站立的经历所诱发的。然后参加者阅读 12 个和刚做过的动作相关的意象图式，如 VERTICALITY，BALANCE，RESISTANCE，ENABLEMENT，CENTER-PERIPHERY，LINKAGE。最后参加者分别将这些意象图式和所作的动作的相关程度列出来，结果有五个意象图式和所作的动作关联度最高，是这些动作的最基本的意象图式。第二个实验是让参加者根据相似性来性分辨 stand 的不同词义。结果参加者将 stand 的 35 个不同的词义归纳为 5 个类别。这个实验揭示，参加者并没有将词的字面意义和隐喻意义区别对待。后来 Gibbs 又用第三个实验来检验上述五个意象图式和不同词义的关系。最后一个实验则意在搞清楚参加者是如何将不同组中的 stand 分类的。经过上述复杂的实验，Gibbs 得出这样的结论：人们使用 stand 的不同的词义主要是因为他们对不同的意象图式已经有了默切的认识，而意象图式都是来自人体站立的一般的经历。也就是说，多义词中的引申词义的形成均和意象图式有关。

根据上面的例子，我们基本可以接受这样的观点，即多义词的不同词义并非互不关联的，而是在认知层上有渊源的。尽管学者们对是否仅有一个基本词义，其他均为隐喻词义的说法有不同意见，但大家基本同意，多义词的词义并非任意选择的结果。我们是为了讨论多义词与翻译的关系，所以无意陷入上述纷争，暂且接受核心词义是字面意义，而引申出来的是隐喻词义这样的说法。

下面将 deep 在六个短语中的不同词义图示如下。其中中间圆圈里的 deep 是基本词义或称核心词义，四周五个小圈中的 deep 都是从核心词义派生出来的，属于隐喻词义。

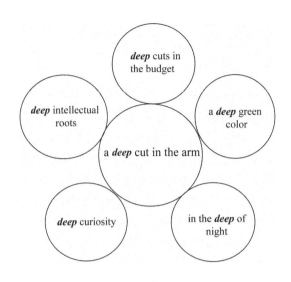

一词多义现象对翻译的启示

一词多义现象不仅仅是理论研究的题目,也受到不少语言实践者的重视,比如外语教学界就有人讨论一词多义现象对外语教学的启示,认为重视多义词现象有助于促进外语教学实践(Picken,2007:147)。多义词现象显然也会对翻译的教学和实践有所启发。

首先了解多义词的演变过程能对翻译中词的理解有助益。不管理论上人们对衍生出来的词义是否为隐喻有何争议,大家基本可以达成一致看法,多义词中有的词义能在人的头脑中唤起图像,有些则较为抽象,不易唤起头脑中的图像,而那个能唤起图像的词义和难唤起图像的词义间却又在词源上是有联系的。那么如果我们借用唤起的图像来理解那个较难理解的词义,就会为译者提供一条较为方便的理解途径,进而也可能扩大表达的选择空间,比方说下面这句:

> For most women, the most *powerful source* of their tears lies in their relationship with men, and particularly their experiences of being abandoned.

本句中的 powerful source 如果牵强地按照字面翻译成下面这样显然很难让读者接受"对于大多数的妇女来说,她们眼泪的最有力的原因是她们和男人的关系,特别是她们被男人抛弃的经历"。其中"最有力的原因"在汉语的搭配上很别扭。尽管目前汉语很多规范已被打破,一些原来不可接受的搭配也已被接受,但我们至少可以说"强有力的原因"不是最佳搭配。为了能准确地理解 powerful source 在这个语境中的含义,最好的办法就是在头脑中建立起一个图像。首先让我们来看 source 这个词。这个词实际也是隐喻，导源于地下泉水涌出地面，隐喻意思就是原因（cause）；形容词 powerful 当然更是隐喻。这个词的最初始的词义最容易理解，它导源于力量，即物理学意义上的力量，如强台风的力量，把一堵墙推倒的力量，powerful 这个词的核心词义（core meaning）可以从物理学上界定（force metaphor）。当说 powerful source of tears 时，我们似乎可看到一幅图像，their relationship with men 可以假想为地下泉水，泪水的源头是和男人的关系，而 powerful 则指源泉向上或向外喷流的力度。头脑中这样的意象可以帮助译者选词，进而使译文更准确、更符合译入语的行文习惯，比如"最能让他们流泪的是他们与男人的关系，特别是她们被男人抛弃的经历"。而在这个基础上，译者更有把握改进译文，如"最能摧他们泪下的是……"。

其实 powerful 经常用在较为抽象的语境中，而如果译者在不同的上下文里不分青红皂白都一律翻译成"强有力"，就不恰当。比方下面两句：

1. Although the visuals are the most important part of film-making, sound also has an important part to play, and music can be used as a *powerful* creator of mood and atmosphere.
2. For some prospective adopters, the lighter the skin, the more *powerful* the attraction; the darker the skin the more *powerful* the repulsion.

如果两句中的 powerful 均用"强有力"来翻译（"强有力地创造出情绪和气氛""更有力地吸引收养人""更有力地排斥收养人"），当然也不是完全不可理解，特别是在食洋不化的译法大行其道的今天，上面的译法也许有人还能接受。但是如果我们能对这个词有更直观的认识，我们也许会有更广阔的选词范围，未必会紧锁住"强有力"不放。比如上面两句似可分别译成：

1. 尽管图像是电影制作的关键，但声音也是一个重要因素，音乐最能营造情绪和气氛。
2. 对一些有意向的收养人来说，孩子肤色越浅，接受程度越高，肤色越深，排斥心理越强。

第一句中的 powerful 就是说音乐营造情绪和气氛的力度，也就是说，就像我们生产物资产品一样，我们也生产情绪和气氛，其背后的概念隐喻是 FEELING IS PRODUCT，powerful 就是在生产的过程中所使用的力度，这样较为直观地理解句子后，我们就可以以这个理解出来的"图景"为基础，来寻找更好的译法，而不用"有力的"，如使用"最能"。而第二句中的 powerful attraction 甚至更可用图像表达出来,好像浅肤色的孩子就是吸铁石,收养人都被他们吸引过去了,反之亦然:

再看下面这句 Brzezinski... discusses the inevitable contradictions and tensions that enmesh a democratic society that is also a global hegemon。几乎所有的学生都将句子中间的 tensions 翻译成"紧张",因为这个词的最常用的词义就是"紧张"。但是"不可避免的矛盾和紧张"到底是什么意思?"紧张"的含义在这里很模糊。如果我们能恢复该词核心词义所诱发的图像,那么我们对 tensions 一词的理解就能更清晰些,翻译时的选项就能更多些,而不仅仅局限于"紧张"二字。本句中的 tensions 可以用下面的图像呈现:

在上图中,中间的椭圆形的圈就是那个 society(此处指美国),而这个社会一方面是民主体制(democratic),另一方面又是全球霸权(global hegemon)。作为一个民主社会,美国的行事准则应该是民主的,但作为全球霸权,美国的准则却正好相反。换句话说,这两个身分是相反的,若民主社会拉着美国向左走,那么霸权身份就拉着美国向右走(见图)。结果一个人站在中间,一手被向左牵拉,一手被向右牵拉,他所感到的是 tensions。于是我们就会发现,这个词和前面的 contradictions 实际意思同样,只不过后者在我们头脑中形成的图像刚好相反(opposition between two conflicting forces or ideas),此时两个不同的力量不是向相反方向走,而是对立的。这样分析以后,我们对原词词义的理解就更深化了,结果表达时把握就更大,能根据头脑中的图像(意象)想到较多的可能译法,然后再根据文本的特征和翻译目的的需求选择一个合适的译法,如可以考虑"自相矛盾和左右为难的困境",甚至不排除把两个综合成一个,简单地翻译成"困境",因为"自相矛盾和左右为难"是细节不同的同义词,基本意思就是困境。另外,这两个词的复数形式说明,它们所指的是一次又一次让美国感到被牵拉的具体实例,而不是感受本身。这一点我们将在下一节讨论。

上面说过,一词多义现象说到底就是一个可以用眼睛看到的现象变成了眼睛看不见却只能在大脑里想象的现象。所以译者树立起用"心"看的习惯往往能把原来的词义看得很透彻,结果表达时选词的空间就更大。鉴于概念隐喻是人类思维的不可或缺的媒介,所以这个"用心看"的习惯适用于解读各种不同的文本,下面再举几个例子。比如 With how little wisdom the world is governed! 这句话有些学生一看就抓住了大意,所以灵活地翻译成"治理这个世界的人是多么愚蠢啊!"修改学生作业的人一定经常看到这类灵活的译法。本句中译者从反面着笔处理 little wisdom,反智慧为愚蠢,确实很灵活。但如果用"心"看 little 这个词的核心词义,就会发现这个 little 一般是用来形容物质的,如 little water,结果本句中的 little 就只能从引申的意义上解释,换句话说,这个形容词在本语境中是隐喻,而本句背后的概念隐喻就该是 WISDOM IS SUBSTANCE,而 how little 就是说 wisdom 这个"物质"很少,那么更接近原文的译法应该是"缺少智慧",而不是"多么愚蠢",因为智慧少并非一定到愚蠢的地步。

这种"用心看"的习惯对于文学翻译尤为重要。比如下面这句是选自一篇散文:A poem compresses much in a small space and adds music, thus heightening its meaning (from *Here Is New York* by E. B. White)有的学生将这句翻译成"一首诗意义深远,恰在于言简意赅、抑扬顿挫"。初一看,这个译文很流畅,译文在结构上脱离了原文的束缚。但是,这个译文却不很理想,不仅意思不够精确,更主要的是译文没有抓住作者行文的一个特点,正是这个特点才使句子具有文学性。如果译者用"心"看文,让 compresses 这个词在头脑中形成图像,就会发现这个词的核心词义基于容器,就像我们在行李箱中放入很多东西,装的满满的。用在这里就是把抽象的东西当成了物质。换句话说,用动词 compresses 的深层概念隐喻就是 A POEM IS A CONTAINER。如果译者能沿着原文作者的这个思路,译文就可能完全不同,如可以翻译成"一首诗集丰富内容于方寸,再配上韵律,便意蕴丰赡"。

有些词虽然不是明显的多义词,但一个核心词义和几个隐喻词义集于一词的现象却很常见,而且不仅仅是文学翻译需要注意,非文学翻译,包括政治法律等翻译也能从这个角度考虑获益。比如下面这句... broader policies intended to move China toward internationally accepted standards of conduct 中,有学生将 move 翻译成"引导"(旨在将中国引导到国际接受的行为标准上来)。但如果我们将 move 当作隐喻看待,那么我们就会借助这个动词的核心词义,在头脑中形成一个图像,图中有人在背后"推着"中国向前走,而如果再能将介词 toward 隐喻化,表示一个目标,那么我们就会觉得"引导"不合适,因为引导是动作者在前,是诱导,而 move

则是动作者在后,中国可能并非主动。这样我们就能看出,本句反映出作者的观点,他认为中国可能没有向那个目标移动的主观动力。这些细节往往在翻译时容易忽视,而译者如果养成了从隐喻角度解读原文,善于从抽象词义回溯到核心词义,进而借助核心词义,在头脑中形成一个图像,则理解就会更精确,选词表达也会更恰当。现在有些译者太不注意细节,其中一个原因就是不细读。若养成一个从隐喻看文本的习惯,细读也就水到渠成了。

但是需注意的是,我们依靠隐喻思维,将不可"视"的抽象词义变得可"视",极大地帮助了译者的理解。不过这并不是说,我们在翻译的表达时必须沿着理解的思路翻译。换句话说,我们并不一定需要像上面那几句中显示的那样,按照原文的思维翻译保留原文的隐喻特征,如保留 little,compress 和 move 的特征。上面这些例子需要这样做,因为原文的隐喻特征有意义,不译过来会造成原文意义的一些偏差,但在很多情况下,却没有必要翻译过来。不过即便不在表达时使用原来的隐喻,隐喻思维本身仍然有助于译者更精确地把握原文。

5.3 从认知隐喻的角度看词性转换和翻译

认知语言学家眼里的词性[①]

英语对我们来说是外语,所以我们头脑中语法概念比较强。在英美国家和英美人一起上语法课,往往是我们最得意的时刻。尽管英文我们说不过人家,但分析起句子的语法结构来,我们却是头头是道,把英文说得流利的英美人给比下去了,说起主语谓语宾语名词动词形容词这些语法概念来,我们如数家珍。但是,研究翻译的人却发现这些概念在语际转换时可能成为障碍,因为译者可能被这些概念牵制,说出结构上像原文的文字。因此有些研究翻译的人敦促大家摆脱语法的束缚,特别是排除词性的干扰,比如奈达提出的经典例子:

1. She sings beautifully.
2. the beauty of her singing
3. Her singing is beautiful.
4. her beautiful singing (Nida and Taber,1982,48)

奈达认为,这四个表达法的语法结构虽然不同,但词之间的深层关系是一样的,所以,仅从文字的基本意思而言,这四个表达法所表达的是同一个事件。奈达的目的

---

① 本节是根据《高级英汉理论与实践》(第二版)中的"对'词性转换'的新认识"一节改写而成,特此说明。

是要给译者一个理论依据，使他们在翻译时不要被词性束缚，大胆灵活地处理。总体来说，他的这个判断是切中要害的，至少从英汉翻译来说，受原文词性干扰常常是译文不够理想的原因。问题是，文字的意思有时不仅仅靠基本语义表达，一些附加的信息很可能通过语言的其他手段表达出来。换句话说，语义相同但词性不同很可能传达的信息并不完全一样。认知语言学就认为，名词、动词、副词、形容词等语言范畴不仅只有形式属性的语法范畴，它们也可能承载意义。和奈达截然相反，认知语言学家 Langacker 举出了两个词性不同语义相同，但细微含义有差异的句子(1987：144)：

1. The Boston bridge collapsed.
2. the collapse of the Boston Bridge

就语义来说，这两个表达法说的是一回事，但在认知语言学家的眼里，却有所不同。首先，第一句中的 collapsed 是动词，而由动作表达的事件往往更容易给人一种延续感，好像事件在你眼前展开，你好像看到桥在倒下去，就像演电影一样。所以他认为这种由动词表达的事件是动态的，从观察者的角度说，此过程是序列扫描(sequential scanning)。再看第二句中的名词 collapse，显然和第一句中的 collapsed 意义完全一样，但名词却给人一种静态的感觉，一个在时间里序列展开的事件被固定成一幅不移动的画面，这种观察可称之为概括扫描(summary scanning)。也就是说，动词更凸现事件的序列关系，呈现时间过程(temporal)；名词则强调其非时间性的一面，它不在你的大脑中促成序列演进，不呈现时间过程(atemporal)。Kövecses 也举了类似的例子(2006：244)：

1. He suffered terribly.
2. His suffering was terrible.

根据 Kövecses 的解释，第一句中的动词 suffered 给人动感，有时间序列，而第二句中的名词 suffering 则是无序列关系的，是静止的，无时间延续的。但由于是静止不动的，所以这样的图像更容易给人实体的感觉。相反，在时间中移动的事件就不能给人实体的感觉。所以根据心理语言学的观察，名词更容易给人留下印象，因为它不在你眼前一闪而过，动词则次之，其他词性也都不如名词那样容易记忆。Evans 和 Green 也提供了一个类似的例子 (Evans and Green, 2006：563)：

1. Lily destroyed the letters secretively.
2. Her destruction of the letters was secretive.

根据他们的解释，例句一由动词表达，因而呈现的是一个动态的过程，而这个动态过程是以某一特定的方式展开的，这个方式由副词 secretively 表达。相反，例句二则是以静态呈现的，是概括性扫描，也就是说，destruction 是以类似实体这样的身份呈现的，而这个实体由形容词 secretive 修饰。他们也认为，动词最常表达动态，名词则常表达静态。根据 Goatly(1977：83)的观点，名词表示物(things)，形容词表示事物的属性，动词表示事物的状态与过程，副词表示过程的属性，介词则表示事物间的关系。

从心理语言学的角度讲，名词给人的印象最深，最容易被人记住，而其他词性都相对微弱，不那么容易被人记住。名词容易被记忆的一个原因是他表示 thing，而 thing 较容易在你头脑中形成图像，容易被记住。但人们会说，不少名词不是表示 thing，而是较抽象的动作，比如上面的 collapse 和 suffering，都是由动词变来的名词。所以，这里就牵涉到我们对名词化(nominalization)的看法。

名词化就是将动词或形容词在不变词形或略变词形的情况下用作名词，如 change 既可用作动词，也可用作名词，investigate 这个动词可将其名词化成 investigation，所以名词化的过程就是词性转换的过程。但是动词转变成名词后的隐喻效应(metaphorical effects)却可能是不一样的。这是因为名词化后的词的特征不同，有些词所指的存在是与时间有关的过程，而有些则是与空间有关的特质，前者不给你很强的实体物状感觉，但后则能让你感受到所指的是实体。有些学者(Goatly，1977：101)将名词化分成 Proper nominalization 和 Improper nominalization，认为前者无很强的物体感，隐喻力(metaphorical force)相应较弱，比如 Cooking involves irreversible chemical changes 这句中的 cooking 就属于 Proper nominalization，它是一个过程，不很容易产生可触碰的感觉。而 Improper nominalization 则不同，它容易给人实体感，因此隐喻力较强，如 I like John's cooking。此处 cooking 与空间有关，所指的是 cooking 的结果，即烹调完毕的菜肴，为实物。我们这里说的隐喻力就是指要把一个动作理解成实物在心理上所花费的"力气"。明明是一个动作，怎么能看成是一个物件呢？当然加大隐喻的理解力度，才能"自圆其说"，把一个动作硬说成是一个实物。可以用序列扫描和概括扫描来形容这两种名词化。Cooking involves irreversible chemical changes 中的 cooking 虽然是名词，但仍保留动词序列扫描的特征，也就是说，没有"脱胎换骨"，仍然有动词的影子。相反，I like John's cooking 中的 cooking 则有概括扫描的特征，其名词特征更为显著。

除了动词和名词间的转换外，其他词性的转换也有同样的问题，如名词转换成形容词也被认为可能使词的隐喻力度削弱，比如 Goatly 下面的例子(1977：102)。在他看来，This experience removed any magnetism there was in London 中的

magnetism 就要比 London was less magnetic 中的形容词 magnetic 更具有隐喻活力。

认知词性观对翻译的启示

那么所有这些对翻译的意义何在呢？这个认知角度提醒译者，词性转换虽然不改变语义，却有可能改变读者的心理感受。"波士顿桥倒塌了"和"波士顿桥的倒塌"在读者心理层面上的冲击力度是不同的。"她对我不再有吸引力"和"他不再吸引我了"在心理语言学家眼里也有些许的差异。过去，对于这类句子的差别我们并不是完全熟视无睹，但却很少从这个认知语言学的角度来观察。其实，提出这个观察点的目的并非是建议译者不用词性转换，只是意在促进译者把阅读原文的过程变得更精准透彻。大多数情况下，即便词性转换确实造成细微的差别，翻译实践者还是会权衡利弊，最后选择转换。但这并不是说，词性转换和不转换完全一样，这只说明其差别仍然没有达到需要我们放弃转换的地步。但在有些情况下，比如语域很高的文本或一些文学作品，注意词性转换造成的细微差别，并在翻译中给与关照，甚至放弃词性转换，就是应该推荐的。有人把 This agreement addresses each layer of … 翻译成"这个协议设法逐层处理……"，将其中的 each layer 转换成了"逐层"，以为这是灵活转换词性的范例，而一位资深的编辑却翻译成"这个协议涉及……的每一个层面"，后者更准确地反映了原文。再比如下面一句 I'll wait until the first night frost anaesthetizes all the flowers with a cold, creaky crust that causes them to wither. 其中的 a cold, creaky crust 有人译成"寒冷、沉重的冰霜覆盖住花朵"，显然动词"覆盖"就有原来名词 crust 转换的成分在里面。但如要表达得更形象些，保留 crust 名词的词性似乎更好，如陆谷孙先生的译文就是"花瓣全部沾上一层冷冽的霜晶"，其中的"一层……霜晶"就保留了原文的名词词性。这个问题在文学翻译中是很值得考虑的。最后名词化的翻译问题也值得讨论。我们目前很常用的一个词就是 applications，它源于动词 apply。其实将名词化后的 application 用作复数是一个非常明确的证据，说明这是一个 Improper nominalization 例子，该词很容易给人实体感，因此隐喻力较强。换句话说，这是多个实体，所指的就是多个应用程序（或称软件）。网络上常把这个词翻译成"应用"，但它其实指的就是应用程序。另外上面讲到的 contradictions 和 tensions 也属于同类问题，应该都属于 Improper nominalization 的例子，都是隐喻力较强的例证，一个是造成矛盾的一个一个的实例，另一个是造成左右为难的实例。再比如 unfair trade practices，其中的 practices 就不再是实践的动作，而是具体实践的做法、手段等。当然，从这个角度观察名词化，并不是说在翻译时都必须按照理解出来的翻译。我们仍然需要根据具体语境见机行事,但认知层面的观察,使我们把文本看得更透彻,翻译起来把握就更大了。

5.4 本章内容概要

- 应区分概念系统和概念化能力。不同语言文化的概念系统可能有相同的地方,也有不同的地方。若概念系统不同,翻译时就可能有困难,但过于强调客观的概念系统并不完全正确,更应该强调语言使用者概念化的能力。理解仅仅是一个人内心的活动,人可以将原文的语言隐喻在内心概念化,然后通过想象力,寻求自己经历的共鸣,最终理解对方。也就是说,理解阶段还没有涉及跨语言活动,而我们概念化的能力有时能在这一阶段帮助我们理解对方。
- Lakoff 将理解和表达作了区别。他认为,理解是人内心的活动,但表达则需要一个语言与另一个语言间的映射。他认为,翻译可以在不理解的情况下进行,而理解可以在不能翻译的情况下发生。但对于我们从事翻译实践的人来说,我们可能不会强调认知层面的映射,相反,会更关注基本语义的对等。在理解阶段,我们有必要放弃自己固有的思路,以便能弄懂原文的意思,但在表达阶段,译者有时虽然可以沿着原文的概念系统翻译,但很多情况下,却需要放弃理解时借助的原语的概念系统,而启用译入语的概念系统,以达到译文符合目的语的要求。
- 多义词的最基本的意义是字面意义,有些人把这个基本的词义称为"核心词义",而后来引申出来的词义则是抽象的、隐喻的。有时我们理解抽象的句子时常犯错误,这时若能通过回溯到核心词义,就能有助于理解。换句话说,抽象的、隐喻的意思通过具体的、可视的核心词义去理解。
- 词性转换虽然不改变语义,却有可能改变读者的心理感受。传统上翻译教学一直把词性转换当作最基本的技巧来教,但应该注意词性本身也可能有意义,不是任何情况下都可以运用词性转换这个技巧的。

主要阅读材料

1. 若想进一步了解 Lakoff 对翻译的观点,可参阅 *Women, Fire, and Dangerous Things* 中的第 18 章(Whorf and Relativism)。其中的 Translation and Understanding 一节更是直接地讨论了翻译,可惜他主要是以 Mixtec 人的语言为参照语言,所以对汉语没有直接意义,但是其基本原则仍然很有参考价值。

2. 有关多义词,在很多语言学的著作中都有提及,但 Rakova 所著的 *The Extent of the Literal* 是一本非常详细讨论多义词的书,很有必要阅读。另外,李福印的《认知语言学概论》(北大版)也专门有一章讨论一词多义现象。
3. 若想从认知角度分析词性转换,可参考 Andrew Goatly 所著的 *The Language of Metaphors* 一书的第三章。该章从认知隐喻角度讨论了各个词类的特征。
4. 关于从认知角度看名词可数和不可数现象,可参阅 Langacker 的 *Cognitive Grammar* 中的第五章第一节 Count and Mass Nouns。

思考题和练习

1. 仔细思考一下我们自己的翻译过程,特别专注理解和表达过程。我们在翻译中的理解和表达是分开的吗?回想一下自己在翻译中的理解错误,想一想造成错误的主要原因是什么?
2. 在英文中找出几个多义词,然后分析一下,看看哪些词义是基本的核心词义,哪些是隐喻词义,然后看看能不能找出把这些不同的词义联系起来的意象图式?
3. 找出几个汉语中通感的例子,然后从意象图式的角度分析这些例子。
4. 分析 high-pitched sunlight,在 high-pitched 这个多义词中,核心词义是用在什么语境,隐喻词义用在什么语境中?在这里这个词是核心词义,还是隐喻词义?
5. 分析下句中 powerful 的词义,寻找最佳的语境译法,然后将全句翻译成中文:If this religion becomes the *powerful* complement to lawfully elected government, which would be a very desirable development, then those decisions would settle many controversial issues which at present are successfully resolved by neither statute-law, nor, to the slightest degree by a respected and accepted moral code.
6. 从隐喻角度分析下列短语,将短语中的 deep 图像化,看看隐喻的 deep 是怎样从核心词义(如 a deep cut in the arm)演化过来的,最后将这几个短语译成中文:deep cuts in the budget, deep intellectual roots, a deep green color, deep curiosity, in the deep of night.

7. 找出几个名词化的例子,从 Proper 和 Improper 的角度分析这些例子,看看哪些需要激发强烈的隐喻思维才能正确理解原文,然后将这些词翻译成中文。

8. 从隐喻的角度来理解本段文字,然后再从表达的角度看一下理解出来的隐喻,看一看其中有哪些是译者应该在译文中保留的,哪些是没有意义、应该放弃的:

After a few days of public dancing around by members of Congress on the fiscal-cliff talks, the most important, immediate thing Mr. Obama did was to be unequivocal about his bottom-line position: the Bush tax cuts for the middle class should be extended right now, with the rest allowed to expire, and then he is willing to talk about closing tax loopholes, and tax reform and spending cuts.

9. 分别从理解和表达的角度分析本段文字,哪些隐喻是翻译中不经意就保留下来的隐喻,哪些是需要刻意保留的,是否有让译者纠结的隐喻?

The next four years, between 1909 and 1913, turned out to be a time of utter misery and destitution for the conquering young man from Linz. In these last fleeting years before the fall of the Hapsburgs and the end of the city as the capital of an empire of fifty-two million people in the heart of Europe, Vienna had a gaiety and charm that were unique among the capitals of the world. Not only in its architecture, its sculpture, its music, but in the lighthearted, pleasure-loving, cultivated spirit of its people, it breathed an atmosphere of the baroque and the rococo that no other city of the West knew. (From *The Rise and Fall of the Third Reich*, by William L. Shirer)

第六章　从隐喻角度看翻译决策

6.1　隐喻的价值判断和翻译中隐喻的取舍

对原文中隐喻价值的判断

从上面两章的讨论中，我们已经知道取舍隐喻要有依据，不是凭译者高兴，任意决定的。鉴于这是一个关乎翻译实践的大问题，我们在这里将这个题目较系统地梳理一遍。

首先让我们先不进入翻译领域，而是先看原文里的隐喻。也就是说，先不看怎么翻译隐喻的问题，只看看原文里的隐喻到底重要与否。我们现在应该已经认识到了认知语言学的隐喻观，知道隐喻不仅仅是那些"夺目的"表达法，还包括那些不引人注目的表达法。同时我们也认识到，隐喻不仅是文学中的语言现象，也是非文学文本中的语言现象。比如说下面这些句子中的隐喻：

My father spanked me that keeps me in line.

显然 keeps me in line 是隐喻思维在语言层的反应，这是一个隐喻表达法，但是这个隐喻一般不被人注意，它是将父亲的规范和控制用隐喻的形式表达出来，就像你被画地为牢一样，不能越线，否则就要被打。这显然是以意象图式为基础的隐喻，它被不同文化理解的可能性很大。但是这样的隐喻并非作者刻意所为，人们一般都可以沿着这个思路表达，是集体接受的思维模式。所以，我们一般并不重视这类隐喻，觉得他们价值不大。当然你会反驳说，它对语言体系的构成有价值，因为它反映了人的隐喻思维。不过，作为一个翻译实践者，我们没有精力关注这些议题，还是留给理论工作者去处理。

我们因此对于属于语言体系的隐喻表达法不是很感兴趣，认为它们价值不大。但这样的隐喻数量却非常大，译者甚至不注意到它们的存在，比如：

1. a finding that could *lead to* a new generation of anticancer medicines.
2. Today, race is still a pervasive and troubling fault line *running through* American life.

3. There's *a part of* me that feels indignant on behalf of my Caribbean slave ancestors.

a finding that could lead to a new generation of anticancer medicines

在上面三个例子中,斜体部分都是隐喻思维的结果,lead to 表示带领的意思,running through 则将美国生活当成了三维空间,而 a part of 则只将人当成了实物,能切分成几部分。但是,和上面那个例子一样,这些隐喻思维也都是集体意识中存在的隐喻思维,不属于任何个体。在认知角度看,它们当然并非没有意义,但对于翻译来说,这种意义不大,不会引起我们的关注,在翻译时可根据需求任意处理。

那么这类隐喻都出现在什么样的文本中呢?我们前面说过,以意象图式、常见事物为基础的隐喻是语言的最基本的成分,所以它们实际上构成了语言的基本架构。也就是说,无论是文学语言,还是非文学语言,这类隐喻可以说是俯拾皆是,数不胜数,无法避免。比方说下面这段文字中就隐喻丛生:

> Whenever the rays of the sun *stream in* and *pour light* through the dark places of the house, look and you will see many minute particles *darting about* in many directions *through the empty air* in the light of the rays…. You would do well to observe these motes which you see *dancing in the sunbeams*: this dancing indicates that beneath it there are hidden motions of matter which are invisible. You will see that many motes, *struck by unseen blows*, *change their course* and are *forced to move* now this way, and that, on all sides and in every direction. Truly this change in the direction of all motes is caused by the atoms.

我们可以说,至少斜体部分都是由隐喻思维诱发的表达法。上面这段文字是从科学篇章中节选的。但是实际情况是,不论是科学、政治、经济,还是法律、商业、文学中,这样的隐喻是文本构成的基础。不过我们的基本态度是,这类隐喻对译者来说价值不大。

那么哪些隐喻价值较大,需要我们关注,甚至特别关注呢?从认知语言学的角度看,那些在基本意象图式的基础上,略作"手脚"而创造的隐喻就可能有意义。这种"手脚"可能是将两个基本隐喻结合起来,也可能是利用合成的办法创造隐喻,或者是完全依靠鲜明意象的隐喻。比如下面一句:

> God, he was so mad I could see the smoke or steam coming out of his ears.

这句依靠的最基本的概念隐喻是 ANGER IS A HOT FLUID IN A CONTAINER,但是根据 Kövecses 的分析(2002:242),其中有合成现象的出现。源域的成分和目标域的成分合成了,因为显然源域没有 ears,而且目标域也没有 smoke,但是在合成后的空间里,ears 和 smoke 都存在了。如果我们使用的隐喻语言只利用感知和运动,以源域和目标域间的映射为基础,那么我们创造出来的隐喻就很难"惊人",因为基本的映射属于语言体系的常态,但合成(blending)就不同了,合成须要做些常人一般不做的"动作",这不是语言体系之所为,而是个人所为,结果这样的"创造物"就偏离常态,当然就有可能比较"惊人",比如上面这句,耳朵里冒烟的说法就不是大众挂在嘴上的说法。我们说可能惊人,但不是所有"合成"都造成惊人的效果,如 My heart is disagreeing with my head 这句中的隐喻就并不容易被人注意到,惊人的程度并不高。

说到惊人的隐喻,当然不能不提文学。其实文学是奇特隐喻最主要的存在空间,因为文学需要想象,需要出奇制胜,而奇特的想象不可能是集体思维的产物,必然需要某个有才华,甚至有天赋的人来创造。文学可以使用"合成"造就隐喻,也可以是其它非常规的手段,如不依靠意象图式而依靠鲜明意象的隐喻等。下面举一些文学隐喻的例子。首先来看一看 Benjamin Disraeli 的一个著名的句子:

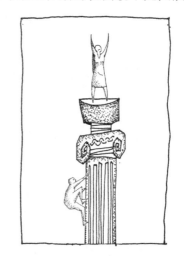

I have climbed to the top of the greasy pole.

> I have climbed to the top of the greasy pole.

根据 Lakoff 的分析,激发本句的最基本的概念隐喻是 CAREER IS A JOURNEY,但这仅仅是这个隐喻产生效果的部分原因,另外参与隐喻奏效的还有我们对源域中爬竿这个活动所拥有的常识,即爬竿是费力的,目的是向上的,动力来自爬竿人(1993:238)。也就是说,如果写作者仅仅依靠 CAREER IS A JOURNEY 这个思路来创造隐喻,其结果就会是一个普普通通的常规隐喻,不招人注意,因为虽然 CAREER IS A JOURNEY 没有 LIFE IS A JOURNEY 那么普通,但前者脱胎于后者,基本是后者的翻版,在认知层面上并无任何新颖之处,无法创造惊人之奇语。但是只要在任何常规意象图式的基础上略作"手脚",不管是拉进另外一个隐喻协同奏效,还是添加生活中的常识加以辅助,都可以让一个并无锋芒的隐喻突然间"锋芒毕露",比如本句就添加了爬竿的常识,还有非常油滑的竿子,结果使这个文学隐喻突现锋芒,具有一定的价值。再比如爱默生的这句:

> *Society is a wave*. The wave moves onward, but the water of which it is composed does not. (From *Self Reliance*)

这句中作者使用了一个明显的意象(海浪)作为源域,来比喻社会这个目标域。海浪并不是一个图象图式,它要比图式更有具体内容。这个隐喻略显奇特,因为我们一般不用海浪比喻社会,我们会说"社会是个大家庭"、"社会是个大舞台",甚至"社会是个大染缸",但将社会比喻成海浪却是较新奇的说法,因此这个隐喻就要比一般的以图式为基础的隐喻更具有价值,因为它有作者独特思维的印迹,不是人云亦云的产物。再看下面这句:

> *Difficulty is the nurse of greatness*—a harsh nurse, who roughly rocks her foster-children into strength and athletic proportion. (William Cullen Bryant)

Difficulty is the nurse of greatness.

这句中的"困难"比喻成了保姆,用一个社会中履行某个职务的人作为隐喻中的源域,它当然也不是属于经常援用的意象图式隐喻,所以这又是一个作者的巧思,而非语言集体的产物,因此它就可能造成前景化,就可能有一定的文学意义。

一般认为,文学隐喻的价值较大,这是因为文学作品中的隐喻,是苦心经营的产物,这些隐喻不是信手拈来的东西,文学家意识到自己在创造隐喻,心中也许还有意欲惊人的目的，于是他们精心打造，一丝不苟。通俗文化读物中也有隐喻，但是这些隐喻常是语言体系中的隐喻，已经被千百次地使用过，早就失去了隐喻的"锋芒"。Pinker(2007：238)用过一个很形象的比喻来区分新比喻和已失去"锋芒"的比喻。他说，我们使用一个新的隐喻时，需要一定的上下文，需要隐喻形成的背景，这就好比顺着梯子往上爬，此时的隐喻还比较"新鲜"。我们反复使用这个隐喻，也熟悉了这个隐喻，就不再需要背景的帮助了，这时我们就把借来的"梯子"一脚踢开。我们可以说，那些不用借助"梯子"的隐喻就是已经失去"锋芒"的隐喻，而一个隐喻越需要借助"梯子"，就越有吸引眼球的潜力。

我们讨论了文学隐喻，但这当然不是说，非文学文本中的隐喻就没有价值，新闻报道、体育评论、政治宣讲、经济概述中的隐喻完全可能非常有价值，能起到很好的效果。最能说明问题的就是毛泽东的那句名言"一切反动派都是纸老虎"(All reactionaries are paper tigers)。作者使用了"纸老虎"这个意象作为隐喻的源域，就好像 My wife's waist is an hourglass 中的 hourglass，这个隐喻的价值非常重要，任何淡化、改变或取代它的作法都会降低原文的力度，甚至歪曲原文的意思。再比如：

> Wall Street did something more than "*sneeze*" last week, and the rest of world's markets came down with something approaching *pneumonia*.

显然这是选自有关金融文本的句子，作者使用了人的病症来描写股市的状况。无论是打喷嚏还是患肺炎，都与意象图式隐喻无关。作者是利用生活中有关疾病的常识来作为隐喻的基础，构建了 MARKET IS A PERSON 这个概念隐喻，如果仅停留在"市场是人"这个层面上，其引人注目的效应并不大，但作者在这个概念隐喻的基础上，又深入细节，挖掘隐喻的潜力，使用了 sneeze 和 pneumonia 这两个常见病状，提高了隐喻引人注目的程度。尽管这个隐喻无关宏旨，但至少在修辞上会有一定价值。再看下面这句：

> We are trying to make our organization a *central switchboard* for disseminating information, and not disintegrate into a series of conference calls as we hop from one conference to another.

本句中作者使用了 switchboard 作为源域来比喻目标域 organization。这又是一个用常见事物比喻抽象事物的例子。这个隐喻奏效的关键是人们必须有这个常识，知道 switchboard 是何物？显然大多数人都有这个知识，所以能理解这句话的意思。当然这个隐喻没有什么深意，仅仅是方便表述的手段，但是其形象的表达法既

有效,同时也很难替换取代,因此就有一定价值。再看下面的例子:

> The Republican Party *watered this tree of racism*; it's now grown to maturity and it's dropped this fellow David Duke from its branches. (*The New York Times*)

这句中的隐喻是把抽象的种族歧视比喻成一棵树,背后的概念隐喻就是 IDEAS ARE PLANTS。这本身就不是一个我们赖以生存(live by)的隐喻思维,但作者却进一步挖掘这个并不常见的隐喻思维,用了成熟,果实从树枝上掉下来这些和树有关的常识,而理解这些则需要依靠对树的了解。所有这些(tree, maturity, dropped from branches)构成了一串隐喻,而其中有关树的细节更进一步使隐喻陌生化,进而增加了隐喻的奇异效果,也增加了隐喻的价值。

所以,重要的不是文学与否,重要的是我们需要仔细掂量每个隐喻的价值,看它是不是精心打造的产物,作者的意图(intentionality)有多大。综合上面的所有例子,我们似乎发现这样一个倾向,无论是文学还是非文学,作者刻意创造的隐喻在翻译中似乎有保留的价值。但只有知道了隐喻的价值,我们才有可能知道要不要在译文中保留一个隐喻。

隐喻取舍的文本因素

我们在第二章里讨论过文本和翻译的关系,但那种讨论更多是从概念隐喻的理论框架内展开的,没有和翻译实践更紧密地联系起来。现在让我们用更多的实例来演示一下文本因素在取舍隐喻时所扮演的脚色。

我们刚刚在原文里仔细掂量了隐喻的分量,判断了隐喻的价值,但这些掂量和判断大都是在孤立状态下做出的,所依赖的语境相当有限,甚至没有。所以如何翻译隐喻的第一步,是需要把隐喻放到一个文本的大语境中,把隐喻的价值和文本联系起来。我们的基本原则是:在传达信息类的文本中,隐喻大都不是刻意所为,译者保留隐喻的压力不大。这中间,以感知和图式为基础的隐喻价值最低,即便是较为复杂的隐喻或意象隐喻,作者可能确实倾注了一些心力,但翻译时仍然不是非保留不可。不过对于这些隐喻,译者需要分析,要分清楚隐喻的重量到底有多大,隐喻的价值又在何处?如果隐喻仅仅是与修辞等因素有关(rhetorically significant),那么译者保留隐喻的压力仍然不是很大,因为信息类文本中修辞的作用并非举足轻重,常常可以通过其它隐喻,甚至非隐喻的手段取代,取得相同或相似的效果。当然若在译文中照搬原文隐喻并不造成译文可读性下降,则"顺手牵羊"翻译过来也未尝不可。若隐喻传达的信息涉及主题(thematically important),译者就不应轻易放弃。我们现在用一些例子来说明一下信息类文本中隐喻的处理：

1. My father spanked me that *keeps me in line*.
2. This finding could *lead to* a new generation of anticancer medicines
3. Today, race is still a pervasive and troubling fault line *running through* American life.
4. There's *a part of* me that feels indignant on behalf of my Caribbean slave ancestors.

这四句是上面我们分析过的，都是基于意象图式的隐喻表达法，不是作者刻意创造的隐喻，没有什么价值，而这四句都出自非文学类文本。一来这里的隐喻是基于意象图式，二来文本又是非文学（主要为信息类），所以翻译的策略就比较自由，不把保留隐喻当作一项任务。估计大家谁都不会从隐喻角度来翻译第一句，而会搞清楚其意思，将意思译出来就行了，如"父亲为了教训我经常打我""为了让我听话父亲常打我"。第二句当然可以译成"这一发现可以引出新一代的抗癌药物"，但译者灵活的余地较大，如也可以说"由于这一发现，新一代的抗癌药物可能将会出现"，结果原文的 lead to 就根本没有了，转换成了"出现"。而第三句中的 running through 也完全可以换成其他的词，如"（断层线）分裂着美国人"，分裂和 running through 的认知图像是不一样的。第三句中的 a part of me 也不必说成是"我的一部分"。这个短语往往暗示前面说的和这个相反，形象地说，我的有一部分是这么说的，但我的另一部分却意见相反。所以，本句中的隐喻部分甚至可以翻译成"但我同时也为我加勒比海身为奴隶的先人们感到愤愤不平"，完全把 part of 这个隐喻给抛弃了。若翻译成"我的一部分却为……感到不平"不符合汉语的说法，意思也可能被歪曲。我们仔细回想一下，在翻译实践中，我们是不是曾经反复在这类词（隐喻）的翻译时感到纠结。现在也许我们胆子大了点，觉得不必过于纠结，适当的灵活是可以的。那么下面这几句又该如何看待：

1. Wall Street did something more than "*sneeze*" last week, and the rest of world's markets came down with something approaching *pneumonia*.
2. The Republican Party *watered this tree of racism*; it's now grown to maturity and it's dropped this fellow David Duke from its branches. (*The New York Times*)

这两句均出自信息类文本，但不同于上面四句的是，这里的隐喻都不是基于意象图式的隐喻，而是意象鲜明的隐喻，也就是说，前面四个隐喻没有受过专门训练的人也许很难察觉,但这里的隐喻却是不费力就能发现的。正如我们在前一节中分析过的,这几个隐喻都是作者刻意之所为,是作者的"巧思",所以在翻译的时候若无不便,可以尽量保留,尽管它们都不是文学隐喻。如第一句保留隐喻完全可行:"华尔街上周的病况比打个'喷嚏'要严重些,世界其他各地的金融市场就也随之患了一场类似'肺炎'的病"。若上下文能证实原文中的 more than 和 something approaching 没有实质意义,那么甚至可译成"华尔街上周打了个'喷嚏',世界其他各地的金融市场也随之患上了'肺炎'。"第二句则可以保留整句中的隐喻思维,如"共和党过去为种族歧视这棵树勤浇水。现在这棵树已经成熟了,还从树枝上掉下来大卫·杜克这个果实"。可以很有把握地说,这样完全照搬原文的隐喻根本不影响中文读者的理解,因为这个基于 IDEAS ARE PLANTS 的概念隐喻虽然并不是我们赖以生存的隐喻,却有很强的跨文化穿透力。那么我们是否可以不使用隐喻呢?鉴于此为信息类文本,隐喻毕竟不是关键因素,删除隐喻未必就不行,如"共和党过去一直滋养着种族主义。现在有结果了,出了大卫·杜克。"这个译文删除了"树"这个关键的隐喻,也没有了果实,表面看似乎删除了隐喻,但实质上还没有完全删除 IDEAS ARE PLANTS 这个隐喻思维,因为"滋养"一词的基础仍然可能是植物。于是某位有创意的学生就说,我们何不更大胆一些,译成下面这样如何:"共和党过去一直豢养着种族歧视这条狗。现在这条狗长大了,于是就生下了大卫·杜克这条小狗。"这个译法是将植物变成了动物,而且表面上看动植物之间还能很好地对应起来,如树对狗,树成熟对狗长大,果实对小狗。但是这样就在原文的基础上添加了不少译者自己的态度,原文虽然字里行间有贬义,但这个大胆的译文却极大地添加了原文没有的贬义,是不能接受的译文。也许有人会说,谁会这么翻译,太离谱了。但是我们不应低估了学生的不恰当想象力,这类译文出现的可能性完全存在。其实,对于译者来说,本句译成"树"这种隐喻译法可以说是呼之欲出,在这样的情况下舍近(树)求远(狗)是没有必要的。让我们再来分析几个句子:

1. Down the street people came pouring in a torrent.
2. I became an inveterate doubter, always peeling the union trying to get at the truth beneath the "facts". (*The New York Times Magazine*)
3. This is all about slicing and dicing what you have, packaging it and getting it into different forms. (*The New York Times*)
4. We suggest some possible ways to "defuse" the debt bombs so as to avoid setting off a chain reaction.
5. To reach the port of heaven, we must sail sometimes with the wind and sometimes against it, but we must sail, and not drift, nor lie at anchor.

第六章
从隐喻角度看翻译决策

这几句都源自新闻报刊，属于非文学类文本。第一句的概念隐喻是 PEOPLE ARE TORRENTS，这是一个没有文化障碍的概念隐喻，在这里仅仅是修饰人多，所以没有特殊的价值，这样就给了我们自由处理的余地。在这个非文学的语境中，译者没有保留这个隐喻的压力，比如翻译成"街上大批人蜂拥而至"也并无不可。把"水"变成了"蜂"也并不改变原文的实质。但是这样做还是有舍近求远之嫌，因为译者完全可以沿用原文的隐喻思维，翻译成"街上人们如潮水般涌来"，尽管这样做是将一个隐喻变成了明喻。第二句中的隐喻是 peel off the onion，这是一个意象鲜明的形象，在这样一个非文学文本中没有什么价值。应该指出的是，这个隐喻在英文里相当普通，基本属于语言体系中的说法，但是这个隐喻在汉语中却属于偏离常规的隐喻，所以中文译文放弃隐喻的理由相当充分，比如翻译成"我成了一个根深蒂固的怀疑者，总希望要揭开层层迷雾，寻求'实事'下面的真相"，或根本删除中间那部分有关洋葱的部分也可以："我成了一个根深蒂固的怀疑者，总设法去寻求'实事'下面的真相"。若保留隐喻（剥开层层的洋葱），在汉语中就会显得怪异。第三句是说一个杂志社如何利用手头的资料，派不同的用场。本句所依靠的概念隐喻是 CONTENTS ARE PROCESSED FOODS，并不是一个常见的隐喻思维，但是无论是在原文还是在译文中，都不很难理解。但是这个隐喻并没有什么价值，基本是一种形象的表述法。汉语理解虽然无大困难，但在汉语中照样表达却会显得很怪异，如何"切割"如何"包装"这样的译法毕竟在汉语中不是最佳译法，所以抛弃隐喻，放弃一些细节的处理方法似乎更可取，如"包装现有的内容"。第四句的隐喻思维是 DEBT IS A BOMB，这个隐喻主要构成一个形象的表达法，并没有实质的意义，但是它也并不构成跨文化时的障碍，因为中文读者完全熟悉这个隐喻说法，所以保留这个隐喻是可行的："我们提出了几个可能的方法，'卸除'债务炸弹的引信，以避免触发连锁反应"。我们承认这个隐喻没有很大的意义，但是刻意去回避隐喻，有时反而会更困难，比如这句若刻意回避隐喻，似乎可以翻译成"排除债务危机爆发的原因，以避免出现连锁反应"，但这样排除隐喻可能要比使用隐喻更费时，因为汉语已经很习惯这个隐喻，如何寻找非隐喻的说法反倒要进一步推敲。这又一次证明，在语言交流中，隐喻有时确实是捷径。第五句的基本概念隐喻是 HEAVEN IS A JOURNEY，是一个非常普通的隐喻，但是使这句的隐喻不那么普通的是作者围绕着这个基本概念隐喻，又添加了几个相关的隐喻，如 port, sail with or against wind, drift, lie at anchor。正是这些添加的关联隐喻使得这句话有鲜明的特征。这些特征在这类文本中并不是关键的，但是如果原文的隐喻并不影响可读性，则仍应遵循不舍近取远的原则，比如本句可以译成"为了抵达天堂的港湾，我们有时必须随风而行，有时需要逆风而行，但是却不能随波逐浪，不能停泊不行"。上面这几组例句多少概括地说明了如何处理非文学（特别是信息类）文本中的隐喻。下面我们来看看如何处理文学文本中的隐喻。

对于表情类文本,特别是文学作品,我们的态度就不同了。不过即便是在这类文本中,以感知和图式为基础的隐喻价值仍然不大,因为这些隐喻非作家刻意所为,翻译时基本仍可沿用上述原则。但是对于作者刻意创造的隐喻,不管是通过什么手段创造的,价值都可能比较大,最好不要轻易丢弃。如果隐喻和作品的艺术效果有关(artistically significant),那么放弃隐喻就可能对作品的艺术特征有影响。不像信息类文本,文学作品的艺术特征是作品的一个重要因素,尽可能保留隐喻就是尽可能还原艺术特征。但如果隐喻和原文的主题相关(thematically significant),那么保留该隐喻的压力就更大,因为艺术效果虽然重要,用其他方法取代虽可能会有争议,但毕竟仍可商榷,主题却无法取代,丢掉隐喻的损失就可能更大。下面让我们用例子来说明一下如何处理文学隐喻。首先看下面这句:

> I have climbed to the top of the greasy pole.

上面我们已经分析过,这个隐喻的基础是 CAREER IS A JOURNEY,但是作者在这个基本隐喻的基础上又添加了一些信息,使这个隐喻超乎寻常,这个添加部分依靠了爬竿子的常识。我们的判断是,这个隐喻很奇特,所以有一定价值。若是在非文学隐喻中,这样的隐喻价值也许同样重要,但在文学作品中,译者保留这个隐喻的压力就更大,大于在非文学作品中。假如我们觉得汉语读者感到原文的隐喻很怪异,我们也许会设法用解释的方法翻译这句,如"我已经艰难地爬到了事业的巅峰"。可是如果仔细和原文对照,就会发现解释后的译文仍然很难全盘反映原文的所有信息,比如 greasy pole 这个特殊的意象所隐含的情感刺激信息在解释中就不能完全复现,比如此人曾经艰苦奋斗达到了目前的地位,业已忍受了挫折,但不可能再有更大进步,并可能会失去现有的地位(Pinker,2007:264)。这么多复杂的信息不可能在一个简单的解释性的译文中全部反映出来,所以译者自然就感到有翻译隐喻的压力,如可以翻译成"我已经爬到了油滑竹竿的顶端"。由于本句定有上下文,所以"竹竿的顶端"代表"事业之顶峰"这点并不需要在这句中点明。当然,即便是在文学作品中,我们也不希望完全排除其他更有创意的译法,如"我们已经艰难地抵达了陡峭山峰的顶端",把 pole 换成"高山",把 greasy 用"陡峭"对应,似乎也能将上面那些复杂的内涵反映出来,但是在非文学作品中这类创意也许更可行,在文学作品中仍然需要谨慎为好。再来看下面几句:

1. *Society is a wave*. The wave moves onward, but the water of which it is composed does not. (from *Self Reliance*, by R. W. Emerson)
2. *Difficulty is the nurse of greatness*—a harsh nurse, who roughly

rocks her foster-children into strength and athletic proportion. (by William Cullen Bryant)
3. Her sighs will make a battery in his breast; her tears will pierce into a marble heart. (from *Henry the Sixth*, by Shakespeare)
4. But at the very moment that I was exalting my advantage and joying in it in secret, there was a *muddy undercurrent of discomfort "riling" the deeps of my happiness*, and that was—the having to hear my name bandied about in familiar connection with those of such people. (from *Running for Governor* by Mark Twain)

第一句中的 Society is a wave 这个语言隐喻本身就是一个很抽象的隐喻思维，是一个并不常用的隐喻，当然根本不是我们赖以生存的隐喻思维。这就说明这个"波浪"隐喻是属于作者的语言特征，不是缘起于集体的思维范畴，加之作者又用了 move onward 这样的细节，所以在某种程度上偏离常见说法，可能构成作者写作的特征，具有一定的价值。文学作品这个大语境更促使译者保留这个隐喻："社会是一个波浪。波浪向前滚去，但构成波浪的水却不动"。其实这个句子若不按照原文隐喻翻译，几乎很困难，译者也许只能将这句话解释一下。第二句的情况也一样，很难用解释法取代原文。句中的隐喻思维是 DIFFICULTY IS A CARETAKER，显然这也不是一个赖以生存的隐喻思维，有一定的独特性，是作者刻意创造的隐喻。但是我们也可以看出，类似常见的隐喻说法，比如"逆境是成功的母亲"这类说法多少和本句中的隐喻在思维上有相似之处，所以本句中的隐喻仍然谈不上超级奇特，只是它还没奇特到让人不可理解，但也没有常见到我们可赖以生存。假如我们设法抛弃这个隐喻，也许可翻译成"困难能铸成大器，它严酷地将年轻人百炼成钢"，有人甚至还会套用古人的说法，译成"艰难困苦，玉汝于成"。应该说，就原句要传达的基本信息来说，两个译文都表达了原文的意思。在非文学文本中，若这句不是直接引语且语境允许，这样的处理也许可以考虑，甚至可以接受。但是，本句是文学语境，又是直接引语，所以一个最简单的问题是，读者若按照译文去寻找原文的话怎么办？因为译文完全抛弃了原文的隐喻，而隐喻鲜明的意象具有很强的识别特征，没有了隐喻，就很难找到原文了。有鉴于此，我们仍然认为，这句话还是以保留原文隐喻为上策，如"困难是铸造伟大的保姆，一个严厉的保姆，它粗暴地将养育的孩子摇得意志坚强，体魄健壮"。第三句是摘自莎士比亚的戏剧，是无可争议的纯文学作品，隐喻的价值就非常重要，在这样的翻译中将隐喻淡化显然不恰当。这句的隐喻基础是 EMOTIONS ARE WEAPONS，结果叹息就能像兵器一样连续直击他的胸膛，眼泪就能像长矛一样穿透他的心脏。这个隐喻是构成文学的元素，淡化成平淡的解释，也就淡化了文学，淡化了莎士比亚："他的叹息和眼泪将使他的内心深受打击"。所以这句还是完整地保留隐喻更好："她的叹息会攻打他的胸膛；她的眼泪会滴穿铁石的心"（梁实秋译）。第四句选自马克·吐温的小说《竞选州长》，句中斜体部分是一个奇特的隐喻表达法，其最上层的概念隐喻（类属隐喻）是 EMOTIONS ARE WATER，但较下层或言更具体的概念隐喻（种属隐喻）则是 DISCOMFORT EMOTIONS ARE CURRENTS OF WATER 和 HAPPINESS IS AN OCEAN。此处的 deeps 由于名词化，已不再是描述，而是实体，也就是幸福比喻成了海洋，而有一股不适的暗流"搅动"着幸福愉快的海洋。这样一个隐喻是作者苦思的结果，译者不应该用解释的译法淡化或删除隐喻，如不宜译成"愉快的心情受到影响"等。一般有一定文学基础的人都会在翻译中保留隐喻，比如下面两个译文：

> 当时，我虽然对自己的长处暗自庆幸，但是一想到我自己的名字得和这些人的名字混在一起到处传播，总有一股不安的混浊潜流在我愉快心情的深处"翻搅"。（唐萌荪译）
>
> 但是正当我还在赞美自己的长处，并因此暗自得意的时候，却有一股不愉快的浑浊潜流"搅浑"我那快乐心情的深处，那就是——不得不听到我的名字动辄被人家拿来与那些人相提并论地到处传播。（张友松译）

可以看出，两个译文尽管没有将 deeps 实体化，但是都保留了"潜流""搅浑"这些反映隐喻的词。有人也许会说，保留隐喻会感到不顺口，有点怪异，为何不把它翻译得朗朗上口呢？我们充分理解这些人的愿望，甚至也同意，若原文实在不能被译文读者接受，当然应该排除那些令人感到不顺的文字。但是适当地保留不影响阅读的"异质"成分还是应该的，更何况那些"异质"的写法里还包含了作者的巧思。有时甚至不仅仅是一般的巧思，还可能与作品的主题息息相关，比如我们前面讲过的 the funeral bells from the desert seas, that, rising again more softly, sang a requiem over the grave of the buried child, and over her blighted dawn，其中的 blighted dawn 就不仅是一个修辞或艺术的表达法，而是与散文主题相关的隐喻，尽量保留隐喻就是译者应该努力的。

一般来说，语言越精练，隐喻有意义的可能性越大。因此诗歌中的隐喻就可能特别重要。一个有过文学训练的人，对诗歌作品中的隐喻会本能地提高警惕，即便是倾向"归化"的译者，也不会轻易放弃与作品主题相关的隐喻。请看下面这首莎士比亚的十四行诗：

SONNET 73

That time of year thou mayst in me behold
When yellow leaves, or none, or few, do hang
Upon those boughs which shake against the cold,
Bare ruin'd choirs, where late the sweet birds sang.
In me thou seest the twilight of such day
As after sunset fadeth in the west,
Which by and by black night doth take away,
Death's second self, that seals up all in rest.
In me thou see'st the glowing of such fire
That on the ashes of his youth doth lie,
As the death-bed whereon it must expire
Consumed with that which it was nourish'd by.
  This thou perceivest, which makes thy love more strong,
  To love that well which thou must leave ere long.

你在我身上会看到这样的时候，
那时零落的黄叶会残挂枝头，
三两片在寒风中索索发抖，
荒凉的歌坛上不再有甜蜜的歌喉。
你在我身上会看到黄昏时候
落霞消残，渐沉入西方的天际，
夜幕迅速将她们统统带走，
恰如死神的替身将一切锁进牢囚。
你在我身上会看到这样的火焰，
它在青春的灰烬上闪烁摇头，
如安卧于临终之榻，待与
供养火种的燃料一同烧尽烧透。
  看到了这一切，你的爱会更加坚贞
  爱我吧，我在世的日子已不会太久。（辜正坤译）

根据 Lakoff 的分析(1989：27)，前四句所依靠的概念隐喻是 PEOPLE ARE PLANTS，其中的 yellow leaves, boughs 唤起树的意象。接下去四句依靠的概念隐喻是 A LIFETIME IS A DAY，其中的 twilight, sunset, black night 都是人生垂暮，死亡将至的隐

喻说法。再接下来的四句是依靠火的不同阶段表示人的一生，年轻时的火热烈，中年时的火稳固，老年时的火是灰烬。所有这三个和主题相关的概念隐喻思维，全在辜译中保留了下来。译者没有抛弃隐喻，没有介入解释，没有脱离原文去发挥汉语的优势，尽管译者在这方面的潜力是毋庸置疑的。译者会在押韵方面放弃原文的特征，但在隐喻的处理上，却还是保留了原文的特征。他完全有能力用不同的隐喻把这首诗的内容表达出来，甚至比原诗更文采飞扬，但译者没有这样做。所以翻译精练的文学作品时，不轻易抛弃隐喻就应该是一个基本原则。现在再让我们来看看感染类文本中的隐喻。

感染类文本中，特别是广告宣传类文本，原文隐喻的处理就很难定出规则。总的来说，翻译这类文本，不应该以原文作为参照对象，也就是说，原文文本的价值不是关注的焦点，译文读者才是关注的焦点。广告常用隐喻作为手段，但译者更关注的是译文读者的接受度，而不是原文隐喻的价值。照搬原文隐喻若可能影响译文效果，译者完全可以问心无愧地放弃。但若原文隐喻与宣传的产品相关，不只是仅仅牵涉到宣传效果，那么即便广告中的隐喻也需要谨慎处理，如：

> How FAST will the new high-speed Internet actually be?
> Well, put it this way. Tie yourself down. (Infineon Technologies)
> 新的高速互联网究竟有多快？
> 请您系好安全带！

显然我们这里说的是互联网的技术，为了形容网络速度快，广告的作者用了隐喻思维，即 THE INTERNET IS A HIGHWAY，所以才有了 Tie yourself down 这样的说法。这已不仅仅是一个修饰语的问题，这是我们社会已经广为接受的一个概念隐喻。如果没有网络如高速公路这个总的隐喻，那么系好安全带就毫无意义，在这样的情况下，保留隐喻就势在必行。

一个句子到底出自什么类的文本，这个信息相当重要，因为它可帮助译者决定到底是否需要保留隐喻。比如前面有这样一句 God, he was so mad I could see the smoke or steam coming out of his ears. 这句话可以出自小说，但也可以出自朋友间很随便的谈话。若出自文学作品，翻译成"气得耳朵里冒烟"也许不错，但如系一般交谈，则译成"气炸了肺"，甚至译成"气得要命"等也未尝不可。但是文本之外是否还有需要考虑的因素，或者说是否还有比文本更重要的因素呢？下面让我们来讨论一下翻译目的这个因素。

第六章
从隐喻角度看翻译决策

隐喻取舍的目的因素

我们在第二章中已经介绍了目的论的基本概念,其核心思想就是翻译目的起决定性的作用,它高于文本。因此在这样的理论指导下,文本中隐喻的价值不可能得到重视。不管译者如何欣赏原文的特色,一开始动笔时,他就必须时刻想着服务的对象。这个对象并非仅仅是传统意义上的读者,因为在重视文本的翻译实践中,我们也照顾读者,并没有置读者于不顾。但一般情况下的读者,仍然是译者引导着读者,即便是行文中照顾了读者,也主要是照顾目的语的表达习惯,让读者读得顺畅,译者决不会删掉一段或增加几行。但是在目的论中的"读者"就不是被动的阅读者,而是给译者指示的"老板"了。换句话说,这个读者可能是你的客户。他会说,我有两组不同阅读习惯的读者,你给我翻译成两个风格完全不同的译文,迎合两个不同的读者群,结果原文的风格竟置之不理了,比如:

> When an iceberg is born, the sound is like thunder. The impact shoots water hundreds of feet into the air and waves lap gently against your ship. You relish every moment, marveling as the sights and sounds of calving glaciers thrill you again and again. That's the lure of enchanting Glacier Bay, where the most astounding natural forces take center stages.

> 冰山形成时,会发出雷鸣般的巨响,激起百尺高的大浪,涌开的余波绕船拍荡。这壮观的景象,给你震撼,也令你惊叹,你分秒不失,尽情欣赏。这就是冰川湾,一个叫你陶醉、诱你前往的地方,在那里大自然展现无比的力量。

> 冰山崩落入海洋,似惊雷巨响,激起层层浪,余波涌,绕船拍荡。望冰原断处,景壮观,声浩荡,令你惊叹,震你心房。冰川湾,自然之天堂,驱你神驰身往,去体验无穷的力量。

这两个译文风格完全不同,第二个译文细节处会有些缺失。但两组读者(如一组是青少年,另一组是退休老人)也许会在不同的译文里各得其所。另外,你的客户甚至会说,他目前资金周转不灵,只能把广告的费用控制在一定的数字内,不能全部翻译的话,就删除一些内容,比如上面的原文竟翻译成下面的样子:

> 冰川湾是阿拉斯加游的必到景点。在那里大自然展现无穷力量,冰山崩落,声如雷鸣,景象壮观。

在目的论的框架中,什么感知呀,意象图式呀,映射呀,合成呀,这些认知领域的概念都不重要,目的论觉得这些原文的细节都应该服从一个更高的原则,目的论"高瞻远瞩",穿透障目的细节,直逼最终的目的:

What's in a name?

It sounds ordinary on paper. A white shirt with a blue check. In fact, if you asked most men if they had a white shirt with a blue check, they'd say yes.

But the shirt illustrated on the opposite page is an adventurous white and blue shirt. Yet it would fit beautifully into your wardrobe. And no one would accuse you of looking less than a gentleman. Predictably, the different white and blue check shirt has a different name. Viyella House. It's tailored in crisp cool cotton and perfectly cut out for city life. Remember our name next time you are hunting for a shirt to give you more than just a background for your tie.

On women and children's wear as well as on men's shirts, our label says—quietly but persuasively—all there is to say about our good quality and your good taste. Our label is our promise.

名牌推荐

英国人以其衬衫的风度闻名世界。其知名品牌就是维耶拉衬衫,它以精纺棉布为面料,由英国维耶拉品牌精心裁製,质量上乘,畅销世界。维耶拉特此郑重地承诺:蓝格白底,是白马王子的首选,风度翩翩,惹来窈窕淑女的青睐。穿上维耶拉,男人闯天下。穿上维耶拉,生活真潇洒。

维耶拉还请您关注我们出品的妇女和儿童服装,百分之百的一流品位,百分之百的质量保证。(李克兴,《广告翻译理论与实践》)

你看上面的译文,从文本的角度和原文对照,增加删减得厉害,隐喻早就抛到了九霄云外,根本不是译者考虑的因素。我们上面从文本看隐喻翻译的过程中,曾经为了求得准确,又想照顾流畅,很是纠结。但若有目的论相挺,译者就不必那么纠结了,可以问心无愧地放弃隐喻,因为你看到了最终的翻译目的。比如刚才那个互联网的广告词,在目的论的指导下,完全可以置隐喻于不顾,把"请系好安全带"这样的隐喻完全抛弃。你看诺基亚的这则 Connecting People 的广告,就翻译成了"科技以人为本",原文的隐喻思维完全被抛弃了。当然,目的论并非故意忽视隐喻,比如在实际操作中,有时持目的论的译者也会和重文本的译者用同样的方法处理隐喻,但它更关注译文使用者的目的。因此假设客户要求译者突出原文中的隐喻,译者自然就会强调隐喻。可是要到哪里去找那样的目的呢?总而言之,隐喻,这个在文本视角中的"宠儿",在目的论的庭院里已被冷落在一边了。

6.2 更多"翻译"还是更多"释义"

本节讨论的内容主要是针对翻译实践的总策略,其间可能涉及隐喻的处理,但更多地是要对译者最纠结的一个问题给出大致的原则答案:我们到底能有多大"自由"?首先让我用与奈达的一次对话展开这个题目。

翻译概念和释义概念的界定

一次我问奈达,到底翻译(translating)和释义(paraphrasing)的区别是什么?奈达的回答出乎我的意料。他说,释义就是翻译。不过经过他的解释,我后来明白了他的意图。奈达当然知道这两者之间的差别,但是在翻译的具体实践中,我们最常遭遇的困境就是被原文束缚。所以为了摆脱原文的束缚,奈达希望人家多用释义的方法,以便在被原文结构束缚时绝处逢生。然而,翻译实践中摆脱原文束缚虽是我们的首要任务,可是毕竟还会遇到不能轻易脱离原文的场合,那时就需要有一个策略,能分别对待不同的情况,而不是一味地强调摆脱原文的束缚。为此,我们可以从区分翻译和释义这两个概念来切入这个题目。

我们一般说,有些文本的翻译,比如信息类文本的翻译,说出信息就行,不必计较信息的表达方式,仅有内容就行,但有些文本的翻译,则需要照顾到表达方式,就是内容载体,即语言本身的特征。在翻译和释义这对概念中,可假设翻译更严谨,不轻易放弃文字上的对应,因此沿用原文中表达法的机会较多,而释义不太关注细节的对应,自己消化后重组的可能性就较大,释义者很关注可读性,所以仅求语义的相近,不希望让太过精确的语言表达影响了译文的流畅和整体效果。当然我们充分意识到,不管任何类型的翻译都不可能完全被文字牵着走,跳脱原文文字的束缚是不可缺少的,所以就这个意思来说,翻译活动中不可能没有释义。但释义这个方法可偶尔使用,不宜过度使用,因为 To translate does not mean to explain or comment on a text, or to write it as we see fit(Pym, 2010: 52)。可见在这些学者看来,解释原文不属于翻译活动的范畴,而对原文添加评论当然就更不用说了。

相反,我们这里说的"翻译"就有比较靠近原文,不轻易添加解释,更不引入评论的倾向。有时我们确实这么做,比如经济报告的翻译,科技翻译,甚至比较严肃的文学翻译等,"翻译"的成分就会较大,也就是说,不宜仅满足于意思的大致对等,不宜将隐性的理解过程显性化。一句话,不宜有过多"释义"的成分,因为后者不很关注细节的对应,仅求语义的相近,而且还会将理解原文时的一些过程呈献给读者。但是有的时候,这类略有增减、稍加修正的方法却并无不可,太严谨了反而不好,比如一般的游记或旅游景点介绍,大可不必锱铢必较,把意思说出来就行,不一定要用同样的说法,但需要同样的意思。打一个比方,"翻译"就是不仅需要获得同样价值,而且在某些地方,在某种程度上还需要同样的钱币,但"释义"更多是需要获得同样的价值,却不一定需要使用同样的钱币。我们这里说的"翻译"和"释义"就是在这样的背景下定义的,而且两者之间也没有明确的界限,从一方到另一方不是突变,而是渐进的。而在具体翻译中,这两个概念拿捏不当的例子是非常多的。

翻译和释义概念的应用

比如较正规的文本,那些与政治原则、经济利益、思想理念密切相关的文本,翻译的时候就不宜采用过多释义的方法。请看下面的例子:

> The economic problems that afflicted so many developing countries in the wake of the debt crisis of the early 1980s, were at the origin of the reform process.
>
> 八十年代早期,债务危机引发了经济问题,进而影响了很多发展中国家,也促发了改革进程。(学生作业)

上述译文中释义的成分似乎多了些。尽管中译文很顺畅,三个递进的关系(引发了、进而、也)表面上非常得体,但细看原文就会发现,原文的逻辑关系和译文的逻辑关系不一样。原文的核心意思是 The economic problems were at the origin,其他的意思都是附着于这个核心意思的。但译文把三个动作处理成渐次递进,这样就打乱了原文的逻辑关系,最终造成译文的意思和原文有了差别。鉴于这是联合国的经济报告,所以避免过多释义,采用更多翻译的处理方法就更恰当些:

> 在1980年代初期债务危机之后影响众多发展中国家的经济问题是这一改革过程的根源。(联合国译文)

再看下面这句。这也是和国际政治有关的文本,而且原文的语域比较高,句法结构属于正规语体:

> The Universal Declaration of Human Rights, adopted unanimously by the U. N. General Assembly in 1948, represented an authoritative articula-

tion of the rights that Member States are generally obliged to protect and promote under the U. N. charter.

《世界人权宣言》是联合国大会于1948年一致通过的文件。这个文件采取了法律的形式将人权的概念确定了下来。因此各成员国必须遵照《联合国宪章》宗旨保护和促进人权。

如果我们从句子的大意来看,这个译义和原义基本差不多,原文几个信息译文都包括了,如1948年通过了《宣言》,成员国遵照《联合国宪章》宗旨保护和促进人权,"法律的形式将人权的概念确定了下来"这部分原文没有,但引申一下的话,这个意思原文里似乎也有。然而,译文解释的力度太大了,不仅原文的逻辑关系被改变,而且还有添加,比如将"《世界人权宣言》是联合国大会于1948年一致通过的文件"单独列为一句,就是将一个次要信息放到了主要信息的地位,不符合原文的逻辑关系;"因此各成员国"中的"因此"把一个原文没有的因果关系添加了进去。我们似乎可以诊断出这个译文的病症在哪里。关键的问题可能是,译者在翻译的很早阶段就脱离了原文,在头脑中组织阅读中得到的信息,结果大致信息也许并没有丢弃,但细节对应不起来,而偏偏这又是一个比较正规的文本,细节的吻合又非常重要。就本例来说,句子的核心是 The declaration represents articulation,这是句子的主干,是说话人最想表述的内容,其他的都是次要信息。所以表达这个核心意思就当然应该是译者的首要任务。下面的译文多少避免了释义的弊病:

在1948年联合国大会上一致通过的《世界人权宣言》权威性地表述了成员国根据联合国宪章有责任要保护和促进的权利。

我们不妨从逻辑驱动和情感驱动这个角度,看翻译和释义的应用范围。一个文本如果是逻辑驱动,即文句的展开多以逻辑牵动,则翻译过程中就应该多倚重较为注意细节、严谨的翻译法。所以科学技术的文本、政治法律的文本、正规的经济贸易文本(如经济合同)比较适合使用翻译法。其实有些很正规的文本除了逻辑驱动这一特征外,还有另一个特点,即有些词的译法已经早有规定,译者自己很难做决策,所以这种情况下释义的机会不多。相反,若译文主要是以情感驱动,即原文文句的展开多被作者的情感牵动,则有可能适合释义成分多些的译法,因为这时译者确实可以做出自己的选择。所以风土人情的描写、个人的抒情回忆、旅游景点的介绍等非正规的文本,适当地朝解释这个方向倾斜一点也许有益无害。比如下面这一段:

To those of us who cannot be there, I offer my consolations. Do not despair. At least we don't need to sweat in the gym to lose those undesirably gained pounds or to dye our hair to gain back those irretrievably lost years in order to look better in front of our classmates of yesteryear, especially those on whom we had a secret crush.

> 对于我们中间不能到场的那些人，我送给你们安慰。不要绝望。至少我们不必到健身房去流汗，去甩掉那些不受欢迎的赘肉，或者去染头发，设法赢回一去不返的岁月，以便在当年的同学前看上去更好看，特别是那些我们曾经暗恋过的同学。

这就是一篇以情感牵动的文本。我们当然不能说这里文句的展开没有逻辑思维，但我们可以马上就能分别出这段文字和上面逻辑驱动文本的差异。所附的译文四平八稳，也没有什么可以指责的，但译者似乎仍然没有摆脱逻辑驱动的思维。此时稍为抑制一下逻辑，加大一些释义的成分，译文的效果也许更好：

> 不能赴会的同学，我送上安慰，大家无须失望。我们至少不用为甩掉几磅赘肉去健身房流淋漓大汗，不用去理发店染黑白发求流年倒转，仿佛瘦了身染了发，在当年的同桌前你便英俊，在暗恋的女友旁你便潇洒。

当然到底应翻译还是释义，并不是仅用逻辑与情感这两个概念就说得清楚的。有时仍需要具体情况具体处理，学习翻译的人不应该指望用几个规则去指导五花八门的翻译现实。

6.3 从隐喻的角度看准确性

在不同语境中诠释准确的涵义

尽管不少翻译理论家不怎么看得起对等理论，但翻译实践者面临的毕竟是对等的问题，换句话说，仍然是准确与否的问题。我们毕竟是在把别人说过的话，在另一个语言中再说一遍，所以再高深的理论，在实践者那里，还得落实在准确这个议题上来。

但准确这个概念又很难把握。一篇文章细节处照顾得相当周到，字词句层面上相当准确，但批评家会说，整体并没有反映出原文的风格，所以人家仍然可以说你不准确。比如下面这段广告中节选来的文字：

> When an iceberg is born, the sound is like thunder. The impact shoots water hundreds of feet into the air and waves lap gently against your ship.

> You relish every moment, marveling as the sights and sounds of calving glaciers thrill you again and again. That's the lure of enchanting Glacier Bay, where the most astounding natural forces take center stages.

> 当冰山诞生时,其声如雷霆一般,其冲击力将海水射向数百米高的空中,激起的波浪轻拍着你的船。你品味着这每一刻的时光。冰川崩裂之状、之声让你一次又一次震撼,同时你也惊叹不已。这就是令人着迷的冰川湾的诱人之处,在这里最令人惊叹的自然力量占据了中心舞台。

你看译文毕恭毕敬,唯恐遗漏,结果面面俱到,读起来甚无味道,怎么起到广告宣传的作用呢?那么我们放弃繁琐的细节如何:

> The shift in economic policy that took place during the 1980s has continued into the 1990s and has reached virtually all developing countries.

> 早在1980年代,经济政策的转变就开始起步了,且一直延续到1990年代,几乎所有发展中国家都经历了转变。

这个译文重组了原文的结构,没有在细节处求准确,但是原义描述的基本事实却都包括在里面了。译者很满意,却没有想到被批评为在原文细节上有偏差,不够准确。批评者认为,原文的基本框架式 The shift has continued and has reached...,所以这样的文本应该求得细节上准确,比如可以译成"1980年代出现的经济政策的转变在1990年代仍在继续,并且事实上已经波及所有发展中国家"。可见准确性没有一个单一的标准,文本因素和目的要求,都可能左右译文的准确,原文文本承载事关重要的信息,对准确性的要求自然就更高些,相反,就可能不需要过于斤斤计较。但是,即便是重要的文本,也不见得就处处亦步亦趋,不得介入解释,比如下面的例子:

> Our China Practice provides Corporate, Intellectual Property, and Tax expertise, and includes structuring and financing of China-based businesses, cross-border mergers, acquisitions, and the *representation* of U.S. companies investing in and doing business in China.

> 我们的中国业务部提供公司法、知识产权法以及税法方面的专业服务,包括为以中国为基础的商业机构设立公司并提供融资服务,跨国兼并和收购,以及为美国公司到中国投资和从事经营活动提供法律服务。

句中斜体的词并没有按照原文的词义翻译成"代表",而是翻译成了"提供法律服务"。在这里当然可以翻译成"代表美国公司",但是"提供法律服务"恰恰是代表美国公司所需要做的具体工作,所以不用原文的文字仍然可以接受,有时甚至更好。

除了从细节和总体看准确外,有时我们甚至可以提出一个更为大胆的问题:我们有必要处处都要那么准确吗? 具体的翻译需求从来都不是脱离社会现实的真空需求,因此译文使用者的需求并非和原文文本的特征一致,也就是说,译文的使用者完全可能不需要非常准确的译文。目的论的支持者可以找出说不完的例子来支持这个论点。最能说服人的例子就是林纾的翻译。众所周知,林纾不懂外文,他是依靠别人口述来翻译的。假如我们以文本为准绳,那么林纾在翻译中的错误或增删之处肯定不少,但是当时的社会现实需要林纾的翻译,林纾也不负社会的期望,满足了人们的需要。所以准确并非是一成不变的。因此有些翻译理论家就认为,在满足特定目的的前提下,译文够好了就行,比方目的论的学者就举出下面的例子说明这个道理(Pym,2010,53):

> In Parliament he fought for equality, but he sent his son to *Eton*.

斜体字 *Eton* 到底需要怎么翻译,要看好多因素,比如翻译的目的,读者对这个词的了解等。译者没有必要去追求绝对的准确,过度的努力是没有必要的。根据这个建议,如果是翻译成中文,我们首先要了解以下我们服务的读者群是否知道这个词,如果知道的话,不妨简单地翻译成"伊顿公学",也不需要解释,因为大家都知道,这可是一个一般人上不起的学校。但是如果读者根本不知道这个词的意思和文化内涵,则不妨删掉"伊顿"二字,就说贵族学校。译者没有必要去求绝对准确,达到交流的目的就够好了(good enough)。可以这么说,在有些场合,达到了最低标准就已经够好了,没有必要去追求那个最高标准,因为,我们毕竟还要进行"经济核算",不能无止境地去追求完美。比如,Pym 就提出高危险(high risk)和低危险(low risk)这对概念,认为一篇文章里,有些地方事关重大,得非常谨慎,翻译时花去的时间就会较多,比如一个牵涉主体的名词;但是有些地方则没那么重要,花费的时间就可以少一些,比如一个仅起修饰作用的形容词,译者不应该均匀地分派时间。

到底是强调微观的细节,还是宏观的整体? 我们似乎可以看出一个倾向,背景是语言学的学者较容易关注细节,强调文本的准确,而以社会学为背景的学者常喜欢强调宏观的社会效应。作为一个翻译实践者,我们不需要陷入这类争论,但是却有必要知道,准确不是一个一成不变的概念,到底需要准确到什么地步,也可能因为文本、目的之不同而变化。尽管我们知道有时确实可以接受"够好了"这样的建议,但我们追求精益求精的目标不会因此降低。换句话说,"够好了"和精益求精之间并不矛盾。假如"够好了"是最低标准,而精益求精是最高标准,译者也许常常得不停地纠结,以便在两者之间寻求平衡。

过于准确的致命弱点

前面一节其实已经把翻译准确性的问题,作了四平八稳的阐述,为不同类型的翻译提供了决策的参考,原本不应该再补充什么了。确实,从实用的角度看,准确问题也只能讲到这里。但我仍感到言犹未尽,觉得一般人头脑中准确的概念仍有偏颇,特别是在当下注重细节的经济社会中,准确似乎更倒向微观的精准,而忽视了宏观的对等。但是翻译活动毕竟不是一个萝卜一个坑地去寻求两个文本间的精确对应。尽管我们在翻译逻辑性强的文本时不得不采用比较贴近原文的"精确"译法,但翻译总体的策略却不应该鼓励细节的对应。准确有时必须超越微观对等的境界。

认知隐喻的理论也支持上述观点。我们知道,认知隐喻理论的一个基本观点就是人体寓于心智,强调主观。也就是说,语言中的意义在很多情况下不是依靠客观就能锁定,还需经主观才可呈现。但主观是不确定、难把握的。即便是法律语言也未必就那么准确。美国法庭上经常说的 the whole truth and nothing but truth 也仅仅是法庭或逻辑讨论中子虚乌有的理想而已(Steiner,1992:231)。尽管语言作为正规场合的交流工具时,准确的可能性增大,但当语言被用在人文艺术或日常生活中,其不确定性就增加了。正因如此,翻译学习和教学的基本一条就是要警惕,切莫陷入过度精确的泥潭。过度的"精确",往往会使译文晦涩难懂,结果不仅丢失了准确,甚至最连起码的交流任务都不能完成。在这一点上,中国传统的翻译论述往往能给我们一些启发。这些论述大多强调在宏观上灵活对等,而不是在微观上对号入座。比如钱锺书的"化境"论,就高屋建瓴,把翻译看得非常透彻,跳脱了细微末节的羁绊,意在营造一个整体的氛围。我们需要在某些文本的翻译中,吸取这类看似比较空灵,实则相当有理的论述,为我们的翻译原则提供适当的校正,尽管我们不可能把主张宏观对等的论述作为翻译教学的基本策略。准确永远是我们追求的目标,但我们也要时刻注意,不使自己落入过于精确的泥沼。

6.4 本章内容概要

- 不是所有的隐喻都有必要在译文中反映出来的,因为隐喻的价值不同。虽然一个隐喻重要与否必须看具体的语境,但是一般来说,属于语言文化体系的隐喻相对不那么重要,而某个作者精心安排的隐喻就会有比较重的分量,需要考虑在译文中翻译出来。一般来说,文学作品中的隐喻就可能比非文学作品中的隐喻重要。

- 翻译中隐喻的取舍有必要考虑文本因素,也就是说,有些文本中的隐喻特别值得关注,如以语言取胜的文学作品,有些则不那么重要,如主要是转达信息的文本,隐喻的使用有时就是可有可无的。不是说这些隐喻完全没有价值,只是这些价值并不重要,翻译时可以忽略。
- 翻译的目的也是隐喻取舍的一个因素。翻译目的可能完全忽略语言隐喻的存在,因为只要采取不同的语言手段能达到翻译的目的,就完全可以抛弃隐喻。
- "翻译"在本章中界定为比较接近原文语言形式的翻译方法,"释义"则是直逼语义、忽略原文形式的翻译方法。较正规的文本,那些与政治原则、经济利益、思想理念密切相关的文本,翻译的时候就不宜采用过多释义的方法,相反,在非正规的语境中,就可以采用较为灵活的翻译方法。或者说,原文写作时逻辑思维严密的文本不宜过多释义,而行文多情感驱动的话,则多一点释义似乎问题不大。
- 应该准确到什么地步有时必须看语境,不是什么时候都需要在语言层上达到百分之百的准确。科学技术、政治法律等文本的准确有时需要落实到细节处,但是广告宣传、政治游说等的准确则更体现在整体效果上。有时"够好了"就行了,过于"准确"反而适得其反。

主要阅读材料

1. 有关"够好了理论"(Good enough theory)和相关的议题,可以参考 Pym 的 *Exploring Translation Theories* 中的 Purpose-based "Good Enough" Theory 一节。

思考题和练习

1. 找出一个新闻文本和一个文学文本,并分析其中隐喻的价值,注意不同类型的隐喻在不同文本中处理的异同。最后将这些隐喻翻译成中文。
2. 下面是一则广告。请先分析文本中所有的隐喻表达法,并尽可能找出隐喻背后的概念隐喻。假想一个广告的客户,并代这位客户拟定翻译的总目的和具体要求,再根据这些要求翻译这则广告:
At Glaxo Wellcome our journey of discovery is driven by the hope of those who wait. Who wait for answers and medicines yet unknown. Who wait for us.

Our quest takes us to strange and wonderful places. To the inside of a molecule. To our limits of the imagination. To the hostile realms of cancer, and respiratory disease, and HIV, and everywhere that people wait. And finally, for those who wait, it takes us to answers.

3. 在现有出版的翻译作品中找到一些可以用"够好了理论"加以解释的例子，看看到底这些例子都是出自什么文本，翻译的目的又是什么？在这些例子中是否有文学作品？什么样的文本不适合使用"够好了理论"？

4. 请从概念隐喻的角度分析 he has a twisted mind 这句话，解释 twisted 的隐喻含义，然后将句子翻译成中文。

5. 请翻译"杭州大学中文系卧虎藏龙"这句话。翻译后请对照一下电影《卧虎藏龙》的英译文，然后从文本和目的之角度解释你的译文和电影的译文。

6. 请采用较自由的解释法和较严谨的翻译法将下面这段文字译成中文，然后分析一下两个译文中隐喻的处理，再评估一下两个译文各自的优缺点：

Attitudes of this kind usually go together with a somewhat aggressive and hostile type of personality which employs sharp definition like the edge of a sword. There is a place in life for a sharp knife, but there is a still more important place for other kinds of contact with the world. Man is not to be an intellectual porcupine, meeting his environment with a surface of spikes. Man meets the world outside with a soft skin... (From *In Defense of Vagueness* by Alan Watts)

7. 请先将下面的英文翻译成中文，翻译时不要考虑任何隐喻的因素；然后找出文中的隐喻，再翻译一次，这次翻译时提高隐喻意识，但并不是见隐喻就都译过来，而是做出价值判断，进行取舍。最后对照两个译文，看看是否基本无差别，还是有差别？若有，分析两个译文差别处的优缺点：

The century and a half that followed the defeat of Persia was one of very great splendor for the Greek civilization. True that Greece was torn by a desperate struggle for ascendancy between Athens, Sparta and other states (the Peloponnesian War 431 to 404 B.C.) and that in 338 B.C. the Macedonians became virtually masters of Greece; nevertheless during this period the thought and the creative and artistic impulse of the Greeks rose to levels that made their achievement a lamp to mankind for all the rest of history. (From *The Outline of History*, by H.G Wells)

第七章 隐喻翻译实例分析(单句)

7.1 Deep 一词的分析和翻译

下面的七个例子中都有 deep 这个词。显然这个形容词的原始本意很容易理解,比如河水很深、井很深,这两个是垂直向下的深度,但也可以是横向的,如走廊很深。一般这个词不形容垂直向上的,但也不尽然,如太空深处。所有这些都是字面意义,且这个词在大多数情况下基本上有一个中文的对应词"深"。但是在实际语言中,这个词已经被隐喻化了,而且这种隐喻化并非临时的急就行为,而是词汇化了(lexicalized)。用作隐喻的 deep 和其原义并非没有关系,或者说隐喻词义不是任意形成的,而是由字面意义派生出来的,或言由字面意义诱发的。正是由于隐喻意义和字面意义有关联,所以在理解 deep 的隐喻意义时,从字面意义下手可能会对我们学外语的人有帮助,更有趣的是,在不少情况下,正是由于字面意义和隐喻意义的联系,汉语表达时也常能用"深"字表达。对于译者而言,了解这种一词多义的关系是有益的。当然,这是一个词汇化了的隐喻词,所以它并没有很大的价值,翻译表达时不必给与过多关注。下面就来看看一些具体的例子:

1. If your hair is particularly dry it will benefit from a *deep* conditioning treatment, which is left on the hair for up to 30 minutes.

这句中的 deep 并不是当作隐喻使用,而是取该词的字面意义,就是指使用护发的膏或溶液的时间较长,穿透力较好,能达到每根头发的深处,所以这里不是隐喻。就大意而言,可以把 a deep conditioning treatment 和 a deep treatment conditioner 看作是一样的,都看成是物质,也就是说 a treatment 是护发膏,就是 conditioner,所以才能 left on the hair。

在有些细节重要的文本中,也许关注上述的分析,在翻译时反映出分析的结果是重要的,比如你只有将 treatment 翻译成护发膏之类的物质,才能和下面那句接起来,才能让护发膏留在头上 30 分钟。如果不是物质,就不能让护发膏留在头上。因此这句的语境就特别重要。如果说这句是摘自一篇如何具体使用护发膏的介绍性文章,则保持上述细节就有必要。但是如果是广告的一部分,那么完全可以放弃细节,如下面两个译文:

第七章 隐喻翻译实例分析（单句）

深层滋养护发素、深层滋润护发乳

2. They have sunk *deep* into corruption, as in the days of Gibeah.【NIV】
They have *deeply* corrupted themselves, as in the days of Gibeah.【KJV】
They have sinned *deeply*, as in the days of Gabaa.【Douay-Rheims Bible】
People have *deeply corrupted* themselves as they once did at Gibeah.【GOD'S WORD】
Hosea 何西阿书 09

上面是从《圣经》中选来的句子，我们可以看到，几个不同的版本中 deep 的词性不同，如第一句中是形容词，第二、三、四句中是副词，而且与之搭配的有 sunk，有 corrupted，有 sinned。但四句都使用了 deep。但第一句是用 sunk 和 deep 搭配，这两个词都是隐喻，诱发动词 sunk 的种属概念隐喻是 LOW IS BAD，类属概念隐喻可以说是 CORRUPTION IS LOW-LYING MATERIAL，而后面又接了一个由介词体现的容器隐喻（into corruption），deep 在这句中所表示的是在三维空间这个容器中下沉的深度。尽管第二、三、四译文中没有容器隐喻思维，但是 deep 一词的使用迫使我们启用隐喻思维，仍然会形成 sunk 的图像，因为我们很难把罪恶、腐败概念与方位向上或横向的隐喻思维相联接。所以可以说，向下沉沦是四个不同译文的主要隐喻思维。

这些细节在一般日常生活，如新闻报道等文本中，不必花费精力去分辨。但《圣经》的情况不同，这本书常被认为有文学价值，是权威文本，所以说，这句的翻译就有必要推敲。我们来看下面几个中文的译文：

【和合本】以法莲深深的败坏，如在基比亚的日子一样。
【吕振中】以法莲深深败坏、像在基比亚的日子一样；
【思高本】他们穷凶已到了极点，就如在基贝亚的时日一样；
【现代本】这些人罪恶滔天，就像他们从前在基比亚时一样。

我们看到，第一个和第二个译文使用了"深深"，但是与"败坏"并非很好的搭配。译者是因为有了 deep 这个词，才用了"深深"，其实也就是"非常败坏"的意思。三和四句则连"深深"也没有了，译者使用了强调程度的"到了极点"、"滔天"。四个译文都没有下沉或低下这个与所言内容（罪恶或腐败）在认知层上相一致的概念。所以在这样一个非常重要的文本中，注意到这个认知的细节应该是有必要的，如译成"腐败沉沦到了极点"、"深深地陷入腐败之中"等都要比上面的译文好些。

3. They have been talking a lot of *deep stuff* about sociology.

本句中的 deep 显然是隐喻，句子的意思我们也许一下子就明白了，但具体的隐喻思维却未必马上就能说出来。其实，诱发 deep 这个词的概念隐喻是 SERIOUSNESS IS DEPTH，其他可以被它诱发的词还有 shallow（talk）。也就是说，deep 的东西不停留在表面，而是进入深层。那么既然提到表面，就说明有深层的东西。鉴于表面能看到的东西总是比较容易理解，而深层看不到的东西常难理解，所以 This is all getting too deep for me 就是说"这对我来说太难了点"，John is a deep person 表示此人思想严肃且复杂，深不可测，不是看一下就能明白的，在某些语境中类似"城府深"，但这个词一般没有明显的负面含义。

有趣的是，deep 这个词在翻译的时候常常能保持原样，如"这人太深了""这对我来说太（艰）深了""深度分析"，比如本句也可以翻译成"他们一直在讨论社会学方面的深刻议题"。这是因为，deep 是由基本概念隐喻诱发的，跨语言的障碍不大，但也是因为由基本隐喻诱发，属于语言体系，不是个体的创造，所以也没有多大意义，能在译文中保留的话，当然也好，但如果汉语中保留不便，放弃也根本没有问题。当然我们也必须指出，一般译者不会从隐喻的角度把 deep 突现出来，但是当翻译中感觉难处理时，不妨从这个角度细考一下，也许译者能获得一些启发。

4. He eventually *fell into a deep sleep*.

本句中有数个概念隐喻重叠在一起，比如 fell 这个词背后的隐喻思维是 CONSCIOUSNESS IS HIGH；UNCONSCIOUSNESS IS LOW（我们 wake up, fall asleep），介词 into 表示这里有个容器隐喻，而 fell 的使用表示这个容器是垂直的。另外 fell into sleep 还有物体无阻力下垂的含义（gravity）。Deep 在这个语境中也是隐喻，其背后的概念隐喻是 INTENSITY IS DEPTH，也就是说，睡得越熟就越深，相反是 light nap。和 into deep sleep 相似的是 in deep trouble。这里的介词 In 也同样表示三维空间，而 deep 在这里也是隐喻，诱发 deep 的概念隐喻也是 INTENSITY IS DEPTH，麻烦越大，在 trouble 这个容器中就陷得越深。尽管这个短语中并没有像 fall 这样表示物体下降的词，但是 trouble 本身负面的性质决定了这个三维空间是垂直的（GOOD IS UP；BAD IS DOWN），deep 是从表面向纵深发展，不是横向，更不是向上的。

那么这样的句子我们会怎么翻译呢？估计大家都会说，这么简单的一个句子，高中生都会翻译。确实，我们也许就可以翻译成"他最后睡得很熟"。但是我们发现，这样的翻译方法并没有将 fell 这个动作表达出来。严格地说，这个译法和原文是不完全一样的。但是，我们也许不会译成"他最终陷入在深睡之中"，尽管这是更接近原文的译法。这个例子说明，我们并不是任何时候都去追求百分之百的准确，比如像这句,中文表达要求我们放弃那个最接近原文的译法。不过,这并不是说我们不能那么翻译,比如这句若是很注重形式的文学作品中的一句话,类似于上面几乎面面俱到的译法就可以被接受。

5. They were *deep in a conversation* about American social problems.
   They are having *a deep conversation*.

这两句中的 deep 都是隐喻,所依赖的是深浅、高低、实物等最常见的人体经验,因此跨文化过程中不太会遇到理解的障碍,表达时也有可能和中文契合。但从认知隐喻角度理解这两个句子,却能形成一个可"心视"的图像,可以帮助译者理解,更准确地在译文中表达。首先第一句的隐喻思维所依赖的概念隐喻是 CONVERSATION IS A JOURNEY,而 deep 这个词在这个旅程中参照的是到达目的地的距离,过程中从开始到终点的某一点。假如谈话是一个旅程,deep 所表达的是已经走了好长一段路了,这个 deep 和 deep in the wood 是相同的。相反诱发第二句中 deep conversation 的概念隐喻不是旅程,而是 CONVERSATION IS AN OBJECT,就像你有一台电脑一样,你也有一个 deep conversation。这句说明交谈本身的性质是深刻的,不是讨论油盐酱醋之类问题的交谈,也许是关于人生目的、经济前景或其他有一定深度的交谈,所以这里 deep 背后的概念隐喻是 SERIOUSNESS IS DEPTH,也就是说这句的隐喻结构是由两个基本的概念隐喻构成。第二句并不一定表示谈话者已经谈了很长时间,他们可以在一个 deep conversation 的任何阶段,刚开始,在中间,或者快谈好了,都有可能。

从翻译的角度看,这样的隐喻没有任何价值,因为它们是以人体基本感知或意象图式为基础的隐喻,不是写作者创造的隐喻,翻译时不必给与特殊"照顾"。但恰恰是由于这类隐喻基于感知或意象图示,所以跨文化的理解没有问题,有时表达起来也能在两个语言间畅通无阻。比如英文的 deep 在中文里经常可以用"深"来表达。比如第一句可翻译成"他们深入地谈论美国的社会问题",而第二句则可以翻译成"他们在进行一次有深度的谈话"。

6. The crowd sang Flower Of Scotland *deep into the final quarter of the match*.

在这句中的 deep 和前面的 deep in a conversation 有相似之处,其背后的概念隐喻是 AN ACTIVITY IS A JOURNEY。斜线部分基本可以用 towards the end of the match 解释。正如前面讲过的一样,这个隐喻不是写作者的创意,是基于意象图示类的概念隐喻的语言表达法,并没有什么意义,翻译的时候完全不必特殊"照顾"。我们前面确实也说过,即便是这类无意义的隐喻,如果能顺手牵羊译成中文,我们也并不反对将隐喻还原成隐喻,至少也可以是一个选择。换句话说,这种情况下,隐喻到底要不要还原成隐喻,可由译者见机行事。但是,如果保留隐喻会造成中文行文的不便,使译文生硬,那么译者就可以毫不犹豫地放弃隐喻思路,如"人群高唱着《苏格兰之花》,深入比赛的最后一场"就会感到有些怪异。此时完全可以译成"人们在比赛快进入最后一场时唱起了《苏格兰之花》",deep 一词的意思可以糅合在整句中。这种情况下,即便和原文有些细微的差别,也仍然属于在可接受的范围内。很多有 deep into 的句子,不管前面是系动词还是实意动词,其思维概念的基础都是 JOURNEY METAPHOR,比如 Egypt's angry soccer fans are deep into politics 中的概念隐喻是 POLITICS IS A JOURNEY,而 The book delves deep into complex man's life 背后的概念隐喻是 LIFE IS A JOURNEY。

7. The consensus was shattered by the rise of a strong and widespread anti-war movement and the appearance of deep divisions in American society.

本句中的 deep 和 divisions 紧密相连、互为依存。首先须说清楚 divisions,因为 deep 是依附于前者的。这里的 divisions 是在讲观念和意见的分歧,就像是一块木板可以用刀劈开,人们的意见也可以分开。所以诱发 divisions 的概念隐喻就是 AGREEMENT IS PROXIMITY。换句话说,opinion is a solid,而 divided opinion is a wedged solid。而 deep 是用来说表示程度的,一般的、无关痛痒的分歧不是 deep divisions,但是严重的分歧就是深的分歧了,所以诱发 deep 的概念隐喻还是 SERIOUSNESS IS DEPTH。此外还有其他几个隐喻,如 shattered 是说 consensus 的,后者也是一种意见或观点,而 shattered 是针对实物而言,所以诱发它的隐喻图式和上面的很接近,一个是固体被分开,一个是固体被打成碎片。另外 rise 也只能从隐喻角度来解释,背后的概念隐喻是 EXISTENCE IS HIGH,说明 movement 的存在。若进一步分析,strong 也提示 MOVEMENT IS A FORCE。但是所有这些隐喻都是属于语言体系内的或称词汇化的隐喻(lexicalized),因此对于译者来说,在理解原文阶段可能有潜在的意义,但在表达阶段都没有很大意义。也就是说,译者在表达时可以根据译入语的要求自由处理。本句的翻译就不必在乎这些很难被人察觉的隐喻,如可以翻译成"由于出现了广泛强烈的反战运动,加之美国社会也出现了很深的分歧,原来的共识不复存在了"。这里译者仍然顺手牵羊地将 deep 保留在译文中。但是除掉隐喻,换成"严重的分歧"完全可以。相反,"共识被打碎"的说法在中文里却很难接受,若是文学作品,似乎可以考虑,但鉴于此为非文学作品,所以仍以不用为卜策。此处 shattered 一词译成"荡然无存"倒很好,"荡"与 shattered 的概念隐喻基础虽不同,但异曲同工。

7.2 意象图式隐喻的分析与翻译

本节选用的大都是单句,讨论的目标是已经被语言体系接受的隐喻,它们大都是以人的感知、意象图式、常见现象为基础的隐喻。但是由于隐喻的使用并无特定的模式,所以句中也会夹杂一些未被语言体系接受的,具有鲜明意象的隐喻,对于这些隐喻,也将酌情讨论。

1. A husband who *stands by* his wife while she *climbs the corporate ladder* is dutifully dubbed "supportive". But when she *jumps out of marriage* she remembers him as the *ball and chain* rather than the *helium* of her *ascent*. (from The Boston Globe)

这么短短一句中隐喻说法已经接二连三,斜体部分都只能从隐喻的角度解释才合理。比如 stand by 的含义主要是支持,背后的概念隐喻是 TO STAND BY IS TO SUPPORT,这点很好理解,在汉语中能唤起类似的解释,汉语中目前也接受站在旁边表示支持的意思,如选举文化中的为某个候选人"站台"。但 stand by 同时也有 EQUALITY 这个隐喻的意思,因为 stand by 一般是以平等身份出现的,如一位政治家出了丑闻,不得不到新闻记者前承认错误,此时西方社会的习惯是妻子也跟着出来,站在丈夫身旁,以示支持。另外 climbs the corporate ladder 也是隐喻,且是一个意象强烈的隐喻,背后的思维基础是 GAINING POWER IS RISING,但是在这个简单的隐喻基础上,还有一个附加的隐喻,即 LADDER 隐喻,暗示这个向上的过程是有阶段的,你得一个阶段一个阶段来,当了部门经理当副总经理,再想总经理的位置,所以就隐含费力的意思,因为有竞争对手,这就和后面的 ascent 不同,后者没有强调阶段、吃力、竞争,因为这里强调的是一步到位的结果,而不是阶梯隐喻强调的过程。另外 jumps out of marriage 也是隐喻,诱发这个隐喻的概念是 SOCIAL BONDAGE IS CONTAINER,而 ball and chain 也是隐喻,其概念基础是 CONTROLLING IS HOLDING DOWN,这样才能和后面的 helium of her ascent 这个隐喻形成反力,helium 一词引出气球的意象,这种气体非常轻,能把人向上拉(ascent),但是 ball and chain 却会把你拉下来。我们可以看到,所有这些隐喻思维,都是以人的直接感知或常见的现象为基础,所以不构成理解上的障碍,甚至有些还可以在表达时沿用原文思路,如汉语同样用"爬"(向上爬),有些则需要解释隐喻的意思,如将 stand by 译成支持,有些直译不是最佳选择,如"跳出婚姻",但可以变换隐喻,如"摆脱婚姻";有人用

"跳出婚姻的牢房""摆脱婚姻的枷锁",似乎都不很好,因为原文此处是作者的说法,不是女性的态度,所以应该是中性的,没有明显的贬义。最后部分的隐喻具有强烈的意象,在这样的非文学文本中没有保留隐喻的必要,所以假如原文隐喻不符合中文行文习惯,则可放弃,比如 ball and chain 译成"牵累和桎梏",而 helium of her ascent 则可译成"升迁的助力"。这种释义式的翻译最好不要用过多文字,简单明了,点到为止,过度的添加和发挥不见得就是最佳译法,如"不是她青云直上的推助力量"中的"青云直上"就可能会有不同看法,有人会认为这种添加没有必要。这句若译成"妻子在公司里拼事业,丈夫支持妻子,妻子也觉得丈夫很'给力'。但是当妻子脱离婚姻时,她只会记得丈夫是牵累和桎梏,而不是她升迁的助力",就是将 stand by 仅当支持解释,但如果译成"妻子在公司里拼事业,丈夫也与她肩并肩,丈夫就会因此得个'辅佐有功'的美名。但是当妻子脱离婚姻时,她只会记得丈夫是牵累和桎梏,而不是她升迁的助力",则是将平等这层隐喻的意思也添加进去了,因为"肩并肩"既有平等又有支持的意思。

2. Do marriages really *crumble under the weight* of a child with special needs?(non-literary)

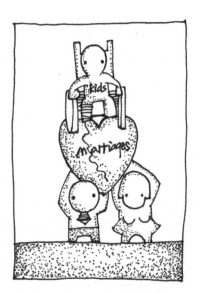

Do marriages really crumble under the weight of a child with special needs?

这句中主要的隐喻词就 crumble,而其背后的概念隐喻是 RELATIONSHIP IS BUILDING,在斜体中的 weight 也是隐喻,其背后的概念隐喻是 RESPONSIBILITY IS WEIGHT,

但是这两个隐喻都是依靠人的基本隐喻思维组合而成的,换句话说,这种思维和由这种思维诱发的语言隐喻都是语言体系已经接受了的,而且正是由于他们都基于比较简单的概念隐喻,所以不会有文化差异,跨文化理解时也没有困难,比如这句完全可按照原文的隐喻思路翻译,读者未必就不能理解(家里有个有特殊需求的儿童的重负,婚姻就真的会坍塌吗?)。但是可以理解却未必是最好的译法,"坍塌"就显得不自然,不过我们仍然可以将"坍塌"换成"垮掉"保留这个隐喻。以人体直接感知或意象图式为基础的隐喻在译文中保留下来的可能性其实相当大。问题是,即便可保留,译者有必要保留吗?我们前面讲过,看一个隐喻是否需要保留主要应看它的价值,而价值主要是看该隐喻是否是作者刻意所为,还是仅是从语言体系中信手拈来的。如是前者,译者就有必要给与关注,但仍然需要通过目的语是否能接受这个考验。本句中的隐喻显然都不是作者刻意所为,仅仅是语言体系中的常见说法,所以没有什么价值,译者刻意去保留"坍塌"就是没有必要的,完全可以用一个更能在汉语中接受的动词,如"家里有个有特殊需求的儿童的重负婚姻就真的维持不下去了吗?"当然这个词毕竟和建筑倒塌的意象有关,所以到底怎么翻译仍然要看语境,如 He crumbled under deadline pressure 译成"他被截止期限的压力压垮了",就保留了隐喻。翻译不能硬套规律,译者还得见机行事。

3. "The process of making a *big*, *hard* decision can involve lots of teeth-gnashing, gazing off into space, fear of regret and *visions of* the worst case scenario."

本句中的隐喻都是基于人最直接的经验,所以均不引人注目,传统隐喻理论不认为这些是隐喻。但是这些隐喻对翻译有时也有意义。首先 big 一词就是隐喻,其概念隐喻的基础是 BIG IS IMPORTANT,中文也有相同的概念隐喻,不构成理解上的障碍,如"小庙容不下大和尚",所以在翻译表达时也常可以从汉语"大"的思路选词,如此处的"做大的决定"、"做重大决定",另外将 she makes such a big thing of tea making 翻译成"她把沏茶当成大事来对待"。但有时用汉语的"大"字翻译不合适,如 your help is a big deal 中的 big 就很难翻译成"大",而应译成"重要"(举足轻重)或 These players have been preparing since last year for the big occasion 中的 big occasion 译成"重要的时刻"。不过很多情况下,似乎保留不保留"大"无重大差别,仅仅是一种随意的选择,如 This is big news 既可译成"这是大新闻",也可译成"这是重要新闻"。另外,hard 这个词也是隐喻,其背后的概念隐喻是 DIFFICULTY IS HARDNESS,这和物体坚硬的程度有关,所以理解上没有跨文化的障碍,但翻译时却未必能按原文的思路处理,如本句就不宜用"硬",而应译成"困难的决定"。

此外,还有几个非常形象的动作也带有隐喻意义,如 teeth-gnashing 一般有气愤不快等意思,gazing off into space 表示深思想象。另还有一个隐喻是 visions,背后的概念隐喻是 KNOWING IS SEEING,就是说,knowing 这个概念较抽象,所以就用 seeing 来表示,比如这里的 visions 就是表示 knowing (the worst case scenario) ahead of time。根据这样的理解,我们可以将本句翻译成"做一个艰难的、重大的决定免不了烦躁不安、深思熟虑、总怕做错决定,事先把最糟的局面想了又想",但如用"咬紧牙关、仰望天空"翻译 teeth-gnashing 和 gazing off into space 给读者的解释空间更大,因为到底 gazing off 这个动作的确切含义很难精确锁定。这一点初学翻译的人应该考虑到。另外 fear of regret 也可以用完全不同的汉语隐喻代替,如"如履薄冰"。

  4. In elective monarchies, the vacancy of the throne is a moment *big with danger and mischief*.

本句中的 big 当然也是隐喻,但是这个 big 和前句中的不同。诱发本句中 big 的不是 BIG IS IMPORTANT,而是 BIG IS MORE,也就是说,在本句中 big with danger 的意思是有很多危险的意思,还有其他靠这个隐喻思维诱发的语言隐喻,如 the project would cost big money。本句有人译成"在实行选举的君主国中,帝位的空缺是充满危险与祸害的时刻",隐喻 big with 用"充满"表达,基本和 BIG IS MORE 的意思相符。下面的译文更灵活,但仍然和这个概念隐喻相符"实行选举的君主国中,帝位一旦出缺就危机四伏,祸患滋生",译文中的"四伏""滋生"都反映了 BIG IS MORE 所承载的意思。总结 big 作为隐喻的用法,可以说 BIG IS IMPORTANT 最常见,而 BIG IS MORE 次之。

  5. This is a person of *surpassing integrity*; a man of the utmost sincerity; somewhat *larger than life* (Joyce Carol Oates).

这句选自非文学语境,第一个隐喻词是 surpassing integrity,其中的主要隐喻是 MORAL CHARACTER IS LINEAR COMPARISON,而 surpassing 是一个衡量长度的词,其概念基础则是 MORE IS LONGER。这是一个基于意象图式的隐喻,所以无特殊意义,翻译时仅需翻译词义,无须顾及隐喻。本句中的第二个隐喻是 larger than life,诱发 larger 的隐喻思维是 MORE IS BIG,这是一个英文中常用的短语,所以属于英文的语言体系,没有特殊意义。其实 larger than life 的意思就是说某人具有一定的魅力光环,但在实际生活中却并不是如此,或胜过常人,如 He may not live like a rock star, but in the eyes of his fans he's larger than life。所以本句似可译成"这个人非常正直，绝对诚实，且魅力四射、与众不同"。

6. Most people live and work as they do because the resources of their part of the country have *opened* certain opportunities and *closed* others.

本句中的 open 和 closed 都是基于概念隐喻 OPPORTUNITY IS OPENING，也就是英文中常说的 open the door(A degree from Harvard opened the door for him to enter the company)。这个隐喻所依赖的概念在中文思维里并不陌生，因为开门让人进去，关门把人堵在外面这一现象没有文化差异，所以这个隐喻在中文里的理解没有问题。就表达来说，完全直接照原文的词翻译可能会有搭配的问题，比如"打开了机会"就不是正常的搭配。但是译者仍可按原文隐喻的思路行文，但略作变换，加上"门"字，如译成"大多数人之所以像目前这样生活和工作，是因为他们生活的那个地方为他们打开了某些机会之门，但却关闭了其他的"。这样的中文也许仍然比较牵强，所以更符合汉语习惯的做法是放弃隐喻，如"大多数人之所以像目前这样生活和工作，是因为他们生活的那个地方的资源，为他们提供了某些机会，而没让他们向其它方面发展"。这个译文放弃了 open 这个隐喻的核心意象，而改用"提供"，而且在后半部分加上了"向其他方向发展"，完全背离了原文的隐喻。这类隐喻没有任何意义，译者不必刻意去保留，顺手放到中文里若很顺畅，就保留下来，否则就放弃。把原文的意思用自己的话说出来就行了。

7. *Weaving together* stories of his own nautical adventures *with long-lost* tales of historical adventurers, Dallas Murphy creates a beautifully crafted, immensely enjoyable read.

本句中的隐喻是 Weaving together，其背后的概念隐喻是 CREATING TEXT IS MAKING CLOTH，作者把故事当成了纺织品。这样的比喻虽然并非人们语言交流频繁依靠的隐喻，但在中文里也并不陌生，我们也经常说，编一个故事，所以这个隐喻在英汉语言中不谋而合，中文理解也没有问题，表达亦可借鉴。其他还有两个不会引起注意的隐喻，一个是 long-lost，其隐喻概念的基础是 NOT KNOWING IS INVISIBLE。有人将这个短语翻译成"早已失去的"，但最好添加"忘却"这个词更清楚。下面是三个学生的译文：

1. 达拉斯·莫菲将自身的冒险与许多失传许久的历史冒险传说编织成一趟布局精密、精彩万分的阅读之旅。
2. 莫菲把个人的航海惊险故事与久已失传的古代探险家的传说编织在一起，创作出一部美妙绝伦的、赏心悦目的读物。

3. 莫菲写他自己航海冒险的经历，却不忘穿插早被人遗忘的航海传奇，呈现给读者的是一本构思精美的作品，读这样的书定是莫大的享受。

三个译文中前两个都是用了"编织"，是顺着原文的隐喻思维翻译的。第三个译文表面上背离了原文的隐喻，但是"穿插"一词与原文隐喻思维似乎仍有联系。这说明 weave 一词的隐喻用法在中文里很容易被接受。另外，long lost 在前两个译文中译法相同（失传许久），译文三添加了隐喻背后的意思（遗忘），但这些都没有什么大区别。最后，第三个译文在组句的方法上，和前两个完全不同，摆脱了原文的句子结构，释义的成分非常大，但大意却和原文貌离神合。这类译法不应该作为翻译的常规译法，换句话说，如此大结构变动的译法一般不适合用在较为正规的文本中，但也不应该排除这种译法，广告宣传类文本的目的旨在渲染造势，如果译文三的自由译法能帮助译者达到目的，当然就可以使用了。

8. At Glaxo Wellcome *our journey of discovery* is *driven by* the hope of patients.

在本句中一眼就能看出的隐喻是 journey of discovery，诱发这个隐喻的概念是广泛使用的 JOURNEY 隐喻，最常用的是 LIFE IS A JOURNEY，但是可以用 JOURNEY 的地方太多了，如也可以说 LOVE IS A JOURNEY，LEARNING IS A JOURNEY 等，只要你想到一个事件能和 journey 联系起来的，你都可以启动这个隐喻思维，如你可以说 A DISEASE IS A JOURNEY。一般情况下，概念隐喻本身被人启用的越频繁，越容易被人接受，比如 LIFE IS A JOURNEY 就是一个非常普通的概念隐喻。但是鉴于 JOURNEY 隐喻本身十分常见，所以这个隐喻思维激发的隐喻一般都不难理解。在本句中作者把科学发现比成 journey，在理解上中文毫无问题。此外，与这个隐喻相连的是 driven，后者也是隐喻，其隐喻基础是 CAUSE IS FORCE。这个 FORCE 隐喻概念也非常普通多见。在一般情况下，上面的句子可以翻译成"在葛兰素威康，我们发现的旅程是由病人的希望驱动的"。若是在一般信息类的文本中，这样处理应该完全可以，但这样的文本中隐喻无须保留，上述译文保留也主要是因为保留译文并不影响中文的表达。假如翻译目的需要，如在广告类文本的翻译中，更为自由的译法也可以接受，比如"在葛兰素威康，我们探索发明的源泉是病人的期望"，"在葛兰素威康，我们为了病人不懈探索，挑战顽疾，研制新药"。前一个例子将动力换成了源泉，也没有了"旅程"，后一个例子则完全排除了原文的隐喻基础，重写了原来的句子，这种大幅度的释义，在一定翻译目的的驱使下也是可以考虑的。

9. Commuters *give* the city its tidal restlessness; natives *give* it solidity

第七章
隐喻翻译实例分析（单句）

and continuity; but the settlers *give* it passion.

就字面意义说，我可以给你一本书，但没有办法给热情，因此这句里的 give 不可能是字面意义上的"给"，所以这句中的三个 give 只能从隐喻的角度解释才能成立，也就是说，通勤者给城市的是一种状态，如 passion 就是抽象的精神状态，其概念隐喻的基础可以说是 EMOTIONAL STATE IS ENTITY。但是这个动词的隐喻含义完全融入了语言体系，英文和中文皆然，汉语读者没有任何理解问题，表达有时也可用同样的词，因此对译者来说意义不大。但在具体翻译时，也会出现一些值得考虑的问题，看下面三个译文：

1. 正是因为有了上班族，这个城市才如潮涨潮落永不停息，正是有了当地人，这个城市方能保固本色，代代相传，但使纽约充满激情的却是外来定居的人。
2. 上班族给这个城市带来了潮汐般的骚动，当地人确保了城市的稳固和发展，但外地来的人赋予了这座城市热情。
3. 通勤者给予了这座城市潮汐般的躁动；当地人给予了它稳固和延续性；而在此扎根落户的外乡人则给予了它激情。

这三个句子处理 give 的方法均不同，第一个完全放弃了 give，可以说是释义的典范（正是因为、正是、使），意思和原文基本一样。译文二仅在最后一个地方保留了原文的隐喻思维（赋予），其他地方则作了变换（带来、确保、赋予），但意思和原文也大致相同。唯有第三个完全保留了原文的隐喻思路，三个地方都用了"给予"。我们怎么看待这三个译文呢？首先，我们需要肯定译文一和译文二跳脱原文的处理方法，因为 give 这个词毫无特殊意义，灵活处理的空间非常大。但是，我们也必须看到，脱离原文总有偏离原文的潜在危险，如"当地人确保了城市的稳固和发展"是否能完全和原文的 give 一样，就很难说。加之，同一个动词换成三个不同的动词表达，是否会失去原文在修辞上的力度，这也是值得考虑的。尽管译文一灵活处理的方法在翻译中很值得鼓励，但至少在本例中显得有些舍近求远，译文三不舍近求远，就用原文的表达法，不作任何变化，在此例中其实很好。本例的教训是，偏离原文总会有偏离原文意思的危险，但我们有时不得不偏离，要看我们什么时候愿意付出这个代价，特别是有些代价实在微乎其微，不放弃反倒不合适。最后，本句中其他词也有隐喻意思，如 tidal 表示城市的活动像海潮（ACTIVITY IS LIQUID），而 solidity 表示稳固（RELIABILITY IS FIRMNESS），continuity 表示连续性（TO CONTINUE IS TO GO ON），而 passion 一词的使用说明是把城市当成了人（CITY IS A PERSON）。这些都不是明显的隐喻，大都潜移默化地融化在语言文化体系中，中英皆然。

10. There is almost *no end* to the things men have done to make their land productive. *The raw material with which they work* is their geography: the natural features of the area and the distribution of life within it.

本句中的 no end 显然是隐喻,诱发它的概念隐喻是 ACTIVITY IS PATH,这是一个以意象图式为基础的语言隐喻,虽没有 LIFE IS A JOURNEY 这个概念隐喻常见,但隐喻的思路是一样的。正是由于这是一个常见概念隐喻,所以它已经完全被语言体系接受,彻底词汇化了。由于意象图式有超越文化的特点,所以这个隐喻和中文的思维也不谋而合,中文表达也可启用同样的思维,如"无尽头""无止境"等。另外本段中的 The raw material with which they work 其实也有隐喻的成分隐藏在里面。介词 with 的字面意思原本往往与工具有关,比如 Writers work with a pen。当我们把自然资源当成使用对象时,它和使用者的关系就带有一定的隐喻成分。其实这里的 with 可以和这段下面几行的另外一句相呼应:What people do with their geography is an exciting tale。尽管动词不同,介词 with 表达的是完全一样的意思,也就是说,土地解释成材料要比解释成工具更恰当,大地之于人类就像黏土之于雕塑家,核心意思是"利用"。因此本句可以考虑用下面的译法"人类总是漫无止境地设法使土地增产。他们工作中利用的原料是他们的地理条件:一个地区的自然特征和生物的分布情况"。

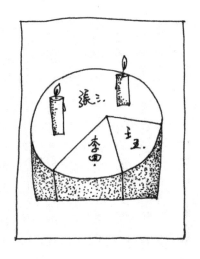

Has she had her share of human tribulations and trials enough that now they would entitle her to long overdue dignified liberty?

11. Has she had her share of human tribulations and trials enough that now they would entitle her to long overdue dignified liberty?

本句中的隐喻思维很丰富,比如 has had 这个动词就说明后面的 tribulations and trials 是物质一样可以拥有,就像你说"我有两斤葡萄"一样,我们可以说"我有艰辛和磨难",其背后的概念隐喻是 HARDSHIP IS SUBSTANCE;另外与之相连的enough 也是由同一个隐喻思维支撑(enough tribulations and trials 和 enough water)。上面说的隐喻太不引人注意,因为 HARDSHIP IS SUBSTANCE 在英语中已经完全融入语言体系，根本没有特殊意义；甚至在汉语中也不是很难理解，如我们说"我有艰辛困苦"就不见得不可以理解，只是并非一般常见说法而已。不过本句中 share 这个词的隐喻基础却要比 HARDSHIP IS SUBSTANCE 更有意义。这个词除了把 tribulations and trials 当成物质外，还引进义务（或权利）与份额的思维概念，就像一个蛋糕应分成几份与别人分享（权利）一样，这里的 tribulations and trials 也应与人分享或分担（义务），其背后的概念隐喻是 HARDSHIP IS SHARED RESPONSIBILITY，而 shared 这个词又是基于"整体—部分"（PART-WHOLE）这个隐喻图式。翻译时若忽视了这个概念，译文就会和原文有些出入，比如若翻译成"她是否已经承受了足够的艰辛和磨难，而应该获得早该给她的自由与尊严"，虽然基本表达了原文的意思，在某些场合下完全可以接受，但是它毕竟和原文的句子有细微的差别，更接近原文的译文应该是"人类的艰辛与磨难，她该承受的那份是否已经足够，是否应该还她早该给她的自由与尊严？"。到底是不是要将这个 SHARED RESPONSIBILITY 的隐喻概念翻译出来，就需要看文本外的因素决定。但作为第一步，一个合格的译者至少应该注意到这个概念隐喻，而用具体的、"可视的"蛋糕概念来理解抽象的责任或义务概念，往往能使译者更清晰地看准原文，使译文更精准。

7.3 强烈意象隐喻的分析与翻译

本节选用的大都是单句，讨论的目标是有鲜明意象的隐喻（image metaphor）。但是由于隐喻无处不在，所以句中也可能夹杂属于语言体系的、以感知和意象图式为基础的隐喻，对于这些隐喻，也将酌情讨论。

1. There seems but little *soil in his heart* for the support of the kindly virtues.

本句选自华盛顿·欧文的一篇讲演（*Traits of Indian Character*），是出自著名文学家之手，有一些文学色彩。Soil for the support of virtues 显然是一个隐喻表达法，其背后的概念隐喻是 ADMIRABLE QUALITY IS PLANT，说得更具体些是 VIRTUE IS PLANT。这样的隐喻思维并不算奇特，因为别人也有把心和土壤联系起来的说法，如 The soil of a man's heart is stonier—a man grows what he can, and tends it (Stephen King)。但这不是一个依靠意象图式概念隐喻激发出来的隐喻，而是依靠鲜明意象诱发的隐喻。不过汉语对于 ADMIRABLE QUALITY IS PLANT 这个概念隐喻已经相当熟悉，不仅完全可以接受，甚至刻意避免都很困难，比如本句的大意就是"没有促成仁慈美德产生的基础"，但是大多数译者都会在看到这句话后沿着原文的思路行文，使用"土壤"一词。这种情况下，即便不是文学文本，译者也会保留隐喻,比如翻译成"在他的心中似乎没有培育出仁慈美德的土壤"。

2. The juror offered wise and soothing counsel to a city whose citizens sometimes seem determined to keep *throwing gas on the fires lit by the murder and subsequent acquittal*. (From *The New York Times*)

本句是描写美国一个城市种族纷争的。一件凶杀案中的主犯被判无罪,燃起民众情绪激动,所以斜体的隐喻基础是 EXCITEMENT IS HEAT。这是一个以火和汽油为媒介的隐喻,而这一隐喻的基础是无文化差异的自然现象,将汽油浇在火上的反应在任何地方都是一样的。这就说明,这个隐喻在英汉之间转换没有大困难,直接翻译到中文完全可以,比如译成"尽管面对凶杀案和随后的无罪判决人们怒气冲天,而且市民似乎也决心要往火上加油,但这位陪审员给这个城市的忠告却充满智慧,也让人安慰"。这个"火上加油"的隐喻虽然不是以图式概念为基础的隐喻,但是已深深地扎根在英文和中文里,因为唤起这个隐喻的基础是科学物理原则。这个隐喻想避免都困难。

3. But it is impossible to *shield an entire museum from terrorism*, especially *one knitted into the fabric of* a crowded city.

本句中至少有两个隐喻,第一个 shield from 的概念隐喻是 VIGILANCE IS SHIELD,这是一个依靠实物(盾牌)为思维基础的语言隐喻,而盾牌的保护原理文化差异不大,所以中文理解无大问题。但是翻译时却未必要保留盾的意象。即便是文学语境也未必需要照顾这个隐喻,因为 shield 一词当动词用时,隐喻的力度已经非常低(参考词性转换一节),没有必要保留,更何况此句选自非文学文本,译成"让整个博物馆免遭恐怖活动的攻击"基本达意。第二个隐喻是 knitted into the fabric of,这个隐喻是把城市当成了材料,其隐喻思维是 SOCIETY IS MATERIAL,在这样的隐喻思维里,fabric of the city 基本就是 structure of a city 的意思,而动词 knitted into 暗示结构错综复杂,类似的动词也经常提示这种错综的关系,就像编织毛衣时线头错综复杂一样,比如 weave a plot into a story 就暗示故事情节不简单。但是作为译者来说,我们需要知道,到底这些隐喻是否为作者苦思创作的结果,还是已进入语言体系,被大众采用。本句中这些隐喻虽然不是最常见的说法,但也不是作者巧思的成果,有些词实际已经词汇化,如 fabric 的隐喻意思已经收入辞典。加之这又是一个从非文学文本中摘来的句子,所以翻译的原则应该是尽可能自然,不受文字的牵绊,如翻译成"但是想让整个博物馆免遭恐怖活动的攻击是不可能的,特别是博物馆坐落在一个人口众多、结构复杂的城市里"。

第七章
隐喻翻译实例分析（单句）

4. With *clouds all around him*, Yitzhak Shamir *plucked the thread of a silver lining out of* the morning headlines. (From *The New York Times*)

本句选自《纽约时报》，是非文学语境。句中的主要隐喻不是由意象图式唤起的，而是基于一个常见的成语 Every cloud has a silver lining，前半句有 clouds，后半句有 silver lining。一般 cloud 有负面的意思，它背后的概念隐喻 PESSIMISM IS CLOUD 在中文里也能唤起相近的感受，无文化差异。此处的 cloud 也暗示困境。当时这位以色列总理正处于内外交困的境地，国际上以色列和美国的关系出现问题，国内自己的外长威胁辞职，所以这里 cloud 的概念隐喻也是 PESSIMISM IS CLOUD，或者更具体地说 BAD SITUATION IS CLOUD。但后半句比较复杂，它既有与前半句遥相呼应的 silver lining（希望），也有一个以意象图式为基础的"容器"隐喻（out of），还有一个将希望当成 thread 的隐喻（HOPE IS FIBER）。那么面对这样复杂的隐喻，译者怎么翻译呢？一切都应该从分析着手，而分析仍然是看隐喻的价值。我们先从大语境看，这是从《纽约时报》选来的，内容牵涉国际政治，因此可以说作者即便是刻意使用隐喻，这类文本中的隐喻也主要是修饰作用，目的是加强读者的注意力，而不是在文字本身。加之，句中隐喻的原材料也是来自早被语言体系接纳的成语，所有这些都提示译者不必被隐喻牵着走，翻译的基本原则是：理解原文的意思，然后用自己的话把理解的意思说出，比如翻译成"尽管困境重重，沙米尔还是从晨间的头条新闻中找到了一则令人鼓舞的消息"，当然也可以说"找到一线希望"。句子前半部分的 cloud 翻译出来可能会使中文读起来不顺，如"尽管乌云围绕着他"这样强烈的意象就不适合这样的语境。不过，假如是文学作品，读者对强烈意象的拒绝就会有所软化，结果也许可以保留 cloud 这一意象。

5. I used to love to get into the *thick of crowds*... The *tussling beefiness* of the everybody *poured into* me *like broth*.

本句中的 the thick of crowds 是把人群当成了一个实体（PEOPLE ARE A SOLID），结果人可以进入（get into），但是其基本意思就是 crowds of people，也就是说，他曾经喜欢进入人群之中。下半句才是译者难处理的部分，这个短语是指前面的人群，使你感到就像一群牛，缓慢有力，相互竞争，整体厚实，而且作者用 poured 和 broth 在读者的头脑中唤起了液体的意象，但由于使用了 like，就不仅是隐喻（poured），也有明喻参与了。这样一个强烈的意象超出了语言的常规，是明显的前景化。而且这个隐喻的异常已不仅是文化差异造成的了，它在英文本身里面也是非常规的。译者的责任有两个。第一需要分析其在文本中的价值,其二是决定是否需要保留隐喻。除非语境能证明隐喻和整篇文章有特殊意义(thematically significant),否则不宜将隐喻完全搬到汉语中,即便是文学作品,百分之百地依样画葫芦仍然非上策。可以考虑的办法是模糊一些细节,以便提高译文的可接受度,如"我曾经喜欢进入拥挤的人群,去体会人潮奔腾而过的感受"。当然我们仍然不完全排除在某个特殊语境中,如非常强调意象的文学作品,采用更接近原文隐喻的译法,比如"我从前喜欢走进浓稠的人群……一个个结实粗壮、争相涌动像肉汁一样灌入我身"。

6. Chester's talk sped, *the toe of the next sentence stumbled over the heel of the last*. (From *The New Yorker*)

本句斜体部分的隐喻呈现出鲜明的意象,其背后的概念隐喻是 SENTENCES ARE PEOPLE。鉴于这是选自《纽约时报》,是非文学语言,所以译者不必在译文中重复隐喻。隐喻部分主要是在说此人讲话非常快,所以可以翻译成"杰斯特讲话特快,前一句没说完,下一句就跟上来了"。但是如果我们假设这句是摘自一首注重语言形式的诗文,译者也许就会感到放弃隐喻可惜,因为失去隐喻就等于失去了一个作者刻意创造的表达法。此时译者拒绝隐喻的心也许会软化,觉得只要不严重影响可读性,也可以保留隐喻,如"下一句话的脚趾绊到了上一句的脚根",或者换成明喻,如"讲话快得就像前脚绊后脚"。这样处理当然可能会影响译文的流畅,但译者不应完全排除这种译法,而需根据语境权衡利弊。翻译没有一个放之四海而皆准的万灵答案。

7. Pride and reticence *went down in a hurricane of jealousy*. (From *The Reef*, by Edith Wharton)

本句选自文学作品,句中的意象隐喻是 hurricane of jealousy,把人的情绪比做了飓风,所以其概念隐喻基础就是 EMOTION IS WEATHER,正是这个最基本的隐喻思维促使人把强烈的情绪比作了飓风。这个隐喻概念虽不是人们常援用的,但是飓风和强烈情绪有非常相似的特征,不同文化的人也很容易联想起来,因此至少中文理解没有问题。但是理解没有问题,并不一定说明照原样表达可被接受,或者说,可以被接受,但却不是最佳译法。若在非文学文本中,译者可以心安理得地放弃隐喻,如"强烈的妒嫉",但是在文学作品中就不能轻易放弃,需要权衡一下,保留还是不保留?若保留的话,可以直译成"妒嫉的风暴"。

本句中还有一个隐喻 went down。初一看，人们会认为诱发这个隐喻的是 BAD IS DOWN 这个意象图式概念，而将该短语解释为，由于嫉妒的出现，傲气等降了下去，就像我们说 My spirits went down。但是这样理解割断了 went down 和 hurricane 的关系。其实这个看似正确的概念隐喻没能准确地追踪到原文隐喻的思路，原文的思路是 Pride and reticence (as a ship) went down (sank) because of jealousy (hurricane)，我们只要把括号内的词连接起来，便可以看出这句话的隐喻 A ship sank because of the hurricane。但若把这个隐喻思路完全移植入中文，译文可能会比较怪异，如"由于起了嫉妒的风暴，傲气和矜持之舟沉没了"。这时文本和目的因素往往能左右译者的决策。假如是非文学文本，且对可读性要求高，那么就可以放弃隐喻。在释义过程中，译者会面临一个选择，就是到底用什么词来翻译 went down，这时可以借助语境的帮助，比如小说前后的故事情节就能给译者一点线索。原来小说中的女子比较清高，不屑于与一个世俗味儿重的女子为伍，但是见到此女子和自己心仪的男人来往，心中便起了嫉妒，结果那些曾有的清高和矜持情绪就没有了，嫉妒占了上风。依靠这个线索，可将句子翻译成"由于强烈的嫉妒心，骄傲和矜持便消失了"，或"骄傲与矜持都随一股妒意而去"。这样译当然有缺失的地方，但基本达到了要求。不过本句是摘自一个文学作品，因此放弃隐喻就应该非常谨慎，本句保留隐喻（骄傲和矜持之舟沉没了）也是一个可以选择的译法。如果觉得添加"舟"这个意象过分，也可以去掉这个字（骄傲和矜持沉下去了）。文学总是更能容忍原文的异己色彩，只要不过分就行。

8. History is but a *merest outline of the exceptional*. A few *mountain peaks* are touched, while all the *valleys of human life*... are left in the eternal *shadow*.

本句选自非文学文本，至少有三个概念隐喻，第一个是 outline of。我们都知道 outline 是概要，比如面面俱到地介绍一本书很困难，所以就可以用概要的形式，把书中的要点概括一下。历史中的事件举不胜举，我们只能介绍最突出的事件，其他的就看不到了，所以唤起该隐喻的概念隐喻是 OBVIOUS IS CLEAR。这个隐喻理解起来困难不大，表达起来却难说。句中还有 Mountain peaks 和 valleys 这两隐喻，它们背后的概念隐喻是 ACHIEVEMENT IS HIGH，因为这里的 mountain peaks 是指历史中垂入史册的人和事，而 valleys 是指历史中不引人注目的人和事。这个以高低为基础的隐喻也有一定的普遍性，跨文化时常可被接受。本句中最后一个隐喻是 shadow。这个词当隐喻用时会有不同意思，比如 he lived the rest of his life in the shadow of a second possible heart attack 这句中的 shadow 暗示,不祥事件总是和黑色联系起来,这点在英文和中文间没有理解上的障碍,"余生就要生活在可能会有第二次心脏病发作的阴影中"在中文里应该可以被理解,尽管我们不知道在中文里这个说法是原创,还是后来引进的。但是本句中的 shadow 不是表示黑色、不祥的意思。这句中 left in the shadow 表示被人遗忘,所以概念隐喻的基础是 KNOWING IS VISIBLE,即在黑色的阴影中看不到东西,就是不知道的东西。译者在翻译时可以借助隐喻思维帮助理解,但在表达阶段,却应该自由处理,因为在这个非文学语境里,这些隐喻都没有特殊意义,都是语言体系接受的隐喻。我们说自由处理,就是说没有必要刻意移植隐喻,但不是说,一定非要避免隐喻,比如本句就可以翻译成"历史仅概述特殊事件,只提到几个峰峦,所有人类生活中的低谷就都略去不提了"。但译者也可以放弃隐喻,同样能把这句话的大意说出来,如"历史仅概述特殊事件,只提几个重要的事件,而将普通平凡的忘却"。不过"山峦"可以喻指人和事或其他,但"事件"就比较狭窄,可见解释总有些缺陷。

    9. At twenty a man is *a peacock*, at thirty *a lion*, at forty *a camel*, at fifty *a serpent*, at sixty *a dog*, at seventy *an ape*, at eighty nothing at all.

本句总的概念基础是 PERSON IS ANIMAL,但是每个具体的动物又以隐喻的形式代表人的某个特性。有些动物所代表的特性没有文化差异,比如说 peacock 在英文和中文里都有虚荣的意思,但有些则可能因文化不同而异或者至少在中国文化中会有不同解释的可能,比如说 ape 就很难说清楚是什么意思。有些甚至在原文文化中都未必有共同接受的解释,换句话说,有些隐喻在原文中都没有被语言体系接受,更不用说被中文的语言体系接受了。所以遇到这种情况,可以有两种处理方法。一种是完全按照原文直接移植过来,比如"男人在二十岁时是孔雀,三十岁是雄狮,四十岁是骆驼,五十岁是蛇,六十岁是狗,七十岁是猿,八十岁什么都不是",到底这些动物表示什么意思完全留给读者自己去解决。另外就是由译者主动帮助读者,把动物的寓意表达出来,如"男人二十岁时像孔雀一样虚荣"。这种译法可能犯错误,因为很难确定所有动物的寓意,即便是英文为母语的人也可能意见不一致。下面为句中的动物提供一个可参考的解释:孔雀——虚荣;狮子——动物之王;骆驼——负重;蛇——精明狡诈;狗——守旧;猿——倔强不变。

    10. I would rather be a *bright leaf* on *the stream* of a *dying* civilization than a *fertile seed* dropped in the *soil of a new era*.

第七章 隐喻翻译实例分析（单句）

I would rather be a bright leaf on the stream of a dying civilization than a fertile seed dropped in the soil of a new era.

短短一句话中，隐喻已是目不暇接。首先 bright leaf 这个隐喻是把人比作树叶，诱发它的概念隐喻是 HUMAN IS PLANT。紧接其后的 civilization 带有双重比喻，当它被 dying 修饰时，背后的概念隐喻是 SOCIETY IS PERSON，但当该词和 stream 连用时，诱发它的概念隐喻就是 SOCIETY IS RIVER。在后半句中 fertile seed 这个隐喻也是把人比作了植物（HUMAN IS PLANT），但是诱发 soil of a new era 的概念隐喻却是 SOCIETY IS SOIL。无论这是文学文本还是非文学文本，这样一连串夺目的隐喻不可能不引起译者的注意。假如仅想说出本句的大意，也许可以通过释义的办法，如"我情愿生活在一个衰败的文明中，也不愿意成长在一个崭新的世纪里"。但是这个译文看似概括了大意，却遗漏颇多，如 bright 难道就不承载意思吗？这个形容词有富彩色的含义，而当这片树叶飘流在溪水上，它会前行流动，也许没有目标，但不固定在一处，有自由的含义。这个 fertile seed 是一个常用的组合，可用在植物学上，表示能繁育的种子，但可惜这种子被任意散播在土壤里（dropped），给人一种身不由己的感觉，因种子入了土就再也不能动了，这样马上和前面的树叶形成对照，前者色彩丰富、活泼自由，后者却相反。原来作者对于崭新时代的态度与众不同。我们一般认为，崭新的时代有令人刺激奋发向前的含义，但这里作者似乎认为新时代里人们虽然能够"繁育"（fertile），但却不欢快活跃。根据这样的分析，我们似乎可以改进上面的译文"我情愿自由欢快地生活在衰败的文明中，也不愿生长在一个能让你有所收获但却少有个人意志的新时代"。这样翻译马上就会招来指责，认为这是加油添醋，译者介入过多。但我们阅读原文时真能避免介入解读吗？Lakoff

说过,语言的性质决定了我们不能避免解读,也就是说,所有的阅读都是介入解读: All reading is reading in(1989:109)。仅从理解原文出发,上面不厌其烦的解释性译法当然也无可指责,但问题是,这样解读后的译文也未必全面正确地反映出原文的意思,而且还剥夺了读者想象的空间,所以假如保留隐喻并不影响中文的可接受性,那么直译仍然是上策,文学语境就更是如此了:"我情愿做漂浮在衰老文明溪流上的一片光鲜的叶子,也不愿是掉落在新时代土壤里的一粒能繁育的种子。"下面这个译文也尽量保留了隐喻:"我宁愿做一片光鲜的树叶,漂在垂死文明的溪流中,而不愿做一粒待发的种子,呆在新纪元的沃土里。"

思考题和练习

请从隐喻的角度分析下面各段中的隐喻,尽可能追踪到诱发语言隐喻的概念隐喻,然后将句子译成中文。可以译成两个译文,一个多隐喻意识,一个少隐喻意识,然后对照两个译文:

1. In this mourning space, however, there must be room made for the truth. The truth is straightforward: Virtually every significant problem facing the American people today can be traced back to the policies and people that came from the Reagan administration. It is a laundry list of ills, woes and disasters that has all of us, once again, staring apocalypse in the eye. (From *Planet Reagan*, by William Rivers Pitt)

2. Fresh off a triumphant victory in the South Carolina primary, former Speaker Newt Gingrich came to Florida with the wind at his back. What he may not have known was that he would be riding those winds into a wall of money. A newly feisty Mitt Romney, fighting for his political life, and his loyal super PAC unloaded on Gingrich in the Sunshine State with a massive spending binge that included wall-to-wall attack ads in a repeat of the assault that knocked Gingrich from the top of the polls in the run-up to the Iowa caucus. (From *Huffington Post*)

3. Steve Jobs was an enemy of nostalgia. He believed that the future required sacrifice and boldness. He bet on new technologies to fill gaps even when the way was unclear. He often told the press that he was as proud of the devices Apple killed-in the parlance of Silicon Valley, he was a master of "knifing the baby," which more squeamish innovators cannot do because they fall in love with their creations-as the ones it released. (From *The New York Times*)

第八章 隐喻翻译实例分析(段落)

8.1 非文学文本中隐喻的分析与翻译

本节用了七个选自非文学文本的短篇,每篇中都含有各种各样的隐喻表达法。每个文本后附有三个不同的译文和相关的翻译分析和评论。本节最后有一个总结。

1. Our economy has just *suffered a massive heart attack*, with over a trillion dollars of asset values destroyed in the past two weeks. Given the heightened risk of *a fatal recurrence*, things will never be the same. In the short run, we need *emergency measures* to *calm the markets*. Then we can use the crisis to *get ourselves on to a healthier path*. Only a fool ignores or denies such an experience; the wise will learn and give up *harmful* habits. (网络资源)

本段中一开始就有一个隐喻(heart attack)。如果我们认为这是一个孤立的隐喻,那就错了。我们只要阅读下去,就会发现这个心脏病隐喻只是起了个头,接下来至少还有几个隐喻也是和心脏病隐喻连体的,如 fatal recurrence, emergency measures, get ourselves on to a healthier path。那么心脏病是怎么扯进来的呢?原来我们这段是在讲经济,我们的经济患了心脏病,就像某位老人患了心脏病一样,所以经济被比喻成人了,那么这段中的跨句的概念隐喻或称 extended metaphor 就是 ECONOMY IS A PATIENT。由于这个概念隐喻的诱发,就派生出了 a massive heart attack, a fatal recurrence, emergency measures, on to a healthier path 等。calm the markets 也是把经济体系中的市场当作人,而 destroyed 则是将经济中的财产当成了物体,可以毁坏,就像我们可以毁坏一个花瓶一样。至于 harmful habits 中的 harmful 和人们的一些习惯会造成伤害,显然不是人体的伤害,所以也是隐喻。至于说 heightened risk 中的 heightened 则是基于概念隐喻 MORE IS HIGH 这个概念隐喻,就像我们说 a heightened demand for English language teachers from China,就是说中国对英语老师的需求增多了。另外 get ourselves on to a healthier path 中的 healthier 的基础是概念隐喻 ECONOMY IS A PATIENT,但是 get on to a path 背后的隐喻则是 RECOVERY IS A JOURNEY。还有 in the short run 也是隐喻，表示距离的长短，甚至 use the crisis 都有隐喻含义在里面，就像我们用钢笔一样，我们也可以用危机。总之隐喻比比皆是。

那么我们来看看这些隐喻到底有多大价值呢？我们在本书的原则部分指出过，如果一个隐喻没有什么大价值，译者完全可以忽视它。而且我们也知道，基于感知、方位、容器等概念的隐喻往往并不引人注意，所以没有什么大价值。那么我们这里的这么一大堆隐喻都是什么样的隐喻呢？首先来看一下那个构成一串的心脏病隐喻。这个隐喻的常规程度如何？我们说常规程度主要是说隐喻在一个语言群体中被接受的程度，越被人接受就越常规。换句话说，越常规，越不具前景化。我们说 ECONOMY IS A PATIENT 这个概念隐喻并不是那种最常见的概念隐喻，因为这毕竟不是一个耳熟能详的隐喻，若用在一个文学作品中，甚至还可能造成些许的前景化。但是我们需要保留这个隐喻吗？答案是没有必要，原因是这个隐喻本身还算不上是个不折不扣的非常规隐喻，加之该隐喻又是出自一篇有关经济的文章里，并非文学等作品中，所以没有必要保留。也就是说，译者在翻译这段时可以自由处理这个隐喻，觉得保留下来更能被读者接受，就保留。如果删除更合适，则删除也不用感到可惜。需要指出的是，这个隐喻毕竟是基于常见的事件（病人和疾病），所以其跨文化的可接受度仍然较高，保留下来不见得会有问题，译者需要做的是对语境作出判断，根据不同情况自由处理，不必有顾虑，比如"大面积的心肌梗塞"、"致命的复发"、"紧急措施"、"走上更健康的道路"，都可能有不同程度的接受度，需要译者根据语境分析决策，不应该仅仅依靠一个总的理论指导，不应该教条地套用原则。

本段中其他的隐喻怎么处理呢？无论是 calm the markets，还是 destroyed 和 harmful，虽然都有隐喻含义，但都不是有意义的隐喻。正是这样的隐型隐喻构成了语言体系中隐喻的网络，它们是构成语言体系的"细胞"，是我们赖以生存的元素，但它们不是个体创新的结果，所以我们在翻译中没有必要去反映，比如 asset values destroyed 翻译成"价值数万亿美元的财产毁掉了"不合汉语的习惯，就可以换成"财产蒸发了"、"没有了"；calm the markets 译成"安抚市场"不顺耳，则可译成"使市场人心稳定"；至于说 heightened risk 这样的短语，若翻译成"危险的增高"可以不谋而合地被读者接受，当然不错，但若不顺耳，换成表示数量的"危险增加"也可以，因为此处的 heightened 本来就是这个意思（MORE IS HIGH）。总而言之，这些隐喻本身都不是个体辛勤劳作的结果，所以并不造成有意义的前景化，加上又是非文学语境，译者因此不必特意关注它们的存在。用"平常心"对待它们就可以了。下面是三个不同的译文及相关评论。

译文一：我们的经济刚刚患了一场严重的心脏病，价值逾万亿美元的资产毁于短短两周。鉴于致命性疾病复发的风险提高，情况将不会与过去一样了。短期内，我们需要急救措施来平息市场。之后，要利用危机，踏上健康发展的道路。对于这次遭遇，无视或否定是愚昧的；吸取教训、改正恶习才是明智之举。

译文二：我们的经济刚刚遭受了一次大面积的心肌梗塞，价值上万亿的财产在过去两周内被毁掉。由于出现一次致命性复发的风险很高，再盼繁荣是不可能了。短期而论，我们需要采取紧急措施，以安抚市场。然后我们可以利用危机，使我们走上更为健康的道路。只有愚者才会无视或否认这样的经历，智者会吸取教训，丢掉不良习惯。

译文三：我们的经济刚刚遭受了一次打击，影响面甚广，价值上万亿的财产在过去两周内化为乌有。由于致命性经济问题重现的风险提高了，荣景将难再光临。短期而论，我们需要采取紧急措施，使市场人心稳定。然后我们可以利用危机，走上正轨。只有愚者才会无视或否认这样的经历，智者会吸取教训，放弃不良习惯。

译文一和译文二都保留了开头处的鲜明隐喻（严重的心脏病、大面积的心肌梗塞），后面与心脏病相关的隐喻也有所表达（病情复发、急救措施、健康的道路等）。译文一刻意保留隐喻的痕迹很明显，如"病情复发""急救措施"都是严格的医疗用语，但译文二则多少淡化了医疗用语的特征，换成了"紧急措施"或"复发"，避免了"病"这个字。这个 ECONOMY IS A PATIENT 的概念隐喻并不构成理解的困难，因为这是一个以常见事件为基础的概念隐喻，所以由它诱发的语言隐喻也不偏离常规，加之翻译这类文本也无需重视隐喻，所以译者享有的自由度很大。但尽管两个译文都在第一句中用了心脏疾病，仍然有差别。比如译文一使用了"严重"，但译文二使用了更靠近原文的隐喻"大面积"。在一般情况下，这点差别无关大意，可以放译者一马。但是就隐喻的原意来说，仍然是不一样的。"严重"之说明是程度的问题，可"大面积"却反映了原文可能的含义，即经济体中受影响的范围很大。从对等的角度看，当然不行，因为含义并不一样，从翻译实践的角度看，我们并不排除在某些翻译目的驱使下，译者可忽视这个差别。另外，本段中还有些地方两个译文不同，但无关宏旨，不必计较，如译文一是"改正恶习"，但译文二是"丢掉不良习惯"，离原文的隐喻更接近些。这些都不是重要的差别，译者无需在这种地方过于计较，应该给译者更多些自由。

译文三和前面两个有一个很大的差别，因为它从根本上排除了原文的隐喻，第一句用了"打击"，后面补上"影响面甚广"，替代"大面积"。甚至连 healthier path

都改成了"走上正轨",没有了健康这个隐喻,当然同时也造成意思和原文略有差别,如原文是走上更为健康的道路,是个比较级,但译文仅是正确与否的差别,严格地说,"正道"有强烈的价值判断,健康与否陈述的成分更大。译文三整体上忽视隐喻,如 calm the markets 译文一译成"平息",译文二译成"安抚",都有被原文隐喻牵绊的痕迹,但译文三译成"使市场人心稳定",更接近汉语的说法。就可读性而言,译文三更好。

> 2. But it's also appropriate that we take the time to envision the future of medicine. We should ask tough questions, such as — Where do we *go from here*? And how do we *set a flight path to pilot the future* of the North Carolina Medical Society and American Medical Association? I'm convinced that we need to *start from the ground up*. We must *tear out the cracks* and *bumps in our runway*. And then *we must lay a new foundation* so that medicine can truly *take off* in the 21st Century. (网络资源)

本段中的跨句(overarching)隐喻是 FUTURE IS JOURNEY。更具体些说就是 FUTURE OF MEDICINE IS A FLIGHT JOURNEY。作者先 envision the future of medicine,设定了前瞻的图景,然后从 go from here 开始,有一系列隐喻,如 set a flight path, pilot the future, start from the ground up, tear out the cracks and bumps in our runway, must lay a new foundation, take off 都是以 future of medicine is a flight journey 为概念基础的语言隐喻。在作者的隐喻思维中,已预先设定了飞行的路径,然后引导开向未来的航行(pilot the future),但我们需要从最基本的做起(start from the ground up),具体地说,就是要修好跑道 tear out the cracks and bumps in our runway,必须要建立新的基础(runway),这样这架未来医学的飞机才能起飞(take off)。

这一连串的隐喻(extended metaphor)是建立在一个人们非常熟悉的概念隐喻基础上的,也就是 JOURNEY metaphor。这个概念隐喻不像方位概念隐喻或容器概念隐喻那么基本,因为方位概念和容器概念,可以说是人无法避免的,如高低概念(心情高涨),内外概念(在危机中)就是根本无法避免的。理论上说人可以避免 JOURNEY 这个概念,但实际生活中避免"行程"几乎也是办不到的,更不用说还可以间接获得"行程"的经历,如通过视像手段等。所以,我们比较有把握地说,英汉之间这个 JOURNEY metaphor 没有理解上的障碍。但是根据我们前面学到过的知识,我们也知道,这类从熟悉的概念派生出来的隐喻,即所谓 image-schema metaphor,

第八章
隐喻翻译实例分析（段落）

并不属于某个作者，不是作者刻意所为，没有偏离语言常规的倾向，所以没有什么价值。加之，这段文字出自一篇非文学作品，是一般有关医学问题的讲话，所以隐喻在这样的篇章里的价值不大。结果译者就没有压力，未必需要保留这些隐喻。

另外，本段中还有几个非常"隐蔽"的语言隐喻，如 take the time to envision the future of medicine 和 ask tough questions。其中的 take the time 是把时间当作物质，就像我们可以 take the book 一样，我们可以 take the time，而 envision the future of medicine 是将抽象的未来当作可看到的具体景象，其概念隐喻的基础是 UNDERSTANDING IS SEEING。至于说 tough questions 中的 tough 则是以概念隐喻 DIFFICULTY IS HARDNESS 为基础的。但是这些隐喻都被传统隐喻理论排除在外，也就是说，它们都不引人注目，都是基于最基本的隐喻概念，属于语言体系，不属于作者的创造，因此我们一般都不费神去考虑这些隐喻。翻译时，怎么顺口怎么翻，没有必要把它们去当作一个因素来考虑。根据上述分析，我们来看看下面三个译文：

译文一：但是花些时间去前瞻一下医学的未来是恰当的。我们应该问一些困难的问题，比如，我们要走向哪里？我们如何设定航程，引导北卡医学会和美国医学会的未来？我确信，我们需要从基底开始。我们必须清除跑道上的裂痕和路障。然后我们必须建立新的基础，这样医学就能真正地在二十一世纪起飞。

译文二：然而，花些时间，认真思考一下医学的未来，也是合理的。我们应当提出尖锐的问题——我们将驶向何方？要如何制定航线，为北卡罗来纳医学会和美国医学协会的未来发展引航？我认为，我们要从原点出发，将跑道上的沟壑填平、障碍扫清，然后，为医学在二十一世纪的真正腾飞奠定新基石。

译文三：思考一下医学发展的未来是必要的。我们应该提出一些难题，比如我们走向哪里？我们如何设定航程，以便为北卡医学会和美国医学会的未来指出发展方向？我确信，要从最基本的做起。我们必须扫清发展道路上的障碍，然后建立起新的发展基础，以便使医学在二十一世纪起飞。

有趣的是译文一将 envision the future of medicine 还原为隐喻（前瞻），但是译文二和三却没有用视觉，而使用了"思考"，前者用了 seeing，但后者用了 understanding。译文一和二都使用了"花些时间"来翻译 take the time，虽然隐喻的具体细节和原文不同，但毕竟仍然是隐喻（spend time），但译文三完全删除了这个短语。这样处理在这类文本中应该可以。我们在上面看到过所谓"够好了"理论，就是说，我们没有必要把每一个细节都反映出来，这个例子似乎就可以用这个理论来解释。

现在开始看文中的航程隐喻。三个译文都还原了原文的 go from here 的隐喻

（走向哪里、驶向何方、走向哪里）。接下来三个译文都不同程度地使用了隐喻，如将 set a flight path 翻译成"设定航程""制定航线"，将 pilot the future 译成"引航"（译文一和三译成"引导未来"和"指出方向"），将 take off 翻译成"起飞"（译文二译成"腾飞"），而 foundation 已成了"基础"和"基石"，译文一和二将 runway 翻译成"跑道"，但译文三用了"发展道路"，脱离了飞机的跑道，却仍然没有脱离 JOURNEY 这个概念隐喻。区别比较大的是 tear out the cracks and bumps，译文一完全恢复了原文的隐喻（裂痕和路障），译文二也用了隐喻（沟壑填平、障碍扫清），但是译文三的隐喻痕迹最少（障碍）。其实在这样的文本中，细节并不重要，译文三这样处理完全可以。

根据上述分析，我们可以得出一个大致的结论，隐喻在这样的语境中并无多大意义，删除完全可以。但是在实际翻译中，译者往往会不知不觉地将隐喻移植到译文中来，这说明这类隐喻在跨文化过程中并没有遇到很大障碍。总而言之，在这类文本中处理隐喻，应该采取"听其自然"的态度。

> 3. People might say that they try to **give their children an education** so they will *get a good start* in life. If their children act out, they hope that they are just *going through a stage* and that they will *get over it*. Parents hope that their children won't *be burdened with* financial worries or ill health and, if they **face such difficulties**, that they will be able to *overcome them*. Parents hope that their children will have *a long life span* and that they will *go far in life*. But they also know that their children, as all mortals, will *reach the end of the road*.（出处见第一章）

先说本段中几个孤立的隐喻，如 give their children an education，教育被当成了物件，就像你可以将一本书给孩子一样，你也可以给他们教育，所以诱发这个语言隐喻的概念基础是 EDUCATION IS AN OBJECT。另外，face difficulties 也是隐喻，你可以面对一个人或一堵墙，但困难怎么面对呢？所以必须从隐喻角度去理解，背后的概念隐喻就是 CONFLICTING PURPOSE IS OPPOSING DIRECTION，说明困难和面对的人之间利益相反。但是这两个仅是孤立的隐喻。贯穿本段的跨句隐喻是 LIFE IS A JOURNEY。这是一个以旅程为基础的意象图式概念隐喻，所以很难被察觉，因为这个隐喻虽然不像上下、里外这类隐喻概念那么"更基本"，但也是相当基本的，可以说是我们生活中依赖的隐喻（live by）。正因如此，其跨文化的"穿透力"就可能很大，也就是说，中英文之间理解这类隐喻没有困难，而且可以预测直接按照原文将隐喻搬到中文里来的可能性也很大。但是译者没有任何必须直译的压力，因为这些都是属于语言体系的隐喻，原作者没有刻意借助这些隐喻传达特殊信息，作者自己甚至都没有意识到他在使用隐喻。有鉴于此，假如按照原文翻译隐喻有任何不妥时，译者便可以毫不犹豫地抛弃隐喻，甚至改换其他隐喻都没有关系。总之，基本可以将这些属于语言体系的隐喻视而不见。下面是几个参考译文：

译文一：人们也许会说，他们设法提供孩子受教育的机会，为的是他们能有一个好的人生起点。如果孩子任性不听话，父母希望这只是在经历人生的一个阶段，总会过去的；父母希望孩子不背上金钱和健康的负担；若孩子真遇到这些麻烦，父母也希望他们能越过障碍；父母希望子女能活得长久、活得成功。但是他们也清楚，他们的子女同所有凡人一样，终有一日会到达人生终点站。

译文二：人们会说，他们要让孩子受教育，就是为了让他们在人生中有个良好的开端。如果孩子淘气，父母希望这只是暂时现象，总会恢复正常。父母总希望孩子不缺钱，不生病。真的遇上这些困难，也能够克服。父母也希望孩子能够长命百岁，事业有成。但他们也知道，孩子也是凡人，终究会走到生命的尽头。

译文三：人们会说，良好的教育可以让小孩不输在起跑点上。如果孩子误入歧途，父母希望这只是过渡阶段，总会回归正轨。父母希望自己的孩子衣食无忧、没病没灾，即使一时不顺遂，也能迎刃而解。父母总希望子女能活得长长久久，但是他们也了解所有人都有走到尽头的一天。

我们可以看到，第一个译文几乎全部复制了原文的隐喻，如起点、经历阶段、会过去、背上负担、活得长久、达到终点等。其中 go far in life 译成"成功"，没有反映出隐喻。另外，"提供孩子受教育的机会"、"遇到这些麻烦"、"越过障碍"都反映了原文的隐喻思维。这说明，大部分以意象图式概念隐喻为基础的隐喻语言表达法都可以在译文中按照原来的思路反映出来。本译文就是努力反映隐喻的结果，但是这种努力已经漏出了牵强的痕迹，换句话说，若不刻意提高隐喻意识，而是顺其自然地翻译，有些地方未必会翻译成隐喻。比如译文二的译者就未受强烈隐喻观的驱使，译文中多处离开了原文的隐喻，如"让孩子受教育""暂时现象""恢复正常"等。不过这类隐喻毕竟少有跨义化障碍，所以很多隐喻在中文里便很自然地移植过来了，如"良好的开端"、"遇上困难"、"生命的尽头"等。我们现在来看看第三个译文。这个译文最简洁，文字最少。隐喻保留了一些，如"起跑点上"、"过渡阶段"、"走到尽头等"，也抛弃了一些。译者翻译时似乎根本没有想到隐喻，这是完全正常的，因为隐喻都属于语言体系。但是我们对于句子中的一些灵活译法，却有必要认真分析，比如"不输在起跑点上"确实保留了原文的隐喻，但"输"字却添加了原文没有的隐喻，即 LIFE IS A COMPETITION。当然在一般非关键的文本中，这种添加也无伤大雅，可是比较严肃的翻译里就不恰当了。另外"没病没灾"中的"灾"也是原文中没有的，严肃的翻译中不宜添加。

  4. In its tough, often remorseless way, New York is *a crucible* for every manner of talent. Some of the talented young are swiftly *defeated*, and *retreat into* more ordinary lives. Others are *shooting stars*, here and gone. Those *made of sterner stuff* last longer, and it helps if they have *lived on our streets*. Two such people were Susan Sontag and Jerry Orbach, who died *within days* of each other. Each was born in New York, went away as a child, and returned to stay. They lived and died as members of the same tribe, *the New York tribe*. (《纽约时报》)

  本段和上面的几段不同，没有一个跨句的概念隐喻（extended metaphor）。也就是说，没有一个笼罩全段的隐喻思维，隐喻之间基本没有概念上的联系。下面三个译文基本可以总结如下：译文一尽量保留原文隐喻，译文二和三都没有刻意保留隐喻，但译文二释义的程度更高。请看三个译文：

  译文一：纽约是个严酷无情的大熔炉，考验着每个有才华的人。有些才华横溢的年轻人很快被击败，退回到更普通的生活中去。有些人像一闪而过的流星，来过又走了。那些意志更为坚强的人坚持得较为长久；如果他们在我们的街区住过，这会对他们有所帮助。有两位这样的人，他们是苏珊·桑塔格和杰瑞·奥巴赫，两人在几天内相继去世。他们都出生在纽约，童年时离开，之后又回来居住。无论在世和去世，他们都是纽约这一部落的成员。

  译文二：纽约是考验天才的地方，而且这种考验近乎残酷。许多有才华的年轻人在纽约激烈的竞争中败下阵来，退而求其次地去过普通人的生活。有些人才虽一时成功，但却昙花一现。只有那些意志坚强的人才能笑到最后，而在纽约生活过的经历也会有所助益。苏珊·桑塔格和杰瑞·奥巴赫就是这些杰出人才的代表。他们二人去世的时间差不多。他们都出生在纽约，幼时离开，后来又回到纽约并在那里建立和发展自己的事业。二人都被视为纽约圈人士。

  译文三：纽约，严酷无情地磨练各种人才。有些年轻人才华横溢，却迅速败下阵来,随后默默地过起常人的生活。有些是划破长空的流星,但转瞬即逝。那些用坚硬材料做成的人不会迅速销声匿迹,而如果他们又在纽约的生活中历练过,就定会受益良多。最近在几天之内相继去世的苏珊·桑塔格和杰瑞·奥巴赫就是这样的两个人物。他们都出生在纽约,都在幼年时离开,后来又都回到纽约定居。他们生死都是同一部族的成员,这个部族就是纽约。

先说译文一。这个译文将原文斜体的隐喻都保留了,如"大熔炉"、"被击败"、"退回"、"一闪而过的流星"、"来过又走了"、"部落"等。首先我们需要看一看这种保留是否有必要。这是一篇非文学文本,所以大语境并不要求译者强调隐喻。但这并不是放弃隐喻的"尚方宝剑",还得根据小语境细查。经过分析,我们基本可以得出这样的看法:大部分的隐喻都不涉及文本的主题,最多也只是起些修饰的作用,如 crucible 就是历练的意思,defeated 就是没成功,shooting stars 就是昙花一现等。译文一保留的有些隐喻并无保留的必要,有的反而造成错误,比如"纽约是个严酷无情的大熔炉"这句就有些问题。汉语的"大熔炉"会有熔不同物质于一炉的意思,表示把异质变成同质的意思,就像我们常说的"美国是个大熔炉"。另外,原文并没有说"纽约是个严酷无情的",本句中的 tough, often remorseless 不是修饰纽约市的,不是这个城市的特征,这个修饰语仅仅和有才干的人有关(a crucible for every manner of talent)。其他隐喻("被击败"、"退回"、"一闪而过的流星"、"来过又走了")在译文中保留与否都没有大问题,取舍主要看译文是否流畅,所以从流畅的角度看,译文一有的地方略有为保留而保留之嫌。"流星"保留得好,不必放弃,但"来过又走了"就未必需要保留。本句中有一个地方本该保留隐喻,但译文反而丢弃了隐喻,即"意志坚强的人"。此处保留隐喻更好(用坚硬物质做成的),因为原文作者有先天和后天对照的目的,首先是先天条件(made of sterner stuff),然后是后天环境(lived on our streets)。如果使用"意志坚强"也不错,但保留隐喻更能凸现先天因素。还有,原文还有一个隐喻被译文一的译者解读成字面意思(在我们的街区住过)。这个短语并不是说人们住在某个街区,更不是指住在纽约街上,这样解释不符合本段中这两个人的身份,他们都没有流浪街头过。这个短语是强调在纽约生活中历练过,也就是说,你住在纽约并不说明你 lived on our streets,比如富二代的子女就不算,但你若参与了普通纽约客的生活,比如每天忙碌地生活,匆匆坐公车上班等,就算是 lived on our streets,但却不是流浪街头。

译文二的隐喻意识不强,甚至有尽力避免隐喻之嫌,原文的隐喻几乎一扫而光,只留下一个淡化了的隐喻(败下阵来)。更有趣的是,译者加大了解释的力度,很多地方本来可以用更简洁的隐喻,译者偏不用隐喻,比如避免用"熔炉"而转换成动词"考验"（处理得很好），shooting stars 译成了"一时成功"。应该指出，译文二的"在纽约生活过的经历"也不合适，因为不管成功与否，仅仅在纽约生活过并不是成功的助力；另外，把 the New York tribe 译成"纽约圈人士"也不很合适。译文二还在原文没有隐喻的地方添加了隐喻，如"激烈的竞争中""笑到最后""建立和发展自己的事业"。这种添加尽管不影响原文的大意，但却可能在细节上造成潜在的问题，比如"坚持的更长久些"和"笑到最后"之间含义可能不同。对于这种释义的译法，最好采用谨慎的态度，像 returned to stay 这么简单的文字，不添加内容完全可以把话说清楚，没有必要发挥想象，把 stay 之后可能发生的事情都说出来。译文二有时还会改变原文的隐喻思维，比如原文的（shooting stars）here and gone 是借助语言体系内的隐喻（MOVEMENT metaphor），但是译者将其换成了鲜明的意象隐喻（昙花一现）。

　　译文三似乎介于前两个译文之间，用了一些隐喻，如"划破长空的流星"、"用坚硬材料做成的"、"这个部族就是纽约"，但也放弃了一些，如"磨练各种人才"、"转瞬即逝"（here and gone）、"销声匿迹"（last longer）。需要指出的是，即便是"磨练各种人才"这样的译法，也仅仅是避免了原文 crucible 这个隐喻，换成动词后，还没有完全跳脱隐喻的控制，因为"磨练"这个词仍然有隐喻的成分在里面（注意"磨"的字面意思）。

　　总而言之，这段译文中的隐喻有些是明显的意象隐喻（如 shooting star）。若是在文学文本中，保留隐喻的要求就会更严格，但在这里，像译文二那样解释掉隐喻（一时成功）也未必需要禁止。由于是非文学文本，总体上说，隐喻仍然没有非常重要的作用，翻译时自由处理的空间仍然较大，只是译者有时不必舍近求远，放弃一个完全恰当的隐喻。为保留隐喻而刻意保留隐喻不恰当，为避免隐喻而故意避免隐喻也没有必要。

> 5. Ronald Reagan is dead now, and everyone is being nice to him. In every aspect, this is appropriate. He was a husband and a father, a beloved member of a family, and he will be missed by those he *was close to*. His death was *long, slow and agonizing* because of the Alzheimer's Disease which *ruined* him, one *drop of lucidity* at a time. My grandmother died ten years ago almost to the day because of this disease, and this disease *took ten years* to do *its dirty, filthy, wretched work* on her. (From *Planet Reagan*, by William Rivers Pitt)

　　本段也是非文学文本，也没有一个跨句的隐喻，至少下面几个地方，原作者用了隐喻,如 close to, long, slow, agonizing, ruined, drop of lucidity, took ten years, dirty work 等。这几个隐喻中,有的是靠人的直接经验形成的隐喻,如 close to, long, slow, agonizing。这些隐喻都有支撑它们的思维概念,如诱发 close to 的概念隐喻是 RELATIONSHIP IS PROXIMITY,本句中 death is long 的概念隐喻基础是 DEATH IS DISTANCE,诱发 slow 的概念隐喻是 DEATH IS MOVEMENT,而诱发 agonizing 的隐喻思维是 DEATH IS PAIN,ruined 的隐喻基础是 HUMAN IS BUILDING,诱发 drop of lucidity 的概念隐喻是 LUCIDITY IS WATER,最后一句是拟人化的思维,即 DISEASE IS A BAD PERSON,还有相关的概念隐喻 EVIL IS DIRT 等。总之,尽管这些隐喻都不很起眼,但是追根寻源,它们的出身成分却都是隐喻,其中有些依靠人的直接经验和感知或借助意象图式,所以隐蔽得很好,不易被我们发现(close to, long, slow),有些借助较鲜明的意象,比较容易唤起图像感(ruined, drop of lucidity)。那么我们在翻译中会如何处理这些不同类型的隐喻呢?让我们来看看下面三个译文:

  译文一:罗纳德·里根已经与世长辞,世人对他友善之至,从各个层面上讲,这样做都是十分正确的,他曾是一位丈夫,一个父亲,也是一个家庭挚爱的成员,他身边的人将怀念他。里根的死冗长,缓慢而且极度痛苦,因为老年痴呆症一点一点将他吞噬,我的祖母十年前曾患同样疾病去世,肮脏可恶的老年痴呆症在作恶整整十年之后,终于夺走了她的生命。

  译文二:现在里根死了,人人都对他显得尊敬有加。这于情于理都不为过。他是父亲,是丈夫,是深受爱戴的家庭成员,他会被那些曾经与他关系密切的人所悼念缅怀。里根的死既痛苦又漫长。他饱受老年痴呆症折磨,疾病使他一点一滴丧失清醒的神志。我祖母大概就是十年前的今天死于这种病的,整整十年她受病魔困扰、摧残,最终被击垮。

  译文三:罗纳德·里根去世了,一时间应景溢美之词不绝于耳。这怎么说都不为过。里根曾是丈夫,又是父亲,家里的人都深爱他,周围的人也怀念他。里根患老年痴呆症,清醒的神志一点点丧失殆尽,他死的既缓慢又痛苦。十年前差不多在同一天,我的祖母也因同样的病去世,整整十年,病魔折磨她,手段极其残忍。

有些隐喻有很强的超越文化穿透力,不仅可以按照原文的隐喻思路翻译,而且想避免都困难,比如 was long, slow and agonizing 这三个词译者就很难回避,所以译文一照单全收,译文二和三也基本按照原文思路翻译,用"痛苦又漫长""缓慢又痛苦"虽然不是三个词,但意思基本都包括在里面了。这种跨文化穿透性再一次说明,依靠人直接的感受形成的隐喻没有文化差异,最容易在语言体系内扎根,翻译时直接处理的可能性很大。另外,诱发 ruined 的概念虽也很常见,但处理起来就不同了,译文一用了完全不同的隐喻(吞噬),抛弃了原文的 BUILDING 隐喻,病人变成了被人吃掉的食物,但译文却放弃了 drop of lucidity 这个隐喻;鉴于 lucidity 不仅是修饰词,更重要的是,丧失神志是老年痴呆病的特征,所以与其放弃 lucidity,还不如放弃 ruined 这个词,如译文三就没有 ruined 的痕迹,仅保留了神志丧失。译文二,也保留了神志的丧失,但却用"折磨"取代了 ruined。上面讨论的这几个隐喻其实保留与否都无大碍,只要不影响大意,细节缺失一点无妨(如译文三没有 ruined)。这种文章应从实际效果考虑,面面俱到未必就好,毕竟,我们上面讨论的这些细节都属于"低危险"的文字,如何取舍并非举足轻重。

最后一句中的拟人化写法在中英两个语言文化中都很常见,且已经渗透在语言的集体意识中,所以使用这样的隐喻不会感到是努力的结果,在语言间转换也不困难。因此,三个译文都还原了原文的隐喻(痴呆症夺走生命、受病魔困扰、病魔折磨她),只是译文二和三更进一步将施动者妖魔化。句中的三个形容词(dirty, filthy, wretched)在翻译时会有些困难,因为直接按照原词的意思翻译在中文里可能不合适(肮脏的、可恶的、卑劣的),所以译者应该仔细分析一下,这三个形容词到底有多么特殊,是否重要,在这样的形容词上准确性放松一点,马虎一点,是否可以,是不是可以在这样的地方用一下"够好了"理论?其实这里完全不必谨小慎微,三个形容词也未必要翻译成三个,如第一个 dirty 和第二个 filthy 就很接近。从语言学上争论也许能做出区别,但翻译目的也许要求我们放松一下,不把语言学察觉的细微差别反映出来,因此三个词综合一下也未尝不可,反正三个词都是负面词,细节不很重要。译文二和译文三都没有把三个词分别翻译出来,而是将这三个词的意思揉合在整句中了。

此外,译文一用"世人对他友善之至"来翻译 is being nice to him,有些问题,因为这句不是 is nice to him。本句中的 is being nice 有临时的、短期的、有些做作出来的意思,所以译文二用了"显得"似乎可以,而译文三则离开了文字,根据句子的意思添加了一些词(一时间应景溢美之词不绝于耳),显得文字更渲染了些,但应该也可以接受。

> 7. *Immersing myself* in a book or a lengthy article used to be easy. My mind would *get caught up* in the narrative or the *turns* of the argument, and I'd spend hours *strolling through long stretches* of prose. That's rarely the case anymore. Now my concentration often starts to *drift* after two or three pages. I get fidgety, *lose the thread*, begin looking for something else to do. I feel as if I'm always *dragging*

my wayward brain back to the text. The *deep reading* that used to *come naturally* has become a *struggle*. (From *Is Google Making Us Stupid?* By Nicholas Carr)

这段文字是写当前人们受到网络文化影响，习惯于网上蜻蜓点水似的阅读，只求信息，却不愿意静下心来仔细品味文字的魅力。这是一个非文学文本，所以即便是强烈的意象隐喻，若不涉及主旨，仅起到修饰形容的作用，译者也不必过度关注。要是语言体系中的隐喻，则更可以忽略，但刻意忽略倒也无必要，对译文要听其自然。为了对原文理解透彻，对文中的隐喻梳理一遍还是有益的。

开头的 Immersing myself 显然是隐喻，其生成的基础是 READING MATERIAL IS LIQUID，而 caught up in 也是隐喻思维，其隐喻基础是 MIND IS MATERIAL；turns of the argument 其实也有隐喻思维参与，turns 的隐喻概念是 COMMUNICATION IS MOVEMENT，而 strolling through long stretches of prose 中的隐喻则很明显，诱发这个隐喻的概念是 READING IS WALKING；动词 drift 的隐喻基础是 CHANGE IS MOVEMENT，而 lose the thread 的隐喻基础是 IDEA IS CLOTH，但还可能有其他叠加在一起的隐喻概念参与其中；dragging my wayward brain back to the text 这个短语里的隐喻也非常明显，整句可能需要数个隐喻思维概念的参与，如 THOUGHT IS BODY PART 说明人体的一部分可以代替思想，而整句还牵涉到 INVOLVEMENT IS PRESENCE，把不听话跑开的大脑拽回现场；最后一句中的 deep reading 当然是隐喻，诱发它的概念隐喻是 SERIOUSNESS IS DEPTH，句中的 struggle 背后的概念隐喻是 ACTIVITY IS FIGHTING，甚至 come naturally 这样的动词结构都有隐喻参与，其隐喻基础是 HAPPENING IS ARRIVING。你看，说隐喻比比皆是应该并不过分，这么短短一段文字至少就有十多个隐喻思维概念参与其中，怪不得认知语言学家们说我们依赖隐喻而生活。上面这些隐喻中，大部分都是不引人注目的隐喻，但也有一些比较引人注目。我们可以根据其受注目的程度，把隐喻排列如下：

Come naturally
Caught up in
Struggle
Drift
Lose the thread
Deep reading
Immersing myself
Strolling through long stretches

Dragging my wayward brain

我们可以看出,最上面的常规程度最高,最不易被发现。但是总的来说,除了最后一两个外,大部分的隐喻都是语言体系中常用的,所以本身无很大的价值,因为都不是作者个人的首创,而是说英语的人说过千百遍的话。鉴于这些隐喻大都也是依靠人的感受或意象图式或常见事物为基础的,所以在英汉之间不构成理解上的困难,而直接翻译过去的可能性也较大,如说"深度阅读来的自然""沉浸在书本中""思绪断了线""斗争"等都不见得不可以,尽管有时并非最佳译法。下面三个译文都有些长处,让我们慢慢分析:

译文一:过去要浸沉在书本文章中着实轻松容易。我会深深地为文章叙述或语意转折所吸引,也会花上几小时阅读散文,优游于字里行间。但现在几乎不这么做了。如今我顶多读个两三页就开始恍神,坐立不安,无法专注,想找别的事做。我总觉得一直在把神游书外的自己拉回到文章上。以往深度阅读好似易如反掌,如今却困难异常。

译文二:沉浸在某册书籍或某篇长文之中曾是一件轻松易事。娓娓叙事和论锋移转引我入胜,我漫步在隽永悠长的字里行间,一连好几个小时。可是如今,这样的情形已少之又少。现在的我,读书不过二三页,注意力便已开始飘散;我变得烦躁不安,进而跟不上书本的思路,最后不得不改做其它事情。我感觉自己总是在把乱走的神思使劲往回拉。"深度阅读"以前对于我再自然不过,现在却变成了一种折磨。

译文三:静下心来阅读一本书或一篇鸿文曾经很容易。我的思维会沉浸在作者的叙述或议论中。顺着绵延不绝的文句,我可以溜达上好几个小时。但这种情形已然难得一见。现在,读书不过两三页,注意力便开始分散。于是我会坐立不安,跟丢了文章的思路,然后跑去找别的事来做。我感觉自己好像要不停地把到处乱跑的思绪拖回到文本上。曾经毫不费功夫的深度阅读已经变成了一种奋斗。

译文一用了"浸沉"保留了原文的隐喻,译文二也用了相同的隐喻,唯独译文三去掉了隐喻,使用了"静下心来阅读",用了释义法,完全可以。Strolling through 这个短语是比较鲜明的隐喻,三个译文全部保留了这个动作(优游于、漫步在、溜达上)。而 dragging my wayward brain 这个隐喻三个译文中均保留(拉回、劲往回拉、拖回到)。这几个都是意象比较鲜明的隐喻。但是其他隐喻似乎也保留了不少,如 drift 译成"分散"、"飘散",但译文一译成了"恍神";lose the thread 三个译文处理不同,译文一是"无法专注",放弃了隐喻,译文二是"跟不上书本的思路",保留了隐喻的基本思路,而译文三则更贴近原文的隐喻,译成"跟丢了文章的思路";struggle 一词翻译时也有差异,如译文一是"困难异常",删除了隐喻,译文二是"折磨",换了一个隐喻的基础,而译文三是"奋斗",保留了隐喻。三个译法中放弃隐喻和第三个保留隐喻都可以接受,第二个也未必不可以。另外,deep reading 这一短语的译法三个译文完全一样。所谓 deep reading 指的就是深入的、认真的,不是浮光掠影的阅读方法。鉴于这个文本在推荐别人认真阅读,所以这个短语就成了一个要强调的阅读法,可能会成为一个专有名称,所以翻译成便于记忆的"深度阅读"似乎更可取。我们也不必当心语义是会否有差异,因为 deep 的概念基础是意象图示,跨文化时不会有很大障碍。另外,turns of argument 表示议论中的变换,翻译时不必太注意细节,译文三就虚化掉了细节,翻译成"议论",这毕竟不是法律文本。最后,prose 一词译文一翻译成"散文",但这里该词似不是在专指某一特定体裁的文本,而是泛指文句。

非文学类文本翻译小结

非文学文本中的隐喻很多都是被语言体系接受的隐喻,所以价值不大,在翻译的时候译者也往往不会注意到这些隐喻,所以万一出现在译文中,可能也是无心插柳的结果,而非刻意的移植。但是有时,特别是在对原文理解不透彻时,从隐喻角度解读文字,也许对译者理解原文会有帮助。至于那些较为突出的隐喻,我们可能需要仔细分析。如果隐喻非常奇特,不属于语言体系,译者仍然需要确保放在译文中不会影响可读性。总体来说,即便是这类意象强烈的隐喻,只要不牵涉到原文的主旨,仍然不一定要直接翻译到译文中。但是,由于隐喻(特别是被语言体系接受的隐喻)完全不能在英汉语言间被理解的例子不很多,所以翻译时直译表达的可能性仍然很大。但在非文学翻译中,我们不应该以保留隐喻为目的,不应该牵强地保留或删除隐喻,而应该让语言非常自然。

8.2 文学文本中隐喻的分析与翻译

1. The *iron lightning* of war has *burnt great rents* in these angelic *veils of idealism*... Our souls go *in rags* now; and the young are *spying through the holes* and getting *glimpses of the reality that was hidden*. And they are not horrified: they exult in having found us out: they expose their own souls; and when we their elders desperately try to *patch our torn clothes with scraps of the old materials*, the young *lay violent hands* on us and *tear from us even the rags that*

were left to us. But when they have *stripped themselves and us utterly naked*, will they be able to bear the spectacle? (From *Six Dramatists in Search of a Language*, p. 82, by Bernard Shaw)

本段选自肖伯纳的作品,归入文学应无问题,本段大意是说战争和年轻人把成年人的灵魂暴露无遗,但是彻底暴露后的景象定不堪入目。贯穿整段的大隐喻是 SOUL IS A PERSON IN CLOTHING,所有的语言隐喻都被这个大隐喻(extended metaphor)诱发。但一开始的 iron lightning 和 veils of idealism 则是另外两个隐喻,就是把 war 比成雷霆,把 veils of idealism 比作树木,雷霆在树木上烧出了洞,背后的概念隐喻分别是 WAR IS LIGHTNING 和 VEIL OF IDEALISM IS TREE。但是这是两个孤立的隐喻,不像 SOUL IS A PERSON IN CLOTHING 这个隐喻在数个句子中都有痕迹,如 in rags, through the holes, patch our torn clothes, tear from us even the rags, stripped themselves and us utterly naked。在这个语篇里无论是这个大隐喻还是孤立的隐喻,都是意象隐喻(image metaphor),都不是常规隐喻,都构成前景化。也就是说,在翻译时尽可能在译文中还原原文的隐喻是翻译的首选策略。让我们来看看下面几个译文是如何处理这些隐喻以及其他词语的。

译文一:战争的雷霆无情如铁石,在理想主义圣洁的面纱上灼烧出巨大的破洞。我们的灵魂如今褴褛不堪;年轻人张头探脑,从破洞中一窥被掩盖的现实。他们没有吓倒:他们为拆穿我们而沾沾自喜;他们袒露出自己的灵魂;当长辈们拼命地用旧布头补纳破衣烂衫时,年轻人却伸出暴力的手爪,撕下我们仅有的残衣。然而,当他们将自己和我们都剥得一丝不挂,他们是否能忍受那个场面?

译文二:战争的钢铁霹雳在理想主义的天使面纱上烧出了巨大窟窿……我们的灵魂衣不蔽体;年轻人透过破洞往里面窥探隐匿的现实之究竟。他们未被吓倒:他们因揭穿我们而狂喜;他们揭露自己的灵魂;当我们这些长辈拼命想用旧材料上的碎片来修补身上的残衣时,年轻人粗暴地扯去我们身上仅有的破布。但是当他们把自己和我们都扯得一丝不挂的时候,这样一副奇观他们可堪承受?

译文三:战争的万钧霹雳在理想主义天使般的面纱上烧出了一个个大窟窿……我们的灵魂现在只有烂衫遮体;而年轻人正透过窟窿窥视,看见了藏在破衣下的现实。但他们没有被吓坏:他们从看清我们的过程中感到欣喜万分,他们也暴露了自己的灵魂。当我们这些长辈拼命用旧衣料去遮补褴褛的衣衫时,年轻人用粗暴的手将我们身上仅存的衣物撕掉。可当他们把我们和

第八章 隐喻翻译实例分析（段落）

自己扒得精光时，他们难道能承受得了眼前的景象？

看了上面三个译文，我们发现三个译者都保留了 SOUL IS A PERSON IN CLOTHING，只是具体处理有些细微的差别。其实只要把文本定位成文学类，译者常会自然地沿着原文的隐喻翻译下去，因为汉语这个大隐喻完全可以被中文读者接受，并不会感到怪异，而采用释义的办法故意避免原文的隐喻反倒更困难。另外，译文二将 exult in having found us out 翻译成"因揭穿我们而狂喜"，把 in 这个介词解释成原因，但是译文三却解释成 in the process。此处介词 in 仍可以从三维空间的角度思考，即从中获得喜悦。但若将其转换成原因则更合理、更清楚，因为 having found us out 这个完成时态表明的是一个结果，译成"因……而"要比翻译成过程更好；另外"揭穿"与原文有些出入，此处并非是年轻人揭露的，而是战争之雷霆揭露的，年轻人要到后面才 tear from us even the rags that were left to us，所以 found us out 不是揭露，而是"发现"等意思。此外，几个译者也都在第一句中基本保留了另外两个隐喻。这就说明，译者如果语感正确，按照原文保留隐喻的译法基本是水到渠成的，不需要纠结挣扎，相反抛弃隐喻反倒比较困难，这是因为强烈的意象隐喻很难用非隐喻的手法完整解释，比如第一句若解释成"战争把理想主义打得落花流水……现在我们的灵魂呈一副狼狈相"，初一看也很不错，但仔细对照，译文和原文毕竟还是有些语言上的差别。若是在非文学文本，也许可以接受，但在强调语言的文学作品中就不宜提倡这样释义了。其实，即便是非文学作品，保留隐喻若并不造成汉语阅读困难，甚至还很通顺，那就大可不必故意拿掉隐喻。当然，有些时候也许不在全保留和全抛弃两个极端之间选择，译者也会采取不完全脱离隐喻的译法，放弃一些细节，以便增加可读性。细节常会使译文读起来别扭（参见"隐喻的概括性"一节中有关"纵向移动"的讨论）。最后，添词加字也应该更谨慎些，比如"无情如铁石"中的"无情"，"年轻人张头探脑"中的"张头探脑"似乎都可以不添加，词语外可能联想到的意思，即便联想正确，也还是尽可能以不添加为宜。

2. *One inconvenience* I sometimes experienced in so small a house, the difficulty of getting to a sufficient distance from my guest when we began to utter the *big* thoughts in *big* words. You want room for *your thoughts to get into sailing trim and run a course or two before they make their port. The bullet of your thought must have overcome its lateral and ricochet motion and fallen into its last and steady course before it reaches the ear of the hearer*, else it may plow out again through the side of his head. (From *Walden and Other Writ-*

ings, by H. D. Thoreau)

You want room for your thoughts to get into sailing trim and run a course or two before they make their port.

本段选自梭罗的散文名著《瓦尔登湖》，是文学作品，所以有足够的理由关注文中的隐喻，而且本段也确实不辜负文学的身份，可谓隐喻丛生。由于梭罗的这本散文集在中国非常有名，所以译本不少，我们这里选用下面三个译文供参考：

译文一：有时，我也觉得我的房间太小了，不大方便，客人与我用深奥的字眼谈论大问题时，我就很难和他保持一个适当的距离。你的思想也需要有足够的空间，好让他充分做好起航的准备，行驶一两个航程，再直达港岸。你思想的子弹必须克服它的横向跳动和飞行跳动，才能笔直前进，达到听者的耳朵里，否则它会一晃从听者的脑袋旁边一飞而过。（李暮译）

译文二：我也曾感到我的这个小的房间不大方便，当客人和我用深奥的字眼谈着大问题的时候，我就难于和客人保持一个适当的距离的。你的思想也得有足够的空间，好让它准备好可以开航，打两个转身，达到港岸。你的思想的子弹必须抑制了它的横跳和跳飞的动作之后，笔直前行，才能达到听者的耳内。要不然它一滑就从他的脑袋的一边穿过去了。（徐迟译）

译文三：我有时候感觉到，这样小的房子不方便的地方之一是，当大家开始用大字眼表达深刻的思想的时候，很难和客人之间拉开足够的距离。你要给自己的思想量好起航的空间，跑上一两圈，才能抵达港口。你的思想的子弹必须克服倾侧和跳跃，进入最终的稳定路线，才能达到听者的耳朵里，否则会

第八章
隐喻翻译实例分析（段落）

从他脑袋的一侧钻出来。（王家湘译）

本段中隐喻不少，比方说 big thoughts 和 big words 就都是隐喻说法，其中的 big 当然不是字面意义的"大"。这个形容词经常带有隐喻含义，如 big money 的隐喻基础就是 MORE IS BIG，意思就是有很多钱。但是 big 更常当"重要"解释，如 big thoughts 中的 big 的含义就是重要的意思（IMPORTANT IS BIG），而 big words 中的 big 更像是 lofty 的意思（ELEVATED IN STYLE IS BIG）。在翻译时译者选择的余地可能较大，但正如我们在前面反复指出的，以感知、图式为基础的隐喻很容易在跨文化过程中被接受，所以在这里如果翻译成"用大词语讨论大思想"，其实也不错。不过译者并非一定要这么说，因为即便这是文学作品，这种隐喻还是没有多大意义，因为它们属于语言体系。顺便放到译文里，若能恰到好处，便接受它，但刻意还原这种隐喻就没有必要了。所附三个译文中有的就用了"大"，有的就没有用。那么不翻译成"大"，翻译成什么呢？译者在选词过程中其实可借助原文的隐喻思维作为选词的线索。我们学习外语的人喜欢释义，所以不妨先把这两个 big 解释一下，比如 lofty thoughts in lofty words 或者 grand thoughts in grandiose words，然后在这个基础上选词。不过即便这样，我们的选词总还会和"大"这个隐喻思维形影不离，如"宏大的思想"、"伟大的思想"等都是可选择的词，但都有大的意思包含在里面。三个参考译文中有一个用"深奥"表达文字，有一个用"深刻"表达思想，都是可选择的词，但都和原文 big 的隐喻思维有差异，比如"深刻的思想"更像接近 deep thoughts。所以回到隐喻的原点似乎更胜一筹："用大词汇讨论大问题"，因为这个 big 和本段的主题相关，即在小空间里谈大思想的困难，保留这个大，就能和房间的小形成对照（big thoughts discussed in a small house）。

但是本段的主要隐喻是在接下去的句子中。当我们看到 your thoughts to get into sailing trim and run a course or two before they make their port，我们就不像刚才那样"无动于衷"了，马上集中了注意力，觉得这个句子不一般，不是大家经常说的话，句中有些引起我们注意的文字。其中的 sailing 和后面的 their port，当然还有 run a course，似乎说明有"船"的意象在我们的眼前晃动，比如 trim a sail 指在调整风帆，以便能最大程度地让风帆起作用，而 port 是船抵达港口的形象，喻指讲的话抵达听话人的耳朵，所以这一句背后的概念隐喻是 ACT OF THINKING IS A BOAT JOURNEY。但作者没有沿着这个思路发展下去。在接下来的一句中，作者突然引入了全新的隐喻：the bullet of your thought。这是一个鲜明的隐喻，当然不属于语言体系，是作者刻意所为，所以就有一定意义，我们在本书原则部分反复强调，作者故意选择的隐喻，不能随便丢弃，可以说这就是一例。作者从前面的舟船，一下子换成了子弹，而且还有一些和子弹相关的语言，如 overcome its lateral and ricochet motion，fallen into its last and steady course 和 plow out 都是和子弹相关的语言。不过作者并没有做到百分之百的连贯，当他开启子弹隐喻后，中间用了不少与子弹相关的隐喻，可是也放弃了"靶子"这个和子弹相关的词，偏偏使用了 the ear 这个非隐喻词。

我们看到这个"船"和"子弹"隐喻都不是孤立的隐喻，它们各自都有几个组成部分，如 sailing trim, run a course 和 port 都是"船"隐喻的主成部分，可成为 extended metaphor，这又进一步使得隐喻的分量加重，也就是说，更难放弃这个隐喻了。如果译者也能像原文一样，在几个地方同样使用"船"隐喻，译者就做到了"连贯"（coherence），但是否保留连贯则必须视具体情况而定，不能在没有语境的情况下提出空洞的规范。参考上述三个译文，我们可以看到，基本上三个译者都保留了原文的"船"隐喻和"子弹"隐喻。其实按原文隐喻思维翻译是最自然的译法，很难避开隐喻，这说明这两个隐喻在中文里并不"水土不服"，因为两个隐喻的基础是最常见的现象（船和子弹）以及超越文化的图式（旅程和子弹飞行的物理特征）。"船"隐喻和"子弹"隐喻其实是并列的，比如船的校正风帆和子弹的校正弹道是用不同的说法言说同一个现象，所以我们甚至可以对原作提出批评，认为从"船"隐喻没有任何过度就突然转换到"子弹"隐喻是写作的弊病，但作为译者，一般情况下我们不宜"越俎代庖"，在译文中将隐喻换掉。另外"子弹"隐喻中最后一个组成部分（plow out）的翻译当然也没有避开原来的隐喻，但是由于解读时意像不清晰，造成三个译文差别很大，有必要解释一下。首先译文一中的子弹显然没有通过人脑，是在旁边穿过的（原文是 through the side of his head），介词 through 能构成一个空间管道图像；译文二似乎也没有进入人脑（一滑就从他的脑袋的一边穿过去了），只有译文三是符合原文隐喻意象（从他脑袋的一侧钻出来）。译文三显然回避了动词 plow 的直接翻译。这个动词实际和前面的弹道校正有关，也就是说，plow 是没有校正弹道的结果（else）。这个动词实际是一个非常血腥的意象，作者借用了犁耕的结果映射到子弹未校正弹道的结果上。若形象过于鲜明，都应该属于儿童不宜。但显然这里这个形象淡化了，至少译者可以将其淡化，基本保留 come out 这个无过多隐含词义的动词即可。文学翻译的一个倾向是在细节处和原文对应，如 overcome its lateral and ricochet motion 这个弹道校正的细节，三个译文都按照原文保留下来，并没有采用释义综合的方法翻译成"校正弹道"。在有些非文学文本中这样释义完全可以，在文学中很难说不能这样做，但却会有争议，比如"思想的子弹必须调整弹道，才能让听者接受，否则你的思想就只能一个耳朵进，一个耳朵出"这个译文其实很通顺，但却没有了隐喻，优劣也许会各有评说。

最后，句子开头的 One inconvenience 是可数的，具有隐喻的意思，也就是说，不是抽象的，而是不方便的事。三个译文中只有第三个保留了原文的可数特征（不方便的地方之一），其他的都没有这样处理。其实这个隐喻基本是属于语言体系的，没有很大意义，未必一定需要像译文三那样保留，如译文二变成形容词（不大方便）完全可以。

3. What is dying? I am standing on the sea shore, a ship sails in the morning breeze and starts for the ocean. She is an object of beauty and I stand watching her till at last she fades on the horizon and someone at my side says："She is gone." Gone! Where? Gone from my sight—that is all. She is just as large in the masts, hull and spars as she was when I saw her, and just as able to bear her load of living freight to its destination. The diminished size and total loss of sight is in me, not in her, and just at the moment when someone at my side says, "She is gone!" there are others who are watching her coming, and other voices take up a glad shout："There she comes!"—and that is dying. (By Henry Van Dyke)

这段文字据说是由一位牧师写的，常用于葬礼。这虽然不是正规的文学作品，但文学色彩极强，所以把它当文学作品处理应该可以。我们先来分析一下原文。

本段中除掉第一句和最后一句不是隐喻外，所有其他文字均只能从隐喻角度解读才有意义。第一句 What is dying 提出问题，最后一句 that is dying 回答问题，中间的所有文字都是在界定死亡，且全都是用隐喻的方式界定的。这是一个典型的 mega-metaphor 或称 extended metaphor。这种隐喻的特点是它不是孤立的单个隐喻，而是由数个具体的"小隐喻"构成，但这些具体的隐喻都围绕着一个大的隐喻（mega）。比如本段中跨句的大隐喻是 DEATH IS A JOURNEY，但围绕着这个大隐喻，还有很多小的隐喻，如 ship sails 告诉我们达到目的之交通工具，horizon 则代表不可知的目标（unknown destination），但这个地平线其实代表转折点，即一个阶段结束令一个阶段开始，large in the masts, hull and spars 与逝者的外在形象有关，而 her load of living freight 则代表生活中的负担。甚至原文中的 gone 和 faded away 都是隐喻，其背后的隐喻基础是 DEATH IS ABSENCE。也就是说，人死亡的过程和船的航行过程形成映射。由于帆船驶向大海是一个非常美好的过程，所以作者将死亡过程比喻成船驶向海洋，就把死亡美化了。现在让我们来看两个译文：

译文一：什么是消逝？我站在海滩上，一艘船顶着晨风驶向大海。她美丽动人，我一直目送她，直至她消失在地平线，直至身边有人说："她走了。"走了！上哪儿去了？从我的视野里走了——如此而已。她的桅杆还是那么高、船身那么宽、船柱那么粗,像我看见她时一样,她也像当时一样有能力满载一船生命驶向目的地。她在变小,彻底离开视线,却是对我而言,而非对她,身边有人说"她走了"的时候,还有别人在看着她来临,还有声音在欢呼"看,她来了!"——这就是消逝。

　　译文二:死亡是什么?我站在海岸边,一艘船在晨风中扬帆驶向大海。她真美。我站在那儿,望着船,直到她消失在天际线。我身边一位说:"她走了"。走了!去哪儿了?从我的视线前走了,仅此而已。她风帆高扬的船体仍和我当年见到她时一样挺立,也和当年一样,载一船的生活物资,驶向目的地。在我眼里,船体缩小像消失了,但她其实依然如旧。正当我身边一位说"她走了"时,其他人正看着她驶向他们,他们兴奋地高喊着"看,她来了"。这就是死亡。

幸运的是原文的隐喻在中文里不构成理解问题,因为尽管 DEATH IS A JOURNEY 并不是汉语中最常见的隐喻,但 JOURNEY 隐喻本身是意象图式概念诱发的隐喻,人们已经非常熟悉,如 LIFE IS A JOURNEY 基本深入人心,属于中文语言文化体系内的基本隐喻思维。那么怎样处理这种"巨大"的隐喻呢?按原文思路行文仍然是主要策略。上面几个译文基本恢复了原文的隐喻。有些地方不照隐喻处理反而会出问题,若将 gone 翻译成"去世",意思虽然不错,但会打破隐喻的连贯性,结果和后面的 gone where 无法衔接起来,因为你无法说"去世到哪儿了?"同理,She is gone. Gone! Where? Gone from my sight 也最好不翻译成"'她走了'。走了!去哪儿了?从我的视线前消失了",而以保留 gone 的隐喻为上策(从我的视线前走了),因为原文的三个 gone 相互依存,用"消失了"就破坏了这个依存关系。还有细节也应注意,如译文一的"一艘船顶着晨风驶向大海"就有些小问题,"顶"字说明有阻力,但原文却是非常祥和的景象,英语的 breeze 就说明这点。如果是 sails against the wind,那么"顶"字恰到好处,但文中是 sails in the morning breeze。另外,译文一把开头和结束的 dying 译成了"消失",也不恰当,此处必须翻译成"死亡",因为这是在界定死亡,若换成"消失"就消除了界定的对象。最后,文中的 The diminished size and total loss of sight is in me, not in her 是在说,船体形状之缩小乃至消失是主观的感受,可能不是客观的真实情况。换句话说,in me 就是在我大脑中的主观感受,not in her 就是非她的(船的)实际情况。这里作者主要想说明的是,你说"她"死了,那是你的主观感觉,"她"可能并没有死。

　　总体来说,对于这种有文学色彩的文字,译者应该尽可能地保留原文的隐喻,特别是当保留隐喻完全不影响中文行文的情况下,就更不该舍近求远了。

4. There are roughly *three NewYorks*. There is, first, the New York of the man or woman who was born here, who takes the city for granted and accepts its size and its turbulence as natural and inevitable. Second, there is the New York of the commuter—the city that is *devoured by locusts* each day and *spat out* each night. Third, there is the New York of the person who was born somewhere else and came to New York in quest of something. Of these three *trembling cities* the greatest is the last—the city of *final destination*, the city that *is a goal*. It is this third city that accounts for New York's *high-strung disposition*, its *poetical deportment*, *its dedication to the arts*, and *its incomparable achievements*.

本段选自 E. B. White 的那篇著名的散文 Here is New York。一开始的 three NewYorks 就是隐喻，因为实际上纽约只有一个，只有从隐喻的角度看，才能说有三个纽约，而这很可能构成翻译的问题。接下去又一个非常明显的隐喻 devoured by locusts and spat out，这个隐喻不是我们前面说过的那种直接依靠感知和意象图式的隐喻，这是一个意象强烈的隐喻，有些人称这种隐喻为"意象隐喻"（有别于"意象图式隐喻"），或称之为"一次性隐喻"（one-shot metaphor），因为这仅是作者为此目的临时的凑合，换句话说，这种说法没有被语言体系接受。正因如此，这类隐喻就是作者刻意所为，是有一定目的之表达法，就有可能具有一定修辞或其他艺术方面的意义。这倒不是说，见了这种隐喻就一定要保留在译文中，但是至少不能轻易丢弃，要给予关注，然后看情况决定。接下来的 trembling 一词也不可能是字面意思，说城市在颤动，只能是隐喻意义上的。回溯其源头，这个动词仍然令人想到人，如因为气愤等人会颤动，所以这个词的概念隐喻是把城市当作人（A CITY IS A PERSON）。接下来的 final destination 和 goal 背后的概念隐喻是常见的 LIFE IS A JOURNEY，英汉间没有差别，完全可以理解，甚至移植到中文里也能被接受。接下来的 disposition，deportment，dedication 和 achievements 都是描写人的，所以诱发这四个隐喻的概念基础也是 A CITY IS A PERSON。这个概念隐喻不像 LIFE IS A JOURNEY 那么常用，但中文里面也能理解，只是它不是我们赖以生存、"息息相关、生死与共"的隐喻概念，所以会显得略为与众不同，在此处确实增添了文学描述的味道。带着这些隐喻观点，我们来看下面三个译文：

译文一：在不同人的眼里，大致有三个纽约。在生于斯长于斯的男男女女眼中有一个纽约。对他们而言，这座城市是理所当然的，纽约的巨大，纽约的动荡,在他们看来都再自然不过,也不可避免。有人每天坐车上下班经过纽约,在他们的眼中又有一个纽约,这个纽约每天上午都被蜂拥而至的人潮所吞噬,到每天晚上才又重新被吐出来。有的人生于别处,怀揣着某种追求来到纽约,在他们眼中还有一个纽约。这三座城市都充满动感,但最伟大的却是第三个纽约——这个纽约是冒险家追求的目标,他们心中的彼岸。正是这第三座城市让纽约的性格紧张兮兮、又敏感不已,行动举止诗意盎然,也让纽约献身艺术,获得不可比拟的成就。

译文二:大致说来,纽约由三种人组成。第一种是土生土长的当地人,纽约对他们来说习以为常,他们看惯了这个城市的巨大规模,也习惯了它的喧嚣纷扰,认为这些都是不可避免的。第二种人是上班族,他们白天涌进城里,晚上又都离开。第三种人则在外地出生,来到纽约是有梦要追。这三种人都使纽约充满动感活力。但是最了不起的却是最后一种人,他们把这座城市当作了最终的目的地。正是他们使得纽约具有了紧张的特性,诗人的气质,对艺术的执著,无与伦比的成就。

译文三:大致说来有三个纽约。第一个属于土生土长的纽约人。他们看惯了这座城市,它的巨大、它的混乱都是自然而然,不可避免的。第二个属于通勤者。白天,整个城市被飞蝗般的人群吞噬,夜晚再吐出来。第三个纽约属于那些生在异乡、来此寻求什么的人。在这三个不平静的城市中,最伟大的是最后那个——那座终点之城,目标之城。它造就了纽约敏感紧张的气质,浪漫诗意的风姿,钟情艺术的执著,和独一无二的成就。

首先看第一个译文。开头一句就和原文不同,原文是 three New Yorks,这个译文却添加了很多字,成了"在不同人的眼里,大致有三个纽约"。译者也许逻辑性很强,因为只有一个纽约,怎么会有三个纽约呢? 但他也知道,作为译者它毕竟不能改原文,所以译者就想尽办法将"三个纽约"的说法合理化,在前面加了"在不同人的眼里"。但这一加意思就变了。原文没有说是在三种人眼里有三个纽约,原文只是作者在说。那么译文二是否可以呢:"大致说来,纽约由三种人组成"? 这个译文的问题是,原文并没有说有三种人,只是说有三个纽约。接下去的文字确实在说三种人,但本句却是在说纽约。翻译这句时,很多学生总是停留在逻辑思维上,却忘了这是文学作品,作者经常用隐喻的思维写作,所以本句应翻译成"有三个纽约"。

接下来是那个有强烈意象的蝗虫隐喻。第一个译文将蝗虫换成了蜜蜂(蜂拥而至),后面也用了"吐"这个动词。若是在非文学文本,我们也许不用去管它,将蝗虫换成蜜蜂有什么不可以,反正都是表示人多,一起涌来,又一起退出。若是非文学文本,不仅换成蜜蜂隐喻不是问题,就是把隐喻全拿掉也无所谓,如译文二就没

第八章
隐喻翻译实例分析（段落）

有了隐喻（他们白天涌进城里，晚上又都离开）。但是这个译文是文学文本，所以换隐喻、删隐喻都需要谨慎些，倒不是说文学作品就一定不能换隐喻，不能删除隐喻，只是这样做不是翻译文学的常规方法，文学中作者正是借着这些文字的把戏，使自己有别于其他作家，而译者大笔一挥，把人家苦思冥想的文字游戏全给扔掉了，这样当然不行了。所以说，释义（paraphrase）不是文学翻译的主要手段。也正因此，本句最好像译文三那样保留隐喻："整个城市被飞蝗般的人群吞噬，夜晚再吐出来"，加上"般的"就使隐喻变成了明喻，多少能减少隐喻过于强烈冲击。另外 trembling 一词的中文选词不容易。尽管此为文学语境，但这个词仅仅是一个修饰城市的形容词，没有特殊意义，所以译者不必过多考虑隐喻，如从充满活力的角度思考（译文二），第三译文的"不平静"则可能有其他负面意思隐含其中，不宜使用。

　　上面已经说过，destination 和 goal 背后的概念隐喻是英文和中文里都非常熟悉的，所以可以按照原文的词翻译，如 译文三的"终点之城，目标之城"，未必需要变换。译文一将 goal 翻译成"彼岸"，但这个词表示的是向往的地方，并不是最终的目的地，严格地说，和原文的意思不一样。译文二将这两个词合并成一个"最终的目的地"。尽管目标、终点、目的地这些词都表达相似的意思，但文学语言并非仅仅是翻译意思，语言形式也很重要，所以一般不主张在文学翻译时做这样的合并。最后一句是拟人说法，中文里也用隐喻表达并不困难，很自然地就能将拟人的隐喻带出来，所以译文一、二、三都没有离开隐喻表达法。本句离开隐喻反而更困难，甚至不一定做得到。此外，in quest of something 这个短语有人翻译成"有梦要追"，在原文没有隐喻的基础上添加了"梦"这个隐喻。但这个添加似乎还不如译文三的直译更合适"来此寻求什么的人"。

　　最后从宏观角度来看看三个译文。一个最明显的差别是译文一字数很多（276个字），而译文二是 208 个字，译文三仅有 183 个字。仔细一看就发现译文一不停地使用释义的方法，如"有的人每天坐车上下班会经过纽约，在他们的眼中又有一个纽约""这个纽约是冒险家追求的目标"，译者不停地将自己理解的写出来，将不顺畅的地方用文字润色修饰，结果文字就膨胀了，而且准确性也受到影响，比如"冒险家"原文里就没有这层意思。你当然可以把这层意思想象进去，但那不应该是译者的责任。三个译文中，译文三更简洁明了，同时也最大程度地保留了原文的隐喻思维。

> 5. Both as a critic and reader Woollcott *dodged the peaks*. He chose instead the *green pastures* at his own level. Off the *sweat clover and sour sorrel* of these he *nibbled quite happily*, and cajoled thousands of others to find joy by following his example. His tastes were *safe-*

ly below the timberline. If he *seldom lifted his eyes* to the hills, it was because he was too engrossed in what was happening *next door*.

本段选自 Saturday Review 的一个文学专栏（Seeing Things），作者是一位著名的文学评论家，他评论的对象也是一位文人。虽然这篇本身只是文学批评，但由于作者是文人，字里行间总透出文学色彩，所以我们仍然有必要翻译出行文的特征。文中斜体的文字都是隐喻，比如 peaks 就不是真的山峰，草原也非草原，抬眼望也不是真的在看山峰，邻居也不是真的在说邻居。作者说，伍尔科特避免巅峰。那么这是什么意思？作为读者避免巅峰，就是不追捧地位确立的大作家，作为评论家避免巅峰，就是不去评论大作家、大作品。所以巅峰、草原、邻居都是以隐喻的方式指不同的文学作品，也就是说，将大地的景观和文学作品联系起来，整段背后的隐喻是 LITERATURE IS LANDSCAPE，而在这个大隐喻的前提下，还有垂直度（scale of verticality）和作品的关系，下面进一步讨论。不过先看三个译文：

译文一：当批评家还是当读者，伍尔科特都避过了山峰。他选择了适合自己的那片绿野。他在绿野上甜甜的苜蓿和酸酸的酢浆草间欢快地啃啮，他还哄得无数人效法他来寻求欢乐。他的品味稳稳当当地保持在较低的水平。要是他不怎么抬眼望向小山，那是因为对门发生的事儿让他太入神了。

译文二：作为评论家和读者，伍尔科特都避开了巅峰。他选择停在自己的高度，在碧绿的牧场，心满意足地咀嚼着草木犀和酸模，劝诱众人效仿他的先例，寻找快乐。他的兴味稳稳地处在林木线以下。他极少抬眼去看山上，那是因为他一心关注邻居的动静。

译文三：无论作为批评家还是读者，乌尔考克都躲避巅峰，低徊于绿茵草地之上。他愉快地品尝草地上的花草，还引诱成百上千的人和他一道去寻求快乐。他的品味总是停留在与他不相上下的水平，这样才安全。他很少抬眼望山，因为隔壁的事已让他心醉神迷。

首先，peaks 一词三个译文都翻译成"峰"，可见此处很难有其他译法。而 green pastures 三个译文虽不完全一样，但都保留了隐喻（绿野、绿茵草地、碧绿的牧场）。不过三个译文对于 at his own level 的处理却不同：译文一译成了"适合自己的"，译文二是"选择停在自己的高度"，译文三则是"低徊于"。严格地说，"适合自己的"和原文有些出入，因为原文并没有适合不适合的意思，原文仅仅是说在我这个水平的绿野平原，但是这个出入非常细微，似乎可以忽略；译文二则完全按照原文的语言翻译"选择停在自己的高度"，略显生硬；"低徊于"很灵活，唯独没有"我"这个参照点。接下来的 sweat clover and sour sorrel 和 nibbled 译文一和译文

第八章
隐喻翻译实例分析（段落）

二都保留了原文的隐喻，但译文三虽然也用了品尝，但具体的植物名称没有了，只用了"花草"。若在纯文学作品中，这样除掉植物名也许不当，但此处似可接受。而 lifted his eyes 和 next door 都保留了隐喻，译者没有去解释。原则上保留原文的隐喻仍然是主要的处理方法。如果译成"乌尔考克避免地位比较高的文学作品，而只是选择无名之作"（且不说这样意思是否正确），则是典型的"释义"。这种译法目前不少人采用，但是建议使用时应慎重，文学作品则更应小心，不宜滥用。当然也不应完全排除解释原文，如 safely below the timberline 这个短语保留 timberline 这个隐喻就很困难。所谓 timberline 就是指山脉上的一条线，在这条线下有葱绿的植被，但在这条线上植物就不能生长了，因为没有足够的温度、湿度等生长条件。正因如此，高于这条线就可能不安全，因为没有成长的条件，与之相对的 green pastures 则会安全，因为有生存的条件。若翻译成"停留在林木线之下"，大部分的读者都没有上面这些林木线地理环境的常识，会根本看不懂是什么意思，所以放弃隐喻也许更恰当，如"他的品味总是停留在与他不相上下的水平，这样才安全"或"停留在较低的水平"，甚至"他力求稳妥，不去追求过高的品味"也未尝不可。当然放弃这个隐喻还有更有说服力的理由，因为这个隐喻没有大意义，无关艺术特色，本段也非取自特别强调隐喻的诗歌散文类作品，所以改变或放弃"林木线"这个隐喻应为上策。

另外，有必要看一下这段的概念隐喻。前面讲过，整段背后的概念隐喻就是 LITERATURE IS LANDSCAPE，而且高低被拿来作为分别作品的尺度。但是具体分析起来却会有问题。比如我们可以说山峰和草地一高一低，暗指作品地位不同，背后的概念隐喻是 IMPORTANCE IS HEIGHT，即处于更高位置的作品有更大的成就。这也符合大部分英语中高代表正面，低代表负面这一倾向，如精神高昂、高水平、高科技、位高权重等都是正面的表述，而所有这些词用低表达都是负面，如低水平和心情低落。这个概念隐喻本来可解释这段中大部分的语言隐喻，可是到了 safely below the timberline 这里，这个隐喻失灵了，因为该隐喻的核心是越高越重要，也就是高是正面的标示，而 timberline 却暗示越高越不安全，其背后的概念隐喻应该是 DANGER IS HIGH，越高越不好，高处不胜寒的意思。这就促使我们从新考虑 IMPORTANCE IS HEIGHT 这个概念隐喻，因为这里不应有两个相反的概念隐喻。通盘考虑后，把这个贯穿全段的概念隐喻定为越高越困难越危险似乎更合理，也就是 DANGER IS HIGH，登上峰顶没有在绿茵草地上安全，喻指面对大作家大作品不轻松，有挑战，甚至危险，恰如攀登山峰。当然隐喻是复杂的，所以也许不应完全排除 IMPORTANCE IS HEIGHT 这个隐喻，而应将 peaks 等词看作包含两层意思，既指危险又指成就。我们之所以想搞清这个总的概念隐喻，是因为没有清晰的隐喻概念，译者就跟不上原作者的思路，结果就可能在具体翻译时作出错误的选择。

文学类文本翻译小结

　　文学种类繁多,所以我们无法设定一个万灵的翻译规范,必须先看一下到底翻译的是什么文学作品。我们说文学语言中的隐喻非常重要,那当然也是一个总原则,毕竟还要看文中的隐喻是否重要。所以文学翻译的第一个要求就是译者必须仔细阅读原文,从中发现那些值得译者关注,甚至需要表达的隐喻。小说、散文、诗歌等等不同的文学作品,都需要译者仔细阅读,区别对待,不能用同一种办法处理不同的文学作品。除了翻译的文本不同外,我们还要意识到,人们的文学翻译观也可能不一样,同样一个作品,有人主张注重细节,有人主张照顾全局,结果隐喻如何处理也会因为观点不同而有所差别,因此在宏观框架里,有些局部的隐喻也许会被忽视。但不管理论如何不同,作为一个总的原则,文学翻译不宜过度释义(paraphrasing)这个提法应该还是站得住脚的。我们当然不排除某种层度的释义,甚至不反对在有些文本中大幅度的释义,但文学翻译关注细节,在文字中捕捉作者的文学特性,这一点仍需牢记。而认知隐喻的理论则为我们提供了一个新的观察文学翻译的角度,我们译文的质量也会因此而提高。

思考题和练习

　　请从隐喻的角度分析下面各段中的隐喻,尽可能追踪到诱发语言隐喻的概念隐喻,然后将句子译成中文。可以译成两个译文,一个多隐喻意识,一个少隐喻意识,然后对照两个译文:

1. The loss of legitimate idea—linked leisure—the leisure to think and talk with colleagues outside the requirements of our common tasks-is in my view the most serious obstacle to the academic communities of our time. One form this takes is the tendency among us, and especially among our younger colleagues, to no longer take the time to "have lunch" with friends and colleagues, but just "grab a bite", often at a desk in front of a screen. In the face of these centrifugal forces in modern life, this building, and the spirit it represents of an academic community that transcends narrow professional specialization, are more important than ever. (From UC Berkeley's pamphlet)

2. We have more information available than we can possibly digest or consume or fathom. We pass from a smokestack age which was information lean to an age of info-glut and info-garbage. As the flow of information increases, so does "noise" in the system, and Truth becomes ever more elusive, much like the famed "butterfly of love." This is no time for rule-bound behaviors or reliance upon memorization. The prize will go to those who can make it up "on the fly," those who can invent new realities as fast as we need them. (From FNO. ORG)

3. Wealth has its source in applications of the mind to nature, from the rudest strokes of spade and axe, up to the last secrets of art. Intimate ties subsist between thought and all production; because a better order is equivalent to vast amounts of brute labor. The forces and the resistances are Nature's, but the mind acts in bringing things from where they abound to where they are wanted; in wise combining; in directing the practice of the useful arts, and in the creation of finer values, by fine art, by eloquence, by song, or the reproductions of memory. (From *The Conduct of Life*, by R W. Emerson)

4. THE YEAR I turned ninety, I wanted to give myself the gift of a night of wild love with an adolescent virgin. I thought of Rosa Cabarcas, the owner of an illicit house who would inform her good clients when she had a new girl available. I never succumbed to that or to any of her many other lewd temptations, but she did not believe in the purity of my principles, Morality, too, is aquestion of time, she would say with a malevolent smile, you'll see. (From *Memories of My Melancholy Whores*, by Gabriel García Márquez)

第九章　隐喻翻译实例分析（篇章）

9.1 West Unique, Not Universal 片段翻译分析

Promoting the coherence of the West means both *preserving Western culture*① within the West and defining the limits of the West. <u>The former requires, among other things, controlling immigration from non-Western societies, as every major European country has done and as the United States is beginning to do, and ensuring the assimilation into Western culture of the immigrants who are admitted</u> A. <u>It also means</u> B recognizing that in the post-Cold War world, NATO is the security organization of Western civilization and that its primary purpose is to *defend and preserve that civilization*②. Hence states that are Western in their history, religion, and culture should, if they desire, be able to join NATO. Practically speaking, *NATO membership would be open to*③ the Visegrad states, the Baltic states, Slovenia, and Croatia, but not countries that have historically been primarily Muslim or Orthodox. While recent debate has *focused entirely on the expansion rather than the contraction of NATO*④, it is also necessary to recognize that as NATO'S mission changes, *Turkish and Greek ties to NATO will weaken and their membership*	增强西方的凝聚力意味着既要在西方保存西方文化，又要界定西方的范围。前者要做的事包括控制从非西方社会来的移民人数，这一点每一个主要的欧洲国家已经做了，美国也已开始着手去做；此外，还要确保被接纳的移民融入西方文化。增强西方的凝聚力还意味着要认识到，在后冷战的世界里，北约是西方文明的安全组织，其首要目的是捍卫和保存这个文明。因此，在历史、宗教和文化上属于西方的国家，如果它们愿意，就应该可以加入北约。具体地说，北约成员国的资格可以授予维舍格勒四国、波罗的海国家、斯洛文尼亚和克罗地亚，但不应给予那些历史上主要属于穆斯林或东正教的国家。虽然近来的讨论都集中于北约的扩大而非缩小，但是也有必要认识到，随着北约使命的转变，土耳其和希腊与北约的关系将会变弱，它们的成员资格

*could either come to an end*⑤ or become meaningless. Withdrawal from NATO is the declared goal of the Welfare Party in Turkey, and Greece is <u>becoming as much an ally of Russia as C it is a member of NATO.</u>	要么会终止,要么会变得毫无意义。退出北约是土耳其福利党宣布的目标,而希腊虽然是北约成员国,但也和俄罗斯关系火热。
The West *went through a European phase of development and expansion*⑥ that lasted several centuries and *an American phase that has dominated this century*⑦. If North America and Europe renew their moral life, *build on their cultural commonality*⑧, and develop closer forms of economic and political integration <u>to supplement</u> D their security collaboration in NATO, they could <u>generate a third Euroamerican phase</u> E of Western affluence and political influence. From *The West Unique, Not Universal* by Samuel Huntington, *Foreign Affairs*, Vol. 75, No. 6, 1996	西方经历了持续数世纪,以发展和扩张为特征欧洲阶段和占据本世纪大部分时间的美国阶段。如果北美和欧洲重振道德生活,增强文化共同性,创建经济和政治整合的更紧密之形式,以补北约安全合作之不足,那么就能创建出经济富庶、政治强大的第三个西方阶段,即欧美阶段。

build on their cultural commonality

注　释

这里的注释主要分两部分,一部分是与隐喻有关的注释。我们不可能将文章里所有的隐喻都照顾到,因为隐喻实在是比比皆是,但我们将把文章里与翻译关系比较大的隐喻尽量做一些解释。另外,翻译的问题当然不仅仅只局限于隐喻,因此我们在讨论隐喻外,也会对翻译过程中的其他问题加以注释。本文当然提供不少信息,但也富含作者的观点,加之这是著名学者的作品,语域较高,很正规,所以准确性的要求会比较高。翻译时都应注意。

隐喻翻译问题注释:

1. 这里的 preserve 也是隐喻,但不易被人发现,背后的概念隐喻是 CULTURE IS SUBSTANCE。译者头脑中若有这个隐喻概念,翻译选词时就会沿着这个思路翻译,比如"保存",但如果没有这个意象,选择的范围就可能扩大,且有可能偏离原文的意思。这类以物质、方位或常见现象为基础的隐喻无重大意义,而且也不容易被发现,比如下面的 assimilation into Western culture 中的 into 这个介词短语就是引发于以三维空间为基础的图像图式隐喻。对译者来说,这类隐喻没有什么实际意义。

2. defend and preserve that civilization 中的 preserve 和 civilization 搭配时,后者也成为了可以保存的物质,但 defend 和文明连用就说明思维中战争隐喻(WAR metaphor)被启动了,否则不会用 defend 这个动词。翻译时应该保留原文的隐喻,如用"保卫",或用更抽象些的"捍卫"。此处保留隐喻并非刻意,其实这些隐喻并无大价值,但回避隐喻反而困难。原文就是因为不好表述才启用战争隐喻,汉语同样有不好表述的问题,译文中启用战争隐喻因此便是水到渠成的事。

3. 这里的 open to 是隐喻,诱发这个语言隐喻的概念隐喻是 OPPORTUNITY IS OPENING,但这是一个以空间感为基础的意象图式隐喻,在非文学文本中没有特殊价值,甚至在文学文本中也无大价值,毫无保留的必要。译者翻译时不必有大顾虑。如果保留隐喻可以被接受就保留,如"北约可以向……开放,却不应向……开放"、"北约向……国家展开双臂,但对……国家却应严守门户"。但是如果译者希望把原文里的 membership 也翻译出来,那么"北约成员资格""北约会员身份"和开放这个动词在汉语中的搭配会出现问题,如"资格开放"就很别扭,所以也可以放弃 open 这个隐喻词,如"将成员资格授予……国家"。总之,保留与否不应是译者纠结之所在。这个隐喻无大意义,汉语怎么通顺怎么翻译就行。

4. 此处的 focused 当然是隐喻,因为这个词原来与视觉有关,如照相时的聚焦,但是在英文里这个词已经从视觉转换到思想(表达思考等),即用具体的视觉来表达抽象的思想活动。汉语同样也存在这一隐喻化现象,所以直译应没有问题,如"最近我们聚焦的是……"。但是我们同时也知道所有这些已经进入语言体系的隐喻,都无重大意义,所以直译与否就是一个选择的问题,译者需要根据汉语行文的妥帖选词,隐喻不是需要考虑的因素,如译者完全可以抛弃隐喻(如"重点讨论的")。另外,expansion 和 contraction 两个词也是隐喻的,背后的概念隐喻是 INCREASING IS EXPANSION,而相反的隐喻概念就是 DECREASING IS CONTRACTION。这些都是意象图式隐喻,都属于语言体系内不为人注意的隐喻,所以都没有重大意义。也就是说,翻译时不必作为考虑的一个因素,怎么通顺怎么来。比如你如果觉得采用释义的办法能把意思说清楚,就解释一下"最近的讨论主要集中在增加北约成员国,而不是减少",但是你若觉得想保留隐喻,则翻译成"最近的讨论主要集中在扩大北约,而非缩小北约"也可以。

  5. 这里有几个隐喻 ties to NATO 就是基于概念隐喻 RELATIONSHIP IS COHESION,而 weaken 是基于 RELATIONSHIP IS HEALTH,最后的 come to an end 是基于概念隐喻 CEASE IS STOP。但是所有这些都是深植于语言体系的表达法,它们不造成突出或前景化,不引人注目,没有特殊意义,翻译时无需特殊照顾,保留与否不应该是考虑的一个因素。所以翻译成"土耳其和希腊与北约的关系"或"与北约的纽带",甚至"与北约的脐带关系"等都可以;但 weaken 可能还是会保留"弱"这个隐喻词,如"变弱",离开隐喻的译法反而更难找到,不过不要翻译成"被削弱",因为原文没有被动的意思;最后 come to an end 也是没有保留的要求,但也无需刻意避免,译成"会终止"就可以,但却不宜说"成员资格会走到尽头",因为资格不能走到尽头,搭配有问题。本例再一次说明,翻译这类已融入语言体系的隐喻表达法时,主要是意思必须对,但译者灵活处理的余地很大。

  6. 这句中有数个隐喻。首先,The West went through 说明西方被当作了人,可行走,也就是 CIVILIZATION IS A PERSON,另外 a European phase 被当成了空间,因此才能使用 through 这个介词(TIME IS A CONTAINER)。这些隐喻思维在跨文化转换时并不困难,所以翻译时很容易在译文中保留同样的隐喻思维,如"经历了……的阶段"。顺便说一下,学生常会在本段中先用"阶段",然后在下面一个用"时期",而在最后一个又用"阶段"。译者应该意识到,这三个 phase 已经构成了一个互相关联的整体,翻译时最好用一个词,不要变换。

  7. 这句学生常翻译成"由美国称霸的时期"。这样翻译的概念隐喻是 NATION IS A PERSON。但这是一个疏忽,因为原文动词 dominated 的主语不是美国,而是一个时间段(phrase),且动词的宾语也不是人或国家,而是一个时间段(this century)。所以我们必须重建隐喻图像。动词 dominate 这里表示占据大部分时间,说明在 20 世纪这个时间段中,美国阶段占据了大部分时间,背后的概念隐喻是 PERI-

OD OF TIME IS LENGTH。

8. 这句很多学生都翻译成"建立文化共同性"。乍一看也很通顺,但是当我们仔细看原文时,就发现 build 这个动词并没有直接宾语,也就是说,建立什么在句子里并没有说出来,后面跟的是一个介词短语 on their cultural commonality,换句话说,文化共同性并不是被建立的对象,而是动作依靠的基础(类似 build on our success)。有学生于是翻译成"依靠文化共同性来发展更紧密……的形式",把 build on 和 develop 两个作为相互依存的主从关系。但是原文这两个部分之间是并列的,并非依存关系。鉴于"基于文化共同性"似像句子没有完,所以可以考虑"增强文化共同性"之类的说法。另外,本句中的 develop 大家常常不分青红皂白一律翻译成"发展",其实此处就是表示从无到有的意思,译者可根据语境选择搭配的动词,并不一定用"发展"(创造出、制定出、找到等都可考虑)。如果一味使用"发展",有时会很别扭,如 develop cancer 总不能说"发展出癌症"吧?

其他翻译问题注释

A. 本句的基本结构是 The former requires controlling and ensuring,但由于 controlling 后面跟着很多文字,还有补充内容,所以我们很难采用"前者要求我们控制……和确保……"这个结构,因为由 as 引导的从句插在中间会把句子的连贯打破。所以最好在第二个 ensuring 前设法从新提一下前面的主语。另外,among other things 这部分在原文中是顺便带出的习惯说法,不必给与过多的重视,有学生翻译成"前者所要做的事千头万绪,其中一项就是",但这样就抬高了这个短语地位。其实仅仅说"前者要求我们做的一件事"已经足够,"一件"就说明还有其他,或"达成前者需做的事包括……"亦可。有时在非正式场合,像这样顺便带出的"口头禅"放弃不译也无伤大雅。

B. 这个 It also means 也要注意一下。有的学生翻译成"这也意味着",但是"这"到底指什么根本不清楚。可以通过看动词 also means 确定这个 it 是指 Promoting the coherence of the West,所以可重复一下这个主语。另外,严格地说,如果前面译者用了"意味着",那么这里就应该说"也意味着",否则不符合逻辑,若第一个不是"意味着",又何来"也意味着"呢?

C. 此处的 as much as 表示两个都肯定,根据上下为,与北约的联盟关系是名正言顺的,但居然和俄罗斯的关系也那样紧密,这却是不寻常的。作者想强调和俄罗斯关系非常好,但此处的 ally 并非真正加入的联盟。

D. 这个 supplement 的动词表示补强某事物。就是说,北约的军事合作早就有,现在要将道德(renew their moral life)、文化(cultural commonality)、政治和经济(economic and political integration)添加进去,以便使原来北约的军事合作更完善。换句话说,北约自二战以来一直仅仅是个军事组织,但现在北约的宗旨要扩大了。因此,有人翻译成"作为在北约双方军事合作外的补充"意思是对的。

E. 这句中修饰的成分不少,安排起来不很容易。有的学生翻译成"第三个欧美阶段",但是显然原文说的并不清楚,因为根本就没有三个欧美阶段,连一个欧美阶段都还不知道呢!此时译者可以根据上下文调整一下,比如说"第三个西方阶段,即欧美阶段",这样才符合逻辑。此外,句子中的 Western affluence and political influence 也不好安排。若翻译成"就能创建出西方的第三个阶段,即欧美阶段。在这个阶段里,西方仍然非常富有,而且政治影响力仍然巨大",一个句子被分成了两个。我们并不完全排除一分为二这种做法,但此处若分开,汉语行文的结构就可能不紧凑。所以建议仍然把这个修饰语放到前面。有人译成"将会衍生出经济富甲天下、正是一言九鼎的欧美'第三春'",应该说是个非常灵活的译法,但若是比较严肃的翻译则建议不使用"第三春"之类的译法。参考译文译成"那么就能创建出经济富庶、政治强大的第三个西方阶段,即欧美阶段。"

9.2 The Dumbest Generation 片段翻译分析

Teenagers and young adults mingle① in a society of abundance, intellectual as well as material. American youth in the twenty-first century have benefited from a shower of money and goods, a bath② of liberties and pleasing self-images, vibrant civic debates, political blogs, old books and masterpieces available online, traveling exhibitions, the History Channel, news feeds... and on and on A. Never have opportunities for education, learning, political action, and cultural activity been greater. All the ingredients③ for making an informed and intelligent citizen are in place.	青少年们一起相处在一个富足充裕的社会,不仅物质富足,而且知识充裕。二十一世纪的美国年轻人欣逢金钱和商品的甘霖,又沐浴在自由和令人陶醉的自我形象中,还受惠于活跃的民间辩论、政治博客,更得益于网上获取的尘封旧书和大家名著,巡回展览,历史频道,新闻摘要等等,不一而足。教育、学习、政治行动、文化活动的机遇从来也没有像现在这么多。培养一个有知识有智慧的公民所需的一切都已万事俱备。

But it hasn't happened. Yes, young Americans are energetic, ambitious, enterprising, and good, but their talents and interests and money thrust④ them not into books and ideas and history and civics B, but into a whole other realm and other consciousness. A different social life and a different mental life have formed among them. Technology has bred it⑤, but the result doesn't tally with the fulsome descriptions of digital empowerment, global awareness, and virtual communities C. Instead of opening young American minds⑥ to the stores of civilization and science and politics, technology has contracted their horizon⑦ to themselves, to the social scene around them. Young people have never been so intensely mindful of and present to one another, so enabled in adolescent contact. Teen images and songs, hot gossip and games, and youth-to-youth communications no longer limited by time or space wrap them up in a generational cocoon⑧ reaching all the way into their bedrooms. The autonomy D has a cost: the more they attend to themselves, the less they remember the past and envision a future⑨. They have all the advantages of modernity and democracy, but when the gifts of life⑩ lead to social joys, not intellectual labor, the minds of the young plateau' at age eighteen. This is happening all around us. The fonts of knowledge' are everywhere, but the rising generation is camped in the desert', passing stories, pictures,

但这个智慧的公民却并没有出现。没错，年轻的美国人活力充沛、雄心勃勃、事业心强，人很不错，但是他们的才智、兴趣和金钱并没有把他们引向书本、思想、历史、公民知识，相反却将他们推进了另一个领域和另一个意识空间。一种不同的社会生活和一种迥异的精神生活在他们中间形成。技术孕育了这种生活，但结果却并没有像人们所说的那样实现了数字赋能、全球视野、虚拟社会。恰恰相反，技术并没有打开年轻美国人的心灵，让他们去接受文明、科学、政治的宝藏，技术反而把他们的视野拉回到身边，使他们围绕身边的社会环境画地为牢。年轻人从来没有像现在这样相互关注，相互接触，善于年轻人间的交往联络。年轻人的影像和歌曲，青少年热衷的闲聊和游戏，不再受时空限制的交流，所有这一切把一代人如蚕茧一样包裹起来，影响力所及，直逼他们的卧室。这种自主自顾是有代价的：他们越关注自己，就越少回顾过去，越少展望未来。他们有现代和民主所能提供的所有好处，不过生活赠予他们的尽管如此丰盛，可换来的却仅是社交场上的欢乐，并不是追求知识的耕耘，年轻人智力到了十八岁就不再发展了。环顾四周，此等例子比比皆是。

tunes, and texts back and forth, <u>living off the thrill of peer attention</u> E. Meanwhile, their intellects refuse the cultural and civic inheritance that has made us what we are up to now F. From *The Dumbest Generation*, by Mark Bauerlein	知识的源泉随处流淌,但正在成长的一代人却在沙漠中安营扎寨,相互传递故事,分享照片、音乐和文字,靠同辈关注所带来的刺激而活着。同时他们的思想却又拒绝接受文化和社会的传统,而我们今日之所以是我们,却恰恰有赖于这些传统。

注 释

  这里的注释主要分两部分,一部分是与隐喻有关的注释,一部分则是对非隐喻语言点的注释。我们不可能将文章里所有的隐喻都照顾到,但我们将把文章里与翻译关系比较大的隐喻尽量做一些解释。本文议论的成分多于纯粹的信息,所以文字的特征可能需要有所反映,以便反映作者的口气与态度。但这毕竟不是文学作品,译者不必陷入文字游戏中去,无须过度纠结于那些仅仅起修饰作用的词藻。

  隐喻翻译问题注释:

  1. 动词 mingle 也是一个不易发现的隐喻,背后的概念隐喻是 RELATIONSHIP IS COHESION。显然这不是一个十分有意义的隐喻,翻译时把意思说出来就行。有些学生总是不能放弃"混"这层意思,其实没有必要。这句的大意就是说年轻人在一起相处交往,这样说就足够了。

  2. 这里有两个意象强烈的隐喻,即 shower 和 bath。第一个 shower 至少需要有两个隐喻概念支撑才能成立,首先作者先要把金钱和物质比做大雨,其背后的概念隐喻是 MATERIAL IS WATER,但是这里还隐含一个量的比喻,就是说不仅是把金钱等物质的东西比做了雨水,还量大的意思,背后的概念隐喻是 QUANTITY IS WATER。另外 bath 也是隐喻,其背后的隐喻概念和前面的 shower 一样,都是水,即自由比做了洗澡水,且也表示量大的意思。这两个隐喻不是意象图式隐喻,而是鲜明的意象隐喻,或者说是临时组合的隐喻,不是语言体系内已经存在的隐喻,又称 one-shot metaphor。我们一般认为这类隐喻的价值会比较大,比如说一般情况下,文学作品里如果出现这类非常抢眼的隐喻,只要汉语基本可以接受,译者一般都应该保留。但在非文学文本中这类隐喻就基本起一个修饰的作用,没有重大意义。换句话说,保留不保留这个隐喻仅是一个选择,比如翻译成"二十一世纪的美国青年拥有大量的金钱和物质,享有很多自由和良好的自我形象",就是"大量""很多"取代了这两个隐喻,完全可以被接受。但这并不是说不可能保留隐喻,若翻译成"欣逢金钱和商品的甘霖,又沐浴在…",就很自然地保留了两个隐喻。毕竟保留隐喻后文字更有新鲜感。

3. 这里的 ingredients 就是隐喻,它背后的隐喻概念是 REQUIRED CONDITION IS FOOD。如果按照这个食物的思路翻译下去,那么就应该是"成分""原料"等食物方面的用语。但这样的隐喻都没有什么意义,因为他已经成为语言体系内的一种表达法,隐喻已经淡化,且汉语本身还很可能排斥"食物"隐喻的用语,如"所需的原料"在这里就很别扭。因此译者根本不必把精力花在这个词上,根本不必去问"这个词到底该怎么处理"。翻译成"所有的条件""所有的要素",甚至完全放弃这个词都可以,如参考译文"培养一个有知识有智慧的公民所需的一切"。

4. 之所以说这句是隐喻,是因为句中的主语不可能真正做出 thrust 这个动作,换句话说,这个动作只能是隐喻意义上的动作。诱发动词 thrust 的概念隐喻是 NON-PHYSICAL THING IS FORCE。但这个隐喻基本上已经进入语言体系,我们已经习惯 thrust 的这个用法,翻译时选择任何一个表示动力的词都可以,如"驱使"。但是在学生的翻译作业中我们也看到译者没有注意这个 force 隐喻的后果,看下面这句"他们的才能、兴趣、金钱不是投注在书本、思考、历史以及公民知识上,而是其他领域和其他想法。"译者没有沿着 Things thrust them into a place 这个基本的 force 隐喻思路翻译,结果意思就和原文有些出入。

5. 这里动词 bred 背后的概念隐喻是 TECHNOLOGY IS ANIMAL。这个隐喻在中文和英文里都不是非常突兀的比喻,一般我们汉语里能很自然地接受这个隐喻,如"科技孕育了这种生活",倒是故意回避原来的隐喻反而更困难,如"造成了"、"促成了"、"带来了"虽然都不错,但"孕育"又准确又上口。

6. 这里的 opening 显然是隐喻。我们可以打开一间房子,打开箱子,但是 mind 是无形的思想,怎么打开呢?所以只能从隐喻角度将思想等抽象的东西打开。此时 mind 就是一个三维空间的地方,你可以打开,也可以关闭。打开后干什么呢?那么就应该看一下下面的 the stores of civilization and science and politics,显然这又是一个隐喻,store 这个词后面的概念隐喻是 INFORMATION IS COMMODITY,其字面意思就是 supply of information,文明、科技、政治是无穷无尽的源泉,就像商店里的物流一样,而前面被打开的 mind 是可以来摄取这些"商品"的。所以如果我们先能形成这样一个隐喻的图像,头脑心灵开了,文明科技等构成的资源共心灵享用,那么译文出错的机会就不大,但是我们在理解时没有这样一个图像,那么翻译时自作主张、偏离原文的可能就越大。我们当然不是说译者必须向原文作者的思路一样翻译,但理解原作者的思路为我们准确理解原文提供了基础,况且有时按照原文的思路并非不可取。另外要指出的是，这里的 open 和 he has an open mind 的意思略不同，后者的概念隐喻是 OPINION IS PERSPECTIVE，表示观点非一层不变，换句话说，就是 I don't have a fixed opinion。

7. 此处的 horizon 显然是隐喻。一般来说这个词至少可以从两个方面看出它的隐喻联系，如 when he went to university his political horizons expanded 中句中的 horizons 就表示知识等意思，诱发它的概念隐喻是 KNOWLEDGE IS VIEW，说视野实际在说知识、观点等。但在下面一句中 there are glimmers of hope on the horizon，horizon 的意思就不再是知识了，而是人们所关心、希望的东西。所以我们必须搞清楚这个词在本文中的隐喻意思。我们只要看下文（intensely mindful of and present to one another）就知道，horizon 这里指年轻人所关注的范围，所以其概念隐喻就是 AWARENESS/INTEREST IS PROXIMITY。这个关注圈子的大小映射到关心感兴趣的范围的大小上，而所有依照这个映射思维的翻译都基本可以接受，但关键的是我们这个隐喻的映射图像必须正确。

8. 名词 cocoon 显然是一个隐喻说法，其背后的概念隐喻是 HUMAN IS INSECT，其意思就是说人被包围起来受到保护了，如 they were cocooned in a girls' boarding school。在这个文本里，该隐喻没有特殊意义，未必需要保留，但和前面的一样，刻意回避也很困难。如果直接用作隐喻困难，可以将其变成明喻的方法，如"所有这一切把一代人如蚕茧一样包裹起来"。本句还可能有一个很小的理解问题，即 reaching 的主语应是前面的 Teen images and songs, hot gossip and games, and youth-to-youth communications，而不是 cocoon。正是这些东西走进了年轻人的卧室。结构上看，解释成修饰 cocoon 最合适，因为比较近，所以有可能原作者确实意在让 reaching 这一短语修饰 cocoon，但结果事与愿违。这种情况在大量写作过程中有时确会发生，所以译者必须在翻译中做出适当的判断。有趣的是，这个句子大部分人一看就懂，所以若以整句为翻译单位，意思不至于出差错。

9. 这里 envision a future 的概念隐喻是 PROSPECT IS SIGHT。隐喻意思已经不强烈了，所以翻译时没有特殊要求，可以保留隐喻，如"展望未来"，但如果一定想放弃隐喻也可以做到，如"思考未来"，但显然除掉隐喻不如保留隐喻更好。我们已经反复证实，隐喻若被体系接受，翻译时就无需考虑隐喻，而且往往直译确实也能被读者接受。一个反复见到的现象是，直译隐喻的机会远大于我们原来想象的。

10. 这里的 gifts 指的就是前面一系列的优越条件，显然也是隐喻，但这类说法汉语完全可以接受，不存在跨文化的障碍，如翻译成"生活的礼物"。但是也不一定非要这么翻译，比如将这个短语分解开也可以，如"不过生活赠予他们的尽管如此丰盛，可换来的却仅是社交场上的欢乐，而不是追求知识的耕耘"。

11. 这里的 plateau 是想说明年轻人到了十八岁思想就不再进步了。这是用最常见的事物（平原）和最基本的高低概念来表示思想停止进步，其概念隐喻是 ACHIEVEMENT IS HIGH（point where more development is impossible），所以跨文化时不会构成理解上的障碍。翻译时隐喻也不必成为关注的焦点，把意思说出来就行了，如"年轻人智力到了十八岁就不再发展了"或"停滞不前"等抛弃隐喻的译法都可以。

12. 这里的 fonts 是指基督教教会里的圣水盆，与 fount 和 fountain 同源。而在 The fonts of knowledge 这个隐喻中知识比作水流源泉，背后的概念隐喻是 COMMUNICATION IS FLOW，这是一个用常见的水源比作知识的源泉的隐喻，虽然基督教圣水盆可能不为中国读者熟悉，但将水源和知识连起来并不造成汉语理解的困难，所以直接翻译隐喻没有大问题，如"知识的源泉"。

13. 这里的 desert 正好和前面的 fonts 的水相对。前面是源泉，所以这里是沙漠。支持这个词的最笼统的概念隐喻是 SITUATION IS PLACE，显然在用沙漠这个地方（place）来比喻青年人所处的环境（situation）。另外，这个隐喻起作用的基础是沙漠非常贫瘠这个常识，这点没有跨文化的障碍，无论中美，广为人知。因此翻译的时候直接翻译成"沙漠"就完全可以被接受（扎营在荒漠）。

其他翻译问题注释

A. 这里需要谈谈这一长串的名词如何处理。显然原文的 and on and on 告诉我们这一长串的东西总算完了。首先所有这些名词都是跟在 benefitted from 后面的，另外，bath 后面跟的仅有两个（liberties and pleasing self-images），再后面的与 bath 无关，但都与 benefitted from 有关，结果我们就发现必须在 bath 这个短语后，再用一个词把后面的名词和前面的 benefitted from 连起来。译者可以只用一个，如"受惠于"，然后将所有剩余的名词都跟上，若感到太长，就在适当的地方再加上一个类似于"受惠于"的词，如"得益于"，视译者的需要而定，没有什么定律。另外，这一句中还有几个词要注意，如 civic debate 中的 civic 表示民间的，老百姓的；History Channel 是美国很受欢迎的有线电视频道；news feeds 可作为科技专业名词用，如微软的词汇表中就翻译成"新闻源""新闻摘要"（繁体），但这里并非当专业词用，所以不见得需要那么准确，翻译成"大量的新闻"也行，当然用"新闻摘要"也可以。

B. 此处的 civics 应该是指与公民社会中的公民教育有关的知识，对照前面的 civic 的差异。

C. 本句中的 tally with 基本上就是 agree with 的意思，也就是 the results doesn't agree with the descriptions，就是说，所得结果和原来夸夸其谈描述的大相径庭。fulsome descriptions 则表示当时人们对数字技术的描述吹得太神了，言过其实。Fulsome 是负面的词。这句中的 the fulsome descriptions of digital empowerment, global awareness, and virtual communities 可分解成 people (not present in the text) describe the digital empowerment, global awareness and virtual communities in a way that makes you think that the description is fulsome。其中 digital empowerment, global awareness, and virtual communities 表示三个概念,比较简洁的译法是"数字赋能、全球视野、虚拟社区",但这种文本不是技术文本,不见得要寻找标准答案,所以加几个词,把意思说清楚也未尝不可,如"获得了数字赋予的力量、无远弗届的视野和虚拟的社区"。

D. 这个 autonomy 主要指独立,不依靠别人,自己作主。这可以从上下文看出来,所以仅查英汉词典,然后翻译成"自动化"是不对的,要给出语境意义。

E. 短语 live off 原来表示经济上依靠某人才能生存,但此处已经隐喻化,表示要靠 thrill of peer attention 才能生存。这个 peer attention 就是年轻人需要同辈人的关注他们才会感到激动和兴奋。所以比较简单的译法是"靠同辈关注所带来的刺激而活着。"但如果需要行文上增添一些色彩,也可以译成"有了同辈的相顾便欣喜若狂,缺了伙伴的关注便无以为生",意思一样,但这种变化需要根据文本以及译者整篇的文风而决定,一般情况下建议使用简单的译法。

F. 这里的 cultural and civic inheritance 表示文化和社会的传统,句中的 civic 主要指社会体系中与公民最相关的内容,如对选举、政府运作、公民参与等的关注。另外,最后一句有人翻译成"他们的思想拒绝接受铸就我们今天的文化与社会传统。"这样处理很不清楚,最好的办法是将这句分成两句,如"他们的思想拒绝接受文化和社会的传统,而我们今日之所以是我们却恰恰有赖于这些传统"。如果不将 that 从句分开,就无法将 what we are up to now 这部分的分量突显出来,而在这里突显这一点是重要的。

9.3 Economic Explained 片段翻译分析

One of the reasons for the mystification that obscures[①] economics is the vocabulary it employs. Not only does it use common, ordinary words, such as saving or investing A, in ways that are not exactly the way we use them in everyday talk, but it leans on[②] barbarous and intimidating[③] terms like macroeconomics or gross national product.	经济学之所以神秘莫测,含混不清,原因之一就是它所使用的词汇。它使用储蓄或投资一类的常见词语,然而用法却与日常交谈不尽相同;不仅如此,它还倚靠一些诘屈聱牙、使人闻之却步的术语,比如宏观经济学或国民生产总值。

It would be nice if we could purge④ economics of its jargon, but that would be like asking doctors to tell us about our troubles in plain English. Instead, we must learn to speak a certain amount of economics —that is, to become familiar with, and easy about, some of the basic terms in which economists tell about our economic condition.	要是我们能将行话从经济学中清理出去就好了，不过这就像让医生用大白话来解释病情一样。反倒是我们必须学习一定经济学的语言，对经济学家谈论经济状况时使用的一些基本术语驾轻就熟。
One of these is that odd word "macroeconomics". It comes from the Greek macro B, meaning big, and the implication is that macro-economics therefore grapples with⑤ very big problems. It does, including such problems as inflation⑥ and recession and unemployment and economic growth⑦. But that is not what distinguishes macro from its brother⑧, microeconomics, whom we will meet later. Rather, macroeconomics refers to a perspective, a vantage point⑨ that throws into high relief⑩ certain aspects of the economic system.	其中一个怪词就是"宏观经济学"。它源自希腊语"macro"，意为宏大，因此宏观经济学就是对付大问题的。它确实涵盖通货膨胀、经济衰退、失业和经济增长等问题，但是，这并不是宏观与其兄弟微观经济学的区别所在，微观经济学我们后面还会再见到。其实，宏观经济学指的是一种视角，一个有利地点，把经济系统的某些方面凸显出来。
What does the economy look like from the macro perspective? The view is not unlike that which we have gained in the chapters just past. We look down on the economy, as from a plane⑪, to see it as a vast landscape populated by business firms, households, government agencies. Later, when we take up the micro perspective, we will examine the selfsame landscape from a worm's-eye, rather than a bird's-eye view⑫, with surprising changes in the features of the landscape that spring into sharp focus⑬.	从宏观视角来看，经济是怎样的呢？看起来与我们前几章读到的不无相似之处。我们俯视经济，就像坐着飞机，将经济视作一片广袤的土地，企业、家庭和政府机关点缀其间。之后，我们采取微观视角，重新审视同一片土地，不是以鸟的目光俯瞰，而是以虫的视角近观，景观特征的惊人变化会跃然出现在眼前。

第九章
隐喻翻译实例分析（篇章）

The purpose of looking down on the economy from the macro vantage point is that it allows us to see, more clearly than from ground level, a process of crucial and central importance. This is the ceaseless activity of production on a national scale, the never-ending creation and re-creation of the wealth by which the country replenishes and renews and expands its material life'. From *Economics Explained*, by Robert L. Heilbroner	与平地相比，从宏观的高点俯瞰经济，可以让我们把这个至关重要的过程看得更为清楚。经济就是国家层面上的永不停歇的生产活动，无休无止的财富创造与再创造，国家借此来补充、更新并扩展物质生活。

注　　释

这里的注释主要分两部分，一部分是与隐喻有关的注释。另外是非隐喻问题的注释。本文是经济学入门之书，属于信息类文本，而且语言通俗易懂。翻译的目的应该和原文写作的目的一样，也要照顾到读者，文字也应通俗易懂。

隐喻翻译问题注释：

1. 这里的 mystification that obscures 显然引入了视觉，背后的概念隐喻是 UNDERSTANDING IS SEEING。这是一个很常见的概念隐喻，将人的视觉拿来描写人脑的理解。理解不容易表达，但视觉较容易表达，比如英文中我们说 I see 时，你其实在表示 I understand。这在英文里比比皆是，如我们 I see your point 的意思就是我懂了你的观点，还有 Now I've got the whole picture 的意思可能是在说整个情况我都了解了。但是这个隐喻显然是基于人体基本感官的隐喻，所以当然属于语言体系，而我们一般说，属于语言体系的语言特征，无论是隐喻还是其他的特征，大多数情况下都不重要。换句话说，怎么翻译合适怎么来，根本不需要考虑隐喻是否要保留，而这一观点在非文学作品中就更适用了。比如我们这个例子，有的学生觉得应该照顾隐喻，结果翻译成"经济学神秘莫测，让人难以看清真面"，尽可能地保留"看"这个词。这当然可以，但却未必要这样翻译。这句话的意思就是说经济学不好懂的原因在其词汇，其中的 obscure 原本就是与视觉有关的词，如 the star is obscured by clouds，而这里可以把视觉转换成理解，也就是说看不清经济学是什么意思。显然说汉语的人也能自然地将视觉转换成脑力的理解，没有跨文化的障碍。另外 mystification 一词基本也是类似的意思，可解释为 something that obscures understanding。此处翻译成"难懂""费解"等都行。无需保留视觉这个思路。

2. 这里的 lean on 也可以构成一个隐喻图像，基本意思像 depend on，就是你靠在某样东西上，即依靠。这个依靠的隐喻至少在汉语和英语之间没有跨文化的差异，不构成理解上的困难，翻译成"依靠"也行，但它没有任何特殊意义，所以你若不用原文隐喻的思路，也没有问题，特别是这类经济学普及读物，并非重要文件，这些非关宏旨的细节不需要这样计较，如翻译成"经济学还用了不少生僻和吓人的术语"，丢掉了 lean 的词义也可以。

3. 这里的 barbarous and intimidating 当然是隐喻，说明经济学词语就像人一样会很野蛮、会很吓人，因为这两个形容词一开始常用来形容人，前者说人不文明，后者是令人害怕。若将这两个词的意思映射到语言上，我们就可以寻找相应的词，如"生僻和吓人的"，当然说"诘屈聱牙、使人闻之却步的"也可以。理解后翻译出来就行，不必计较隐喻与否。

4. 这里的 purge 带有隐喻的意思，其背后的概念隐喻是 GOOD IS CLEAN，表示被清除的总不是好的东西。翻译的时候若保留这个隐喻思维，就需要用"清理"等词，暗指被清理的对象不是好的。但这点在这里根本不重要，就算把这层意思忽略了也没有关系，如用"去掉"也无妨，去掉的东西就不一定是不好的，但清除的东西总给人一种不招人喜欢的意思。

5. 这句中其实有几个隐喻思维支撑，grapple with 说明主语 macro-economics 被拟人化了，背后的概念隐喻是 THEORY IS A PERSON，而且 big problems 显然也是隐喻，无形的经济问题被喻为可以用手抓的有形物件，即 PROBLEM IS AN OBJECT，而诱发 grapple with 的概念隐喻是 ACTIVITY IS FIGHTING，这个动词的使用说明后面的问题不是一般可以轻松解决的。我们可以将这三个隐喻思维转换到汉语的环境中，结果大家会发现都没有跨文化的障碍，拟人在汉语里可以接受，抽象概念具体化也可以接受，把活动当成是争斗也没有问题，比如汉语也能说"宏观经济学抓的都是大问题"。但是和前面讲到的一样，这种词语在并非语言见长的文本里毫无意义，所以译者不见得就一定要紧紧逮住一个"抓"字不放，任何消除隐喻的译法都可以接受，如"解决大问题""处理大问题"等都可以考虑。即便"处理""解决"这类词和 grapple with 还有差别，并不完全到位，但这些差别在此类文本中并不重要，我们可以说这些词已经"够好了"（参见"够好了"理论）。

6. 这里的 inflation 是隐喻，诱发它的概念隐喻是 MONEY IS LIQUID OR GAS。此词已有固定译法，译者只需拿来使用，不能自己发明。不过这个已经广为接受的译法（通货膨胀）也是按照原文隐喻的思路翻译的。这又一次说明，在语言的各个领域，隐喻往往是抽象概念言说困难时，被求助的对象，中文英文皆然。

7. 在 economic growth 中的 growth 也是隐喻，诱发它的隐喻概念是 ECONOMY IS BODY，如我们可以说 slow growth 或 fast growth，就像说人体在成长一样。这类词往往在翻译时都可以按照原来的隐喻思维翻译，如翻译成"成长"或"增长"。这类词原始的隐喻含义已在漫长的语言演变过程中消失在语言体系中，没有特殊意义，不必过多关注。

8. 这里的 brother 显然和上面的 growth，inflation 或 grapple 等词不一样，后者鲜为人注意，非语言专业的人一般不会认为这些词是隐喻。可是 brother 就不同了，它显然是一个隐喻，因为大家都知道宏观和微观经济学之间不会是真的兄弟，它们的关系必须从隐喻上看才可能是兄弟。换句话说，它们间是有关联的，就像兄弟一样，所以说，诱发这个语言隐喻的概念隐喻是 THEORY IS A PERSON。从翻译的角度看，这要比前面几个隐喻引人注意，但是在英语里面，用 brother，sister 等表示这种紧密的关系，并不罕见。换句话说，这个隐喻说法基本已经被英语语言体系接受，所以其新奇特征毕竟不强。在强调意象的文学作品中，这样一个词也许需要保留下来。但在这种非文学类的文本里，保留与否仍然不是译者需要过度纠结的问题，比如翻译成"这并非宏观经济学与其兄弟微观经济学的区别所在"，似乎也可以，若换成"姐妹学科"也没有问题，用"关联学科"也可以考虑，甚至完全拿掉也不影响大局（但这并非宏观经济学与微观经济学的区别所在）。可以如此自由的选择，至少是因为此篇并非语言取胜的文本，加之翻译的目的也强调通俗易懂。

9. 这个 vantage point 和前面的 perspective 都是隐喻，是将（抽象的）看问题的方法用（具体的）方位角度来观察。也就是说 point of view 这类词本身的源头都是隐喻的。这一点汉语也一样，所以这里英汉间没有障碍。需要提醒的是，vantage point 和前面的 perspective 没有重大的区别。若单独辨析两个词，它们当会有差别，但此处原作者基本是按照同位语来使用的，所以翻译成"一个观察的视角"已足够了。当然若翻译成"宏观经济学指的是一种视角，一个有利的观察点"也不错，因为后者更反映了作者写作的特征，但这类文本中文字特征的保留并不是关键，基本意思到位就够了（复习"够好了"理论）。

10. 这里的 throws into high relief 显然是隐喻，其背后的概念隐喻是 KNOWING IS SHOWING，翻译时若用"凸现出经济系统的某些方面"，其实就是在汉语中同样启用了这个概念隐喻；若译成"将经济系统的某些方面看透彻"，虽然没有"凸现"，但仍然没有脱离以视觉为基础的概念隐喻（看透彻），即仍然启用了 KNOWING IS SEEING 这个概念。有人译成"让我们了解经济系统的某些方面"，使用"了解"就排除了隐喻。但这是一个已经被英语固定化的词组，所以译者在表达时不必纠结，只要意思译出来就行，无须考虑隐喻与否。

11. 这里的整个一段都是在用比喻的说法讨论宏观经济学，具体地说就是明喻隐喻兼用，如 vast landscape, see 这些词当然是隐喻，但 as from a plane 显然是明喻。我们知道这些比喻在这类经济学文本中都是表达的手段，语言本身没有意义，也就是说，作者并没有玩弄词藻的闲情逸致，他只想把话说清楚，如翻译成"宏观看经济就像从飞机上看大地，看到的是由企业、家庭和政府机构组成的宏大景象"，就基本上按照原文的思路翻译，而且完全可以接受，因为原文隐喻和明喻的基础不构成跨文化的障碍，如从上往下远看这个体验无文化差异，飞机上看大地也是超越文化的体验。

12. 在讲到微观经济学时，作者仍然使用隐喻，这回主要是 a worm's-eye 和 bird's-eye view 的区别。Bird's eye(HUMAN IS BIRD)就是飞机的观察点，就是从远处看，a worm's-eye(HUMAN IS WORM)则是从近处看。我们可以依靠常识知道远望看不到细节，近看可以看到细节，却看不到全局，这些都是无文化差异的，所以至少从理解上看，隐喻不会影响理解。但问题是直译是否最佳，倒是需要考虑的。若译成"我们采取微观视角，重新审视同一片土地，不是以鸟的目光俯瞰，而是以虫的视角近观"，至少读者能理解是什么意思，但是否最好却有待斟酌。我们可比较一下抛弃隐喻的译法"稍后用微观的视角观察同样的经济现状，却是从细微处着眼，而非俯瞰全局了。"可能两个各有长处，但后者似乎更自然。

13. 这里的 into sharp focus 是借助显微镜的观察结果，当然也是隐喻，表示关注的焦点(TOPIC OR SUBJECT IS PLACE)，汉语的理解不会有问题，表达时则无须顾忌隐喻，怎么表达能把意思说出来就怎么说，如"景观特征的惊人变化会跃然出现在眼前"。但是如果译者不喜欢用"景观""跃然眼前"这类隐喻性强的词，当然也可以抛弃 landscape, spring 这类隐喻，如"经济的特征会发生惊人的变化，清晰地展现出来"。总之，隐喻在这类文本中基本是被用作工具，翻译时保留与否不是重要问题，意思准确、行文流畅更重要，当然保留隐喻更合适的情况也常见。

14. 这一段中在说宏观看经济的结果。虽然这里并没有河流这个词，但从整段看，给人一种洪流的感觉，特别是 ceaseless, never-ending, 再加上 replenishes and renews and expands 等词都给人一种动态的感觉，其背后的隐喻思维是 ECONOMIC ACTIVITY IS FLOW。但是由于这段并没有明显的意象词，所以翻译时译者也不会遇到选择隐喻的问题。

其他翻译问题注释

A. 这里有一个麻烦的问题，说 saving or investing 是普通词是基于英文的特征，如果译成"它使用储蓄或投资一类的常见词语，然而用法却与日常交谈不尽相同"，则完全和原文没有关系，因为汉语的"储蓄或投资"和英文的 saving or investing 完全不一样，派生其他词义的能力也不同。所以可以考虑不翻译这些词，但在后面用括号添加汉语的词义,如"比如 saving(储蓄)和 investing(投资)这些词,在经济学里的用法和普通用法不尽相同"。

B. 这里也有一个类似的问题。其中的 macro 最好不译,如"它源自希腊语'macro',意为宏大",因为翻译成中文后(大)就无法再说是希腊语了。

最后,这样的文章文字很通俗,作者实际上刻意想把内容说得简单易懂,所以翻译时不见得非要每一个细节都百分之百地与原文吻合,因为那样很容易造成译文诘屈聱牙。在无关紧要的细节上放松些,甚至删除都可以考虑,也许我们可以从目的论那里得到一些这样做的理论根据。下面的译文就在细节上松动了不少:

> 经济学难懂,一个原因就是词汇。比如 saving(储蓄)和 investing(投资)这些词,在经济学里的用法和普通用法不尽相同;此外,经济学还用了不少生僻和吓人的术语,如 macroeconomics(宏观经济学)或 gross national product(国民生产总值)。
>
> 如果能把经济学中的术语都清除就好了,不过那就像要医生用简单的话解释病情一样困难。因此,必须学一些经济学的术语行话,这样经济学家讨论经济状况时,我们就不至于听不懂。
>
> 经济学术语中的一个怪词就是 macroeconomics(宏观经济学)。该词源自希腊语,这里的"macro"就是"大"的意思,因此宏观经济学要解决的都是大问题,比如通货膨胀、衰退、失业和经济增长。但这并非宏观经济学与微观经济学的区别所在(稍后我们再讨论后者)。应该说,宏观经济学是一个观察的视角,它把经济系统的某些方面凸显出来。
>
> 那么从宏观看,经济是什么样的呢?其实宏观所见跟前几章看到的也无大异。宏观看经济就像从飞机上看大地,看到的是由企业、家庭和政府机构组成的大景观。稍后用微观的视角观察同样的经济况状,却是从细微处着眼,而非鸟瞰了。细看之下,经济景观的特征会发生惊人的变化,清晰地呈现在你眼前。
>
> 之所以要从宏观角度俯瞰经济,是因为居高临下能让我们看到一个至关重要的过程,一个从近距离观察看不到的过程。这就是国家范围内永不停息的生产活动,即财富创造和再创造的过程。一个国家籍此补充、更新、扩展其物质生活。

9.4 The Meaning of the 21st Century 片段翻译分析

At the start of the 21st century, humankind <u>finds itself</u> A on a non-sustainable course①—the course that, unless it is changed, could lead to grand scale catastrophes. At the same time, we are unlocking② formidable new capabilities that lead to more exciting lives and glorious civilizations. This could be either humanity's last century or the century that sets the world on a course toward a spectacular future③.	在21世纪开始之际，人类意识到自己正走上了一条走不下去的路。除非改变方向，否则这条路会将人类引向巨大的灾难。可是同时，我们也正释放出种种新的巨大潜能，而借助这些潜能，人类能迎来各种更令人激动的生活和更光辉的文明。这可能是人类的最后一个世纪，但也可能是人类拨正航程，朝光辉灿烂未来驶去的一个世纪。
We live on a small, beautiful and a totally isolated planet, but its population is becoming too large; enormous new consumer societies are growing④, of which China is the largest; and technology is becoming powerful enough to wreck the planet⑤. <u>We are traveling at breakneck speed⑥ into an age of the extremes—extremes in wealth and poverty, extremes in technology and the experiments that scientists want to perform, extreme forces of globalism, weapons of mass destruction and terrorists acting in the name of religion</u> B. If we are to survive, we have to learn how to manage this situation⑦.	我们生活在一个与其他星球隔绝的美丽的小星球上，但是地球的人口已经太多；庞大的新消费社会正在成长，而中国是其中最大的一个；科技也变得无比强大，足以毁坏这个星球。我们正疯狂地奔向一个极端的时代：极端的富有，极端的贫困，极端的科学技术，极端的科学实验，极端的全球化影响力，大规模毁灭性武器，还有以宗教名义进行的恐怖活动。假如想要逃此一劫，我们就得学会如何驾驭这一形势。

Formidable problems confront us⑧, but this is a book about solutions—many solutions. With these solutions we will bring about the change in course, a great 21st century transition. If we get it right, we have an extraordinary future. If we get it wrong, we face an irreversible disruption that could set humanity back centuries⑨. A drastic change is needed in the first half of that 21st century to set the stage⑩ for extraordinary events in the rest of the century.	我们正面临诸多难以克服的困难。但这是一本提出解决方案的书，一本提供许多解决方案的书。有了这些解决方案，我们将促成变化，修正航程，迎来21世纪伟大的转变。如果做得对，我们就会有美好的未来。如果做错了，人类的进程将受到干扰，其结果无法逆转，人类将因之倒退几个世纪。21世纪的前半世纪必须有一个剧烈的转变方可搭起舞台，让非凡事件在后半个世纪登场。
Humankind has been able to thrive for thousands of years because nature provided it with resources like topsoil, underground water, fish in the oceans, minerals, oil and wetlands, but these resources are finite, like cookies in a jar⑪. We are using up many of these resources, and some don't have substitutes. From *The Meaning of the 21st Century*, by James Martin	人类几千年来一直能蓬勃发展，因为大自然提供给我们种种资源，如表层土、地下水、海中的鱼、矿物、石油和湿地，但是这些资源并非用之不竭，就像饼干罐中的饼干，吃一块少一块。我们正在耗尽许多资源，而有些是无法替代的资源。

注　释

　　这里的注释主要分两部分，一部分是与隐喻有关的注释。我们不可能将文章里所有的隐喻都关照到，因为隐喻实在是比比皆是，但我们将把文章里与翻译关系比较大的隐喻尽量做一些解释。另外，翻译的问题当然不仅仅只局限于隐喻，因此我们在讨论隐喻外，也会对翻译过程中的其他问题加以注释。

隐喻翻译问题注释：

1. 这里的 on a non-sustainable course 显然是一个常见的隐喻，诱发这个语言隐喻的概念隐喻是 HUMAN HISTORY IS A JOURNEY。其实这只是这个大隐喻概念（mega-metaphor）的一个语言层面的表现，下面的文本中还有其他隐喻文字也是基于这个大的概念隐喻，比如：

    1. sets the world on a course toward a spectacular future（注释 3）
    2. traveling at breakneck speed into an age（注释 6）
    3. formidable problems confront us（注释 8）
    4. face an irreversible disruption that could set humanity back centuries（注释 9）
    5. change is needed in the first half of that 21st century to set the stage（注释 10）

这个概念隐喻是将人类的历史或发展当成一个旅程。而这个概念隐喻在英汉语言、文化间没有障碍，也就是说照搬原文的语言隐喻基本不会造成理解的困难，比如翻译时用"路""航程""历程"等都没有问题，因为汉语本身也能将人的一生或国家的历史或人类的发展等比喻成旅程。不过我们却有必要挑选最佳的词。由于下面这个旅程隐喻反复出现，所以到底选择"路"还是"航程"应全盘考虑。"航程""驶去"这类词更像是水路，"这条路""走上"这类词则更提示陆路，不过都是用作隐喻，也就是说，无论是水路还是陆路，都是以概念隐喻为基础的语言表达法，都不是字面意思，所以在文中并不一定需要保持一致。

2. 这里的 unlocking 也是一个隐喻，其背后的隐喻概念是 MAKE USEFUL IS OPEN。有 unlock 就必须先有 lock，也就是说人类的很多能力是原先就有的，是被锁在里面的，但人类不知道怎么利用它们。现在他们找到了开启箱子的钥匙，结果能力就被 unlock 了。但就理解来说，这个用开锁来表达把能力利用起来的隐喻说法，并不会有理解障碍，说汉语的人应该能理解这个隐喻。但这个动词在汉语中较难表达，加之这又是一个对文章没有任何特殊意思的词，所以可以换成其他更适合汉语表达的动词，如可以用"释放"（releasing）这个隐喻。严格地说，releasing 这个动作和 unlocking 的动作是不一样的，但在实际翻译过程中隐喻的调换是常有的。只要不影响原文基本意思的表达，就没有必要在隐喻的细节上保持一致。非文学作品中的隐喻，特别是这类已被语言体系淡化的隐喻，没有什么价值，翻译时不必在意，但从隐喻的角度去理解这类词却能帮助译者更清楚地理解原文，在选择译法时就会更有更大的回旋余地。

3. 这里的 sets the world on a course toward 和前面的一样，其概念隐喻的基础还是 HUMAN HISTORY IS A JOURNEY，所以译者可以使用"航程"之类的隐喻，不必找其他的表达法。由于英汉两种语言文化在这一表达上都可用同样的概念隐喻，所以若抓住了这个概念隐喻，汉语的选词往往能呼之欲出："但也可能是人类拨正航程，朝光辉灿烂未来驶去的一个世纪。"

4. 这个 growing 是隐喻，因为一般动物会长，植物会长，社会不是活的东西，不会生长，其背后的隐喻概念是 SOCIETY IS A BIOLOGICAL CREATURE OR THING。这个词的隐喻意思已经融入英文语言体系，隐喻的含义基本淡化了，所以没有什么意义，加之汉语也同样有这个隐喻概念，所以翻译时无大问题，翻译成"成长"或者"发展起来"等都可以。

5. 这里的 wreck the planet 是隐喻，诱发这个说法的概念隐喻至少有两个，即 FAILURE IS A SHIPWRECK，以及更为基本的 PLANET IS A SHIP，但是这些隐喻表达法都没有特殊意思，翻译时仍然以照顾中文行文为主，不必过多考虑保留隐喻的问题，如可以翻译成"毁坏这个星球"（destroy）。有的学生翻译成"使地球之舟沉没"，但在非文学文本中没有必要保留这个隐喻。当然在诗歌等非常强调隐喻的作品中，至少可以考虑这样的译法。

6. 这里的 traveling at breakneck speed 仍然是基于概念隐喻 HUMAN HISTORY IS A JOURNEY，是该跨句隐喻的又一语言表现。另外，breakneck speed 也是隐喻，基于 INTENSE ACTIVITY IS SPEED。由于 breakneck 不是汉语常用的修饰法，所以翻译时不应该保留这个词，仅仅翻译出意思就行，如"飞驰""飞快地"等均可。

7. 这个 manage 就是隐喻的说法，背后的概念隐喻是 SITUATION IS A BUSINESS。在这个现代社会里，manage 一词简直是四处可见，如 anger management，而汉语似乎也有了一个对应词"管理"。但语境不同，翻译时也该灵活处理，不能见了这个词就都用"管理"，如这里就无法用"管理形势"，而用了"驾驭"。

8. 这里的 confront 究其根源还是源于 HUMAN HISTORY IS A JOURNEY，只是在这个基础上又添加了一个 CONFLICTING PURPOSE IS OPPOSITE DIRECTION，就像在人类前进的道路上，突然间出现了阻止人前进的物件。但是这个隐喻也没有什么意思，属于语言体系的隐喻，不是作者的创意，所以不必在意如何翻译，意思对了就行，比如我们大多数人都翻译成"我们面临许多难题"，但这个"面临"译法和原文的 problems confront us 还是有些差别的，不过我们根本没有必要去管这些差别。大家需要提高隐喻意识，但这不是说我们都必须依照隐喻的思路翻译。隐喻思路会帮助我们更准确地理解原文，然后更好地作出如何翻译的决策，而这个决策可能是回归隐喻，也可能是不回归隐喻。

9. 这句中主要的概念隐喻仍然是 HUMAN HISTORY IS A JOURNEY，至少其中的两个动作都是建立在这个隐喻基础上的,如 disruption 这个词就是指对人类历史进程的干扰,不少学生将这个词译成"混乱",因为在字典中确有类似的意思(state of disorder),但是如果我们能考虑到这个概念隐喻,那么我们就可能选择这个词的另一个意思(an act of delaying or interrupting the continuity),那么在翻译选词时就更有把握些。当然翻译时并不必将该词可数名词的特征翻译出来,如不必翻译成"一个干扰的事件",完全可利用词性转换的办法,将其变成动词(干扰历史的进程)。另外一个动作是 set humanity back centuries,这个倒退仍然是在历史进程上的倒退,所以其基本的概念隐喻仍然是 HUMAN HISTORY IS A JOURNEY。本句中的 irreversible 并不是指 disruption 本身不能被逆转,而是指这个干扰造成的结果是无法逆转,无法修复的,所以其思维概念的基础不同。

10. 在 set the stage 中的 stage 是"舞台"的意思,其背后的概念隐喻是 HUMAN HISTORY IS A DRAMA,即把人类历史的发展当成一出戏。而这种概念隐喻在英汉文化间并没有障碍,因为汉语也能用同样的隐喻思维来表达相同的思想。另外 stage 一词还可能由另一个隐喻概念诱发,即主宰整段的 HUMAN HISTORY IS A JOURNEY,因为这句总的意思仍是在 JOURNEY 这个大隐喻范畴内展开,也就是说 stage 一词由双重隐喻诱发。翻译时译者可以用同样的隐喻,如"搭起舞台,……让……登场"这种译法将隐喻原封不动地引入译文。当然这并非一个有特殊意义的语言形式,所以如果译者想另辟蹊径,也完全可以,如把隐喻完全拿掉:"……必须有一个剧烈的转变,来为非凡事件在后半个世纪的出现创造条件",意思基本相同,不过 stage 这个隐喻没有了,换成了"条件"。

11. 介词短语 like cookies in a jar 显然是明喻,但这是一个完全可以在译文中接受的比喻方法,所以可以直译。但处理方法可以多样,比如可以添加"吃一块少一块",也可以将这部分完全删除,因为 finite 一词已经包括了后面这个短语的意思。

其他翻译问题注释

A. 现在不少人都把 find oneself 的结构视若无睹,像这句就会译成"人类正走上了一条走不下去的路"。这样处理并无大错,只是省略了 find oneself 这个短语。但这个短语却把句中的陈述角度改变了。拿掉这个短语,那就是纯粹的客观描述,但显然原文是从人类的角度描述的。有人会说"发现自己"的说法很别扭,可那恰恰反映了原文的角度。朗文当代英语词典中 find oneself ＋in/at etc 被当作是习惯表达法,其定义是 realize you are in a particular situation, especially a bad one that you did not expect,所以若觉得"发现自己"不太好,也可以考虑用"意识到"。

B. 这里的 extremes 比较难处理,因为这个词在下面反复出现,而且与之搭配的词都不同,所以译者面临两个选择,或者用一个汉语的词翻译所有 extremes,或者用同义词变换翻译。这个词在这里的意思就是 the largest possible degree of something,翻译时确实可以寻找同义词去翻译不同语境中的 extremes。比如最前面的用能和不同语境搭配的"极端",然后则根据与之搭配的词不同而选用不同的同义词,如无以复加、不能再贫、登峰造极、探求底线、极点等(比如有人译成"我们正疯狂地奔向一个极端的时代,我们富得无以复加,也贫得不能再贫,技术发展得登峰造极,实验触及了道德底线,全球化的影响前所未有,还有大规模毁灭性武器、以宗教之名行恐怖之实的活动")。但也可以在所有的地方都用"极端",这样虽然汉语的行文色彩少了些,但也更简洁(见参考译文)。本句中的 extreme forces of globalism, weapons of mass destruction and terrorists acting in the name of religion 可能有两个不同的解读。一个解读是 extreme forces 和后面的三个都有关 (extreme forces of globalism, extreme forces of weapons of mass destruction and extreme forces of terrorists acting…)。但这样解读有个问题,即后面的 weapons of mass destruction 和 terrorists acting in the name of religion 很难和 extreme forces 连接起来,因为它们本身都是 extreme forces,没有必要再用 extreme 来修饰。所以这里将 extreme forces 只和 globalism 连起来,而复数的 forces 可以解释成全球化所造成的正面或负面的多种影响。其实,上面两种解释对实际意思没有大影响。另外,globalism 原义是"全球主义",即从全球角度出发制定政策,此处译成"全球化"大致意思相似。最后,extremes in the experiments that scientists want to perform 主要是指科学家们想做的实验有些在道德上有争议,如克隆技术等。

9.5 Emerson's *Friendship* 诗作翻译分析

A ruddy drop of manly blood	一滴男儿鲜红血,
The surging sea outweighs[①],	胜似怒海浪叠,
The world uncertain comes and goes[②],	世事变幻不休歇,
The lover rooted stays[③].	不变的是情深切切。
I fancied he was fled,	原以为他离我而去,
And, after many a year,	却未知荏苒岁月,
Glowed unexhausted kindliness[④]	昔日情怀未老,
Like daily sunrise there.	仍旧霞光烈烈。
My careful heart was free again[⑤],—	忧心已再获脱解,
O friend, my bosom said,	朋友,听这心声细揭,
Through thee alone the sky is arched,	因你,长空穹庐挺立,

Through thee the rose is red,	因你,玫瑰殷红浓烈,
All things through thee take nobler form⑥,	因你,万物高尚又圣洁,
And look beyond the earth,	目光已超越尘界,
And is the mill-round of our fate	仗你的品德,命运虽如磨转,
A sun-path in thy worth⑦.	却是阳光大道无停歇。
Me too thy nobleness has taught	更有你高远的胸怀,
To master my despair⑧;	教我解开绝望心结;
The fountains of my hidden life⑨	我心底生命的源泉,
Are through thy friendship fair.	因你的友情丰泽不竭。
By Ralph Waldo Emerson	(叶子南译)

注　释

本诗作者是美国著名文学家拉尔夫·沃尔多·爱默生(Ralph Waldo Emerson)。这是一首放在散文前的诗,诗的主题和散文主题是一样的,都是友谊。诗基本是在说,这个世界虽然变幻不定,但是情可长存,有情谊,生活就有动力。这是文学作品,而且是以语言取胜的诗作,所以文中隐喻的价值就非同小可。译者若要放弃一个隐喻就需要再三考虑,要有足够的理由。下面来具体分析一下。

隐喻翻译问题注释:

1. 前两行的对称很明显,一个是大海,一个是一滴血,少数(一滴)却重于多数(大海),说的是情谊的重要,仅仅是一点点的友情,但能量巨大,诱发 ruddy blood 和 surging sea 的概念隐喻可以是 IMPORTANCE IS WEIGHT。如果仅这么一个力隐喻(FORCE metaphor)的话,其价值也许不大,因为单纯的力隐喻都是基于物理特性,不构成跨文化的障碍,不引人注意,无很大价值。但此处和最基本的力隐喻协同作用的还有意象隐喻,如一滴血和大海,这就使得这句中的隐喻非常夺目,构成了作者写作的特征,具有文学价值,在这样的诗歌作品中,几乎没有理由抛弃或调换。而且在 ruddy blood 的意象中还隐含文化。此处的血似与英文中的 blood brother 或 blood oath 有关,表示朋友间的友情牢固,很像汉语中的歃血为盟,表示友情要比怒海的力量更大。但是本句和下面的 The world uncertain comes and goes, The lover rooted stays 又互为照映,即 ruddy blood 象征友情,与 the lover rooted stays 相关,而 surging sea 则象征世事多变,与 The world uncertain comes and goes 互为关联。因此 surging sea 除了有力隐喻支撑外,还有多变的意思(comes and goes),而且要使用 comes and goes 来描写 the world,又必须有拟人化的隐喻思维,即 EVENT IS PERSON。综上分析,句中的隐喻既有依靠基本感知的概念隐喻,也有鲜明的意象隐喻(image metaphor 或称 one-shot metaphor),所以文字已经脱离了常规范畴,形成了前景化,价值显然很大,翻译时保留隐喻似乎是唯一的译法。同样的隐喻,若在不是以语言取胜的文学作品中出现,译者保留隐喻的压力就不会有这里那么大。

2. 在这里的 world 指的是世间的事物,所以翻译成"人来来往往"就狭窄了,诱发 the world comes and goes 的概念隐喻是 EVENT IS PERSON,表示世事不定。

3. 这里的 rooted 是将爱情比喻成植物(LOVE IS PLANT),但整句还得依靠 DEVELOPING LOVE IS GROWTH 这个概念隐喻才能说明爱情深植于人心。另外,有人认为 lover 显然是人,而不是爱情,但其核心仍然是在说爱情,诗歌的翻译未必需要那么精确,把 lover 理解成爱与情应该可以。

4. 这句里的概念隐喻是 EMOTION IS SUNSHINE OR FIRE,所以翻译时应该保留这个隐喻思维,而不应该用解释的办法翻译,如这两行基本上可解释为"感情依然没有消失",但若在翻译中仅释义就会淡化诗的形象,丧失艺术感染力。这和前面非文学文本中的隐喻处理不同。前面我们反复说隐喻属于语言体系,没有作者行文的影子,翻译时可更多地迁就汉语行文,不必把保留隐喻与否放在心上。但是这里我们尽量不放弃隐喻,因为诗中的隐喻都不是属于语言体系的,都是作者精心安排的文字,除非万不得已,一般情况下,应以保留隐喻作为常规译法,比如这里的 a drop of manly blood, The surging sea, glowed, daily sunrise, sky is arched, the rose is red, the mill-round of our fate, a sun-path, the fountains of my life 等在译文中如无困难均应照原来的形象保留,不宜通过解释的办法淡化掉。

5. 这里的 careful heart 可以理解成借喻(metonymy),用心来代替人,人可以获得自由。但 careful heart 应解释为 troubled heart,见圣经"Thou art careful and troubled about many things"(Luke 10∶41)。翻译时应该保留原诗的借喻,仍然用心,而不解释为人,这再一次说明文学翻译不宜解释过度。同理,下面一行的 my bosom said 也可以翻译成"心在说",而不是人在说,因为这里的 bosom 指的就是 the place where your deepest emotions are felt。

6. 这里的 sky 和 rose 虽然都有字面意义,但都有喻意,sky arched 主要表达支撑(SKY IS BUILDING)就是说,如果没有你,天就塌下来了,我就挺不住了。这里天空比喻人的精神世界,没有你,精神就垮了,arch 本身就有支撑的意思。而 rose 则表示爱与情。在理解的过程中,我们抛弃了隐喻,但是在表达时,我们仍然应该回归原文的隐喻,文中的隐喻,无论是 sky is arched,还是 rose is red,都需要按照原文来翻译,译者为了帮助读者理解而介入解读,反而不好。而 All things through thee take nobler form 中的 nobler forms 表示因为有了友情,世上的万物皆显高尚；look beyond the earth 中 look 的主语是 All things，但也可解读为 I look，即所谓 transferred action，所以加大释义力度的话，大意就是 I look to the beyond-earth implications of all things。最后诗中的三个 through thee 最好用相同的表达法，用不同表达法可能会失去一些诗的力度，如用三个"只因有你"。当然也可用"通过你"，后者虽更准确，但却诗味顿减。

7. 这里是一个对照写法，一方面是 the mill-round of our fate，是负面的，mill 可让人想到推磨的牲口，痛苦地打转，象征奴役，也许有圣经的典故（the blinded Samson at the mill in Gaza）；另一方面是 a sun-path，是正面的、太阳的轨迹，宽广阳光。此句大意就是 Mill-round of our fate becomes a sun-path because of your virtues。翻译时应该保留原文的隐喻，不能只说出大意。

8. 这里的 master my despair 是把 despair 当作了人，背后的概念隐喻是 FEELING IS A PERSON，而 master 这里也有隐喻的成分（MASTERING IS CONTROLLING）。本句的意思是，你教会我如何掌控绝望，就是由于你，我现在面对绝望已经不绝望了。若加大释义的成分，也许可用"拓宽心路""打开心锁"等。但若强调其为文学作品不愿过度释义，则可保留原文特征"掌控绝望"（control），但也可像参考译文那样考虑到与"心结"搭配，而使用"解开"。

9. 这里的 fountains of my hidden life 表示人的内心的生命，人生中精神的一面，所以可以说这里的概念隐喻是 SPIRITUAL LIFE IS FLOW，翻译时保留这个 flow 的隐喻非常重要，即便不直接保留隐喻词（喷泉），也应该保留 flow 这个隐喻思维，如"源泉"，任何把隐喻解释掉的译法都是不可取的。另外，Fountains are fair 中的 fair 选词比较宽广，比较肯定的是这个词在说源泉是好的，所以此时译者应该根据语境灵活挖掘这个"好"所能包含的意思。由于这是最后一句，所以还得考虑到押韵，参考译文用了"丰泽不竭"，因为译者在结尾处已别无选择，必须押韵，而且还要照顾到诗意。无论是译诗还是写诗，最后一句都非常重要。

其他翻译问题注释：

关于诗的押韵，译者可尽量模仿原诗的音韵特征（见下面的朱译），也可放弃原韵，用一韵到底的韵式（如上面的叶译）。用原韵学术上更站得住脚，一韵到底可能更适合汉语审美的习惯。所以若仅供欣赏，采用中国人习惯的韵式也是个不错的选择，不必相互排斥。

文学中的隐喻显然非常重要，这一点我们在看完上面的评论就很清楚了。前面非文学作品中的隐喻有时被我们丢弃，但在翻译这首诗时，我们却谨小慎微，生怕在无意中丢弃了作者精心挑选的词语。但是文本类型众多，翻译目的各异，我们也不能将这种谨慎的译法当作放之四海而皆准的通则。凡事总有例外，很多规则在具体实践时常会显得苍白无力。不过至少有一条却是颠覆不破的，翻译文学作品是细活儿,大笔一挥的习惯需要改一改,文中一个个的隐喻也许都有其用意,马虎不得。

附另一个译文:

> 义气之血殷红一滴
> 胜却汹涌大海,
> 人世扰攘聚散无常,
> 深心之爱恒在。
> 想他许是暂别,
> 不料一去多年,
> 友爱不竭霞光绵绵,
> 犹如旭日天天。
> 羁绊的心炽情翱翔,
> 朋友听我心言,
> 因你蓝天飞架虹桥,
> 因你玫瑰红艳。
> 缤纷万物流光溢彩,
> 宛若出离凡间,
> 命途辗转俗务连连,
> 曙光因你而现。
> 你的情操为我垂范,
> 毅然挥却伤悲;
> 我隐秘的生命之泉
> 泉水因你甘美。

(朱力安译)

附录　供分析和翻译用的英文原文

从网络上查找下列句子的出处,以便确认其语境并假设翻译目的,然后再确定其中隐喻的价值及翻译策略。短文部分已有出处或作者,也请假设翻译目的、找出隐喻、确定价值、决定翻译策略并提供参考译文。

Sentences

1. Through the night the rats of time and silence gnaw the timbers of the old house of life.

原文语境定位:＿＿＿＿＿＿＿＿＿＿＿＿＿＿＿＿＿＿＿＿
翻译目的假设:＿＿＿＿＿＿＿＿＿＿＿＿＿＿＿＿＿＿＿＿
搜寻文中隐喻:＿＿＿＿＿＿＿＿＿＿＿＿＿＿＿＿＿＿＿＿
确定隐喻价值:＿＿＿＿＿＿＿＿＿＿＿＿＿＿＿＿＿＿＿＿
制定翻译策略:＿＿＿＿＿＿＿＿＿＿＿＿＿＿＿＿＿＿＿＿
提供翻译文本:＿＿＿＿＿＿＿＿＿＿＿＿＿＿＿＿＿＿＿＿

2. Whereas security and disarmament were rather antagonistic concepts at one time, today they are two sides of the same coin—the coin of cooperative security.

原文语境定位:＿＿＿＿＿＿＿＿＿＿＿＿＿＿＿＿＿＿＿＿
翻译目的假设:＿＿＿＿＿＿＿＿＿＿＿＿＿＿＿＿＿＿＿＿
搜寻文中隐喻:＿＿＿＿＿＿＿＿＿＿＿＿＿＿＿＿＿＿＿＿
确定隐喻价值:＿＿＿＿＿＿＿＿＿＿＿＿＿＿＿＿＿＿＿＿
制定翻译策略:＿＿＿＿＿＿＿＿＿＿＿＿＿＿＿＿＿＿＿＿
提供翻译文本:＿＿＿＿＿＿＿＿＿＿＿＿＿＿＿＿＿＿＿＿

3. Writing a book is an adventure. To begin with, it is a toy and an amusement; then it becomes a mistress, and then it becomes a master, and then a tyrant. The last phase is that just as you are about to be reconciled to your servitude, you kill the monster, and fling him out to the public.

原文语境定位:＿＿＿＿＿＿＿＿＿＿＿＿＿＿＿＿＿＿＿＿
翻译目的假设:＿＿＿＿＿＿＿＿＿＿＿＿＿＿＿＿＿＿＿＿

附录
供分析和翻译用的英文原文　205

　　搜寻文中隐喻：_____
　　确定隐喻价值：_____
　　制定翻译策略：_____
　　提供翻译文本：_____

4. On the day I decided to put youth behind me I immediately felt twenty years younger. You'll say the bark of the tree still has to bear the ravages of time. I don't mind that—the core is sound and the sap goes on doing its work.
　　原文语境定位：_____
　　翻译目的假设：_____
　　搜寻文中隐喻：_____
　　确定隐喻价值：_____
　　制定翻译策略：_____
　　提供翻译文本：_____

5. Every other evening around six o'clock he left home and dying dawn saw him hustling home around the lake where the challenging sun flung a flaming sword from east to west across the trembling water.
　　原文语境定位：_____
　　翻译目的假设：_____
　　搜寻文中隐喻：_____
　　确定隐喻价值：_____
　　制定翻译策略：_____
　　提供翻译文本：_____

6. Thinkers from Bacon to the present have been inspired by the certainty that there must exist a total solution... that this springtime in human affairs will come once the obstacles, natural and human, are overcome, and then at last men will cease to fight each other.
　　原文语境定位：_____
　　翻译目的假设：_____
　　搜寻文中隐喻：_____
　　确定隐喻价值：_____
　　制定翻译策略：_____
　　提供翻译文本：_____

7. There were nights when she had a hummingbird sleep as she hovered above the bloom of oblivion, dipping a moment to suck its sweetness, then hover

again. But there were the nights, black holes of Calcutta, from which she emerged with a weight on her chest, her limbs in chains.

原文语境定位：_____
翻译目的假设：_____
搜寻文中隐喻：_____
确定隐喻价值：_____
制定翻译策略：_____
提供翻译文本：_____

8. When political life narrowed down again to the waste and crimes of a fratricidal war with Sparta, there was so broad and well-fed a flame of intellectual activity burning that it lasted through all the windy distresses of this war and beyond the brief lifetime of Alexander the Great, for a period altogether of more than a hundred years after the wars began.

原文语境定位：_____
翻译目的假设：_____
搜寻文中隐喻：_____
确定隐喻价值：_____
制定翻译策略：_____
提供翻译文本：_____

9. Recently we see more pictures of her (Aung San Su Kyi) in which some of her old zest and vibrancy has returned. Things in the east usually move with glacial slowness. Dawn, lazy and drawn-out, lingers in twilight a long time before spreading. A silver lining is a happenstance in an overcast sky. As I see her pictures more in the media these days, I'm wondering what will happen to her eventually.

原文语境定位：_____
翻译目的假设：_____
搜寻文中隐喻：_____
确定隐喻价值：_____
制定翻译策略：_____
提供翻译文本：_____

10. Steve Jobs was an enemy of nostalgia. He believed that the future required sacrifice and boldness. He bet on new technologies to fill gaps even when the way was unclear. He often told the press that he was as proud of the devices Apple killed — in the parlance of Silicon Valley, he was a master of "knifing the

baby," which more squeamish innovators cannot do because they fall in love with their creations — as the ones it released.

原文语境定位：_____
翻译目的假设：_____
搜寻文中隐喻：_____
确定隐喻价值：_____
制定翻译策略：_____
提供翻译文本：_____

11. Interaction and borrowing between civilizations have always taken place, and with modern means of transportation and communication they are much more extensive. Most of the world's great civilizations, however, have existed for at least one millennium and in some cases for several. These civilizations have a demonstrated record of borrowing from other civilizations in ways that enhance their own chances of survival.

原文语境定位：_____
翻译目的假设：_____
搜寻文中隐喻：_____
确定隐喻价值：_____
制定翻译策略：_____
提供翻译文本：_____

12. We are a driven people, New Yorkers. Too much to do, not enough time. We keep lists; we crowd our schedules; we look for more efficient ways to organize ourselves — we get things done when we're not too busy planning to get things done. Even our leisure time is focused, and there is something proactive about our procrastination. We don't merely put things off. We put things off by piling other things on top of them.

原文语境定位：_____
翻译目的假设：_____
搜寻文中隐喻：_____
确定隐喻价值：_____
制定翻译策略：_____
提供翻译文本：_____

13. He was a man of insatiable appetites—for cigarettes, for scotch, for company, for great writing, and, above all, for conversation. That he had an

output to equal what he took in was the miracle in the man. You'd be hard-pressed to find a writer who could match the volume of exquisitely crafted columns, essays, articles, and books he produced over the past four decades.

原文语境定位：_____
翻译目的假设：_____
搜寻文中隐喻：_____
确定隐喻价值：_____
制定翻译策略：_____
提供翻译文本：_____

14. No. Only God can fulfill the role of ultimate defender. We must be content to try and keep watch. And even in our modest attempts to do this we must not forget to turn to God. For it is only through a true awareness of His holiness—an awareness of how readily we may draw on the limitless fund of His manifold and great mercies—that we can find the spiritual insight and moral energy to make us effective watchmen.

原文语境定位：_____
翻译目的假设：_____
搜寻文中隐喻：_____
确定隐喻价值：_____
制定翻译策略：_____
提供翻译文本：_____

15. There are cities that reveal their charms on introduction, shamelessly, and there are others that give you more time to get to know them, cities which are not voluptuous but viable, easy to get around, good humored, self-effacing without being apologetic. Manchester, 200 miles to the northwest of London, and just a half-hour drive from its noisier neighbor Liverpool, is one of the latter.

原文语境定位：_____
翻译目的假设：_____
搜寻文中隐喻：_____
确定隐喻价值：_____
制定翻译策略：_____
提供翻译文本：_____

16. Celebrity at this moment in America is epidemic, and it's spreading fast, sometimes seeming as if nearly everyone has got it. Television provides celebrity

dance contests, celebrities take part in reality shows, perfumes carry the names not merely of designers but of actors and singers. Without celebrities, whole sections of *The New York Times* and *The Washington Post* would have to close down. So pervasive has celebrity become in contemporary American life that one now begins to hear a good deal about a phenomenon known as the Culture of Celebrity.

原义语境定位：_____
翻译目的假设：_____
搜寻文中隐喻：_____
确定隐喻价值：_____
制定翻译策略：_____
提供翻译文本：_____

17. In terms of political capital—that intangible resource of Presidential popularity, credibility and air of invincibility—Mr. Clinton approached his first Supreme Court choice as a pauper. Partly because of his stumbles in recent weeks, and partly because he has taken on more tough challenges than any other President in years, Mr. Clinton is the least-popular newly elected President since political polling began. He simply could not afford another nomination controversy.

原文语境定位：_____
翻译目的假设：_____
搜寻文中隐喻：_____
确定隐喻价值：_____
制定翻译策略：_____
提供翻译文本：_____

18. In the midst of this chopping sea of civilized life, such are the clouds and storms and quicksands and thousand-and-one items to be allowed for, that a man has to live, if he would not founder and go to the bottom and not make his port at all, by dead reckoning, and he must be a great calculator indeed who succeeds.

原文语境定位：_____
翻译目的假设：_____
搜寻文中隐喻：_____
确定隐喻价值：_____
制定翻译策略：_____
提供翻译文本：_____

19. Whenever the rays of the sun stream in and pour light through the dark

places of the house, look and you will see many minute particles darting about in many directions through the empty air in the light of the rays.... You would do well to observe these motes which you see dancing in the sunbeams; this dancing indicates that beneath it there are hidden motions of matter which are invisible. You will see that many motes, struck by unseen blows, change their course and are forced to move now this way, and that, on all sides and in every direction. Truly this change in the direction of all motes is caused by the atoms.

原文语境定位：＿＿＿＿＿＿＿＿＿＿＿＿＿＿＿＿＿＿＿＿＿＿＿＿＿＿
翻译目的假设：＿＿＿＿＿＿＿＿＿＿＿＿＿＿＿＿＿＿＿＿＿＿＿＿＿＿
搜寻文中隐喻：＿＿＿＿＿＿＿＿＿＿＿＿＿＿＿＿＿＿＿＿＿＿＿＿＿＿
确定隐喻价值：＿＿＿＿＿＿＿＿＿＿＿＿＿＿＿＿＿＿＿＿＿＿＿＿＿＿
制定翻译策略：＿＿＿＿＿＿＿＿＿＿＿＿＿＿＿＿＿＿＿＿＿＿＿＿＿＿
提供翻译文本：＿＿＿＿＿＿＿＿＿＿＿＿＿＿＿＿＿＿＿＿＿＿＿＿＿＿

20. All societies face recurring threats to their existence, to which they eventually succumb, Yet some societies, even when so threatened, are also capable of postponing their demise by halting and reversing the processes of decline and renewing their vitality and identity; I believe that America can do that and that Americans should recommit themselves to the Anglo-Protestant culture, traditions, and values that for three and a half centuries have been embraced by Americans of all races, ethnicities, and religions and that have been the source of their liberty, unity, power, prosperity, and moral leadership as a force for good in the world.

原文语境定位：＿＿＿＿＿＿＿＿＿＿＿＿＿＿＿＿＿＿＿＿＿＿＿＿＿＿
翻译目的假设：＿＿＿＿＿＿＿＿＿＿＿＿＿＿＿＿＿＿＿＿＿＿＿＿＿＿
搜寻文中隐喻：＿＿＿＿＿＿＿＿＿＿＿＿＿＿＿＿＿＿＿＿＿＿＿＿＿＿
确定隐喻价值：＿＿＿＿＿＿＿＿＿＿＿＿＿＿＿＿＿＿＿＿＿＿＿＿＿＿
制定翻译策略：＿＿＿＿＿＿＿＿＿＿＿＿＿＿＿＿＿＿＿＿＿＿＿＿＿＿
提供翻译文本：＿＿＿＿＿＿＿＿＿＿＿＿＿＿＿＿＿＿＿＿＿＿＿＿＿＿

Longer Paragraphs

1. Metaphors of Terror (excerpt)

Everything we know is physically instantiated in the neural system of our brains.

What we knew before September 11 about America, Manhattan, the World Trade Center, air travel, and the Pentagon was intimately tied up with our identities and with a vast amount of what we took for granted about everyday life. It was all there physically in our neural synapses. Manhattan: the gateway to America for generations of immigrants—the chance to live free of war, pogroms, religious and political oppression!

The Manhattan skyline had meaning in my life, even more than I knew. When I thought of it, I thought of my mother. Born in Poland, she arrived as an infant, grew up in Manhattan, worked in factories for twenty-five years, and had family, friends, a life, a child. She didn't die in concentration camps. She didn't fear for her life. America was not all that she might have wanted it to be, but it was plenty.

I grew up in Bayonne, N.J., across the bay from that skyline. The World Trade Center wasn't there then, but over the years, as the major feature of the skyline, it became for me as for others the symbol of New York—not only of the business center of America, but also the cultural center and the communications center. As such, it became a symbol for America itself—a symbol for what it meant to be able go about your everyday life free of oppression and just do your job and live your life, whether as a secretary or an artist, a manager or a fireman, a salesman or a teacher or a TV star. I wasn't consciously aware of it, but those images were intimately tied to my identity, both as me and as an American. And all that and so much more was there physically as part of my brain on the morning of September 11.

By George Lakoff

原文文本定位：_____
翻译目的假设：_____
搜寻文中隐喻：_____
确定隐喻价值：_____
制定翻译策略：_____
提供翻译文本：_____

2. The Dumbest Generation (excerpt)

The Dumbest Generation cares little for history books, civic principles, foreign affairs, comparative religions, and serious media and art, and it knows less. Careening through their formative years, they don't catch the knowledge bug, and tradition might as well be a foreign word. Other things monopolize their attention—the allure of screens, peer absorption, career goals. They are latter-day

Rip Van Winkles, sleeping through the movements of culture and events of history, preferring the company of peers to great books and powerful ideas and momentous happenings. From their ranks will emerge few minds knowledgeable and interested enough to study, explain, and dispute the place and meaning of our nation. Adolescence is always going to be more or less anti-intellectual, of course, and learning has ever struggled against immaturity, but the battle has never proven so uphill. Youth culture and youth society, fabulously autonomized by digital technology, swamp the intellectual pockets holding on against waves of pop culture and teen mores, and the Boomer mentors have lowered the bulwarks to surmountable heights. Among the Millennials, intellectual life can't compete with social life, and if social life has no intellectual content, traditions wither and die. Books can't hold their own with screen images, and without help, high art always loses to low amusements.

By Mark Bauerlein

原文文本定位：_____
翻译目的假设：_____
搜寻文中隐喻：_____
确定隐喻价值：_____
制定翻译策略：_____
提供翻译文本：_____

3. Society for Pure English (excerpt)

The business of the writer is to arouse in the mind of his reader the fullest possible consciousness of the ideas or emotion that he is expressing.

To this end he suggests a comparison between it and something else which is similar to it in respect of those qualities to which he desires to draw attention. The reader's mind at once gets to work unconsciously on this comparison, rejecting the unlike qualities and recognizing with an enhanced and satisfied consciousness the like ones. The functions of simile and metaphor are the same in this respect.

Both simile and metaphor are best when not too close to the idea they express, that is, when they have not many qualities in common with it which are not cogent to the aspect under consideration.

The test of a well-used metaphor is that it should completely fulfill this function: there should be no by-products of imagery which distract from the poet's aim, and vitiate and weaken the desired consciousness.

A simile, in general, need not be so close as a metaphor, because the point of resemblance is indicated, whereas in a metaphor this is left to the reader to discover.

When a simile or metaphor is from the material to the immaterial, or vice versa, the analogy should be more complete than when it is between two things on the same plane: when they are on different planes there is less dullness (that is, less failure to produce consciousness), and the greater mental effort required of the reader warrants some assistance.

The degree of effort required in applying any given metaphor should be in relation to the degree of emotion proper to the passage in which it is used. Only those metaphors which require little or no mental exertion should be used in very emotional passages, or the emotional effect will be much weakened: a far-fetched, abstruse metaphor or simile implies that the writer is at leisure from his emotion, and suggests this attitude in the reader.

(By E. B., H. W. Fowler & A. Clutton-Brock)

原文文本定位：_____
翻译目的假设：_____
搜寻文中隐喻：_____
确定隐喻价值：_____
制定翻译策略：_____
提供翻译文本：_____

4. The Outline of History (excerpt)

This remarkable culmination of the long-gathering creative power of the Greek mind, which for three and twenty centuries has been to men of intelligence a guiding and inspiring beacon out of the past, flared up after the battles of Marathon and Salamis had made Athens free and fearless, and, without any great excesses of power, predominant in her world. It was the work of a quite small group of men. A number of her citizens lived for the better part of a generation under conditions which, in all ages, have disposed men to produce good and beautiful work; they were secure, they were free, and they had pride; and they were without that temptation of apparent and unchallenged power which disposes all of us to inflict wrongs upon our fellow men.

When political life narrowed down again to the waste and crimes of a fratricidal war with Sparta, there was so broad and well-fed a flame of intellectual activity burning that it lasted through all the windy distresses of this war and beyond the brief lifetime of Alexander the Great, for a period altogether of more than a hundred years after the wars began.

Flushed with victory and the sense of freedom, fairly won, the people of Athens did for a time rise towards nobility. Under the guidance of a great demagogue, Pericles, the chief official of the Athenian general assembly, and a politician statesman rather of the calibre of Gladstone or Lincoln in modem history, they were set to the task of rebuilding their city and expanding their commerce. For a time they were capable of following a generous leader generously, and Fate gave them a generous leader. In Pericles there was mingled in the strangest fashion political ability with a real living passion for deep and high and beautiful things.

By H. G. Wells

原文文本定位：＿＿＿＿＿＿＿＿＿＿＿＿＿＿＿＿＿＿＿＿＿＿＿＿＿
翻译目的假设：＿＿＿＿＿＿＿＿＿＿＿＿＿＿＿＿＿＿＿＿＿＿＿＿＿
搜寻文中隐喻：＿＿＿＿＿＿＿＿＿＿＿＿＿＿＿＿＿＿＿＿＿＿＿＿＿
确定隐喻价值：＿＿＿＿＿＿＿＿＿＿＿＿＿＿＿＿＿＿＿＿＿＿＿＿＿
制定翻译策略：＿＿＿＿＿＿＿＿＿＿＿＿＿＿＿＿＿＿＿＿＿＿＿＿＿
提供翻译文本：＿＿＿＿＿＿＿＿＿＿＿＿＿＿＿＿＿＿＿＿＿＿＿＿＿

5. The Outline of History (excerpt)

Greek history for the next forty years after Plataea and Mycale is a story of comparative peace and tranquillity. There were wars, but they were not intense wars. For a little while in Athens, for a section of the prosperous, there was leisure and opportunity. And by a combination of accidents and through the character of a small group of people, this leisure and opportunity produced the most memorable results.

Much beautiful literature was produced; the plastic arts flourished, and the foundations of modern science, already laid by the earlier philosophers of the Ionian Greek cities, were consolidated. Then, after an interlude of fifty odd years, the long-smouldering hostility between Athens and Sparta broke out into a fierce and exhausting war, which sapped at last the vitality of this creative movement.

This war is known in history as the Peloponnesian War; it went on for nearly thirty years, and wasted all the power of Greece. At first Athens was in the ascendant, then Sparta. Then arose Thebes, a city not fifty miles from Athens, to overshadow Sparta. Once more Athens flared into importance as the head of a confederation. It is a story of narrow rivalries and inexplicable hatreds that would have vanished long ago out of the memories of men, were it not that it is recorded and reflected in a great literature.

Through all this time Persia appears and reappears as the ally first of this league and then of that. About the middle of the fourth century B. C. , Greece becomes aware of a new influence in its affairs, that of Philip, King of Macedonia. Macedonia does, indeed, arise in the background of this incurably divided Greece, as the Medes and Persians arose behind the Chaldean Empire. A time comes when the Greek mind turns round, so to speak, from its disputes, and stares in one united dismay at the Macedonian.

By H. G. Wells

原文文本定位：_____
翻译目的假设：_____
搜寻文中隐喻：_____
确定隐喻价值：_____
制定翻译策略：_____
提供翻译文本：_____

6. The Outline of History (excerpt)

We have brought this Outline of History up to the threshold of our own times, but we have brought it to no conclusion. It breaks off at a dramatic phase of expectation. Nobody believes that the system of settlements grouped about the Treaty of Versailles is a permanent arrangement of the world's affairs. These Treaties were the end of the war and not the establishment of a new order in the world. That new order has now to be established. In social and economic as in international affairs we are in the dawn of a great constructive effort.

The story of life, which began inestimable millions of years ago, the adventure of mankind, which was already afoot half a million years ago, rises to a crisis in the immense interrogation of to-day. The drama becomes ourselves. It is you, it is I, and it is all that is happening to us and all that we are doing which will supply the next chapter of this continually expanding adventure of mankind.

Our history has traced a steady growth of the social and political units into which men have combined. In the brief period of ten thousand years these units have grown from the small family tribe of the early Neolithic culture to the vast united realms vast yet still too small and partialof the present time. And this change in size of the state, a change manifestly incomplete, has been accompanied by profound changes in its nature. Compulsion and servitude have given way to ideas of associated freedom, and the sovereignty that was once concentrated in an autocratic king and god, has been widely diffused throughout the community.

Until the Roman republic extended itself to all Italy, there had been no free community larger than a city state; all great communities were communities of obedience under a monarch. The great united republic of the United States would have been: impossible before, the printing press and the railway. The telegraph and telephone, the aeroplane, the continual progress of land and sea transit, are now insisting upon a still larger political organization.

By H. G. Wells

原文文本定位：_____
翻译目的假设：_____
搜寻文中隐喻：_____
确定隐喻价值：_____
制定翻译策略：_____
提供翻译文本：_____

7. The Outline of History (excerpt)

From the very first this flaming enthusiasm was mixed with baser elements. There was the cold and calculated scheme of the free and ambitious Latin Church to subdue and replace the emperor-ruled Byzantine Church; there, was the free-booting instinct of the Normans, who were tearing Italy to pieces, which turned readily enough to a new and richer world of plunder; and there was something in the multitude who now turned their faces east, something deeper than love in the human composition, namely, fear-born hate, that the impassioned appeals of the propagandists and the exaggeration of the horrors and cruelties of the infidel had fanned into flame.

And there was still other forces; the intolerant Seljuks and the intolerant Fatimites lay now an impassable barrier across the eastward trade of Genoa and Venice that had hitherto flowed through Bagdad and Aleppo, or through Egypt. They must force open these closed channels, unless Constantinople and the Black Sea route were to monopolize Eastern trade altogether. Moreover, in 1094 and 1095 there had been a pestilence and famine from the Scheldt to Bohemia, and there was great social disorganization.

No wonder, says Mr. Earnest Darker, that a stream of emigration set towards the East, such as would in modern times flow towards a newly discovered goldfield—a stream carrying in its turbid waters much refuse, tramps and bankrupts, campfollowers and hucksters, fugitive monks and escaped villeins, and marked by the same motley grouping, the same fever of life, the same alternations of affluence and beggary, which mark the rush for a goldfield to-day.

But these were secondary contributory causes. The fact, of predominant interest to the historian of mankind is this will to crusade suddenly revealed as a new mass possibility in human affairs.

The story of the crusades abounds, in such romantic and picturesque detail that the writer of an Outline of History must ride his pen upon the curb through this alluring field.

By H. G. Wells

原文文本定位：_____
翻译目的假设：_____
搜寻文中隐喻：_____
确定隐喻价值：_____
制定翻译策略：_____
提供翻译文本：_____

8. I Have a Dream (Excerpt)

It would be fatal for the nation to overlook the urgency of the moment. This sweltering summer of the Negro's legitimate discontent will not pass until there is an invigorating autumn of freedom and equality. Nineteen sixty-three is not an end, but a beginning. Those who hope that the Negro needed to blow off steam and will now be content will have a rude awakening if the nation returns to business as usual. There will be neither rest nor tranquility in America until the Negro is granted his citizenship rights. The whirlwinds of revolt will continue to shake the foundations of our nation until the bright day of justice emerges.

But there is something that I must say to my people who stand on the warm threshold which leads into the palace of justice. In the process of gaining our rightful place we must not be guilty of wrongful deeds. Let us not seek to satisfy our thirst for freedom by drinking from the cup of bitterness and hatred.

We must forever conduct our struggle on the high plane of dignity and discipline. We must not allow our creative protest to degenerate into physical violence. Again and again we must rise to the majestic heights of meeting physical force with soul force. The marvelous new militancy which has engulfed the Negro community must not lead us to a distrust of all white people, for many of our white brothers, as evidenced by their presence here today, have come to realize that their destiny is tied up with our destiny. They have come to realize that their freedom is inextricably bound to our freedom. We cannot walk alone.

By Martin Luther King

原文文本定位：_____
翻译目的假设：_____
搜寻文中隐喻：_____
确定隐喻价值：_____
制定翻译策略：_____
提供翻译文本：_____

9. Is Stupid Making Us Google? (Excerpt)

It is, therefore, no accident that young people are being cut off from tradition, as Bauerlein laments that they are. The bad habits engendered by an overreliance on computers and Internet search engines may be another matter, but it is hard to regard it as merely coincidental if we find that American education is being hollowed out from within by social and cultural forces that appear to many to be benign or harmless — or, in some cases, actually philo-educational. Surely he is right to stress the importance among these forces of an unthinking technophilia of the kind that leads Steven Johnson, author of the 2005 book provocatively titled Everything Bad is Good for You, to an uncritical admiration of the amusements of the information age. But while Bauerlein takes Johnson to task on several points, he seems to suggest that all our educators have to do is expose their charges to some superior alternative to "the ordinary stuff of youth culture" — that is, "puerile dramas, verbal clichés, and screen psychodelia," not to mention "MySpace, YouTube, teen blogs, and Xbox added to Tupac and Britney, Titanic and Idol."

True enough, "there is no better reprieve from the bombardment than reading a book," though Bauerlein unfortunately doesn't differentiate between books of "popular literature" and "the classics." It may be that "books afford young readers a place to slow down and reflect, to find role models, to observe their own turbulent feelings well expressed, or to discover moral convictions missing from their real situations," but what makes him think that most kids want to do any of these things? And if they don't, are they to be forced? How does he propose that their consumption of junk culture of the sort mentioned here should be curtailed in order that they should spend more time with books? In other words, isn't this a problem of discipline? And where there is no discipline, how does he propose to introduce it?

By James Bowman

原文文本定位：_____
翻译目的假设：_____
搜寻文中隐喻：_____
确定隐喻价值：_____
制定翻译策略：_____
提供翻译文本：_____

10. Digital McLuhan (Excerpt, Digital McLuhan is available both as a printed book and an ebook on Kindle and iTunes.)

The Web is a veritable hall of rear-view mirrors, because we do so many new and old things upon it, in new ways. When we listen to RealAudio on the Internet, how can we not think of it as radio? When we do research upon it, is it not a library? Where is the distortion in treating an online chat room as if it were a cafe?

In an important sense, these rear-view mirrors are *not* distortions, and their examples call attention to an important benefit of walking into the future with our eyes upon the past: the rear-view mirror, like metaphor, helps us come to terms and feel comfortable with new media. We all know the value of books. To point out that reading text online is in many ways the same as reading it in a book, to call the Internet an online book, is to underline its value to the world at large, including critics whose focus on other aspects of the Internet may lose sight of its benefits.

But the rear-view mirror is a two-edged sword, and in that sense the critics are not wrong in some of their concerns. Parsing metaphors or rearview mirrors is notoriously difficult, and often the mirror may blind us to ways in which the new medium is not analogous to media of the past. When we use the Web as a library, and our connection freezes or Windows crashes, we may be literally unable to continue reading the text; that simply cannot happen with a physical book in hand, unless we're struck sightless. If we come to know someone online, even see photographs or live video images of his or her face, we still do not know with certainty various aspects of that person which we could perceive in an instant in an in-person encounter: the photo or even video image, for example, could be a phoney. We might well enjoy RealAudio on a palmtop computer as we recline on a beach, waves lapping near our feet, much as we might enjoy an equivalent broadcast from a little battery-operated radio that cost us under ten dollars. But the palmtop today costs ten to a hundred times more, and a big wave washing away the palmtop would be excruciating for most of us, financially, in comparison to our losses were a similar wave to hit the radio.

By Paul Levinson

原文文本定位：_____

翻译目的假设：_____

搜寻文中隐喻：_____

确定隐喻价值：_____

制定翻译策略：_____

提供翻译文本：_____

主要参考文献

Al-Hasnawi, A. (2007) "A Cognitive Approach to Translating Metaphors", *Translation Journal*, 11(3).
Baker, M. (1992) *In Other Words: A Coursebook on Translation*, London, New York: Routledge.
Brown, T. (2003) *Making Truth: Metaphor in Science*, Urbana, Chicago: University of Illinois.
Danesi, M. (2004) *Poetic Logic: The Role of Metaphor in Thought, Language, and Culture*, Madison, WI: Atwood Publishing.
Đorđević, J (2010) "Equivalence and the Cogno-cultural Dimension in Scientific, Professional and Official Translations", *Linguistics and Literature*, 8(1): 35—46.
Evans, V. and M. Green (2006) *Cognitive Linguistics: An Introduction*, New Jersey: Lawrence Erlbaum Associates.
Evans, V. (2007) *A Glossary of Cognitive Linguistics*, Salt Lake City: University of Utah Press.
Fauconnier, G. and M. Turner (2002) *The Way We Think*, New York: Basic Books.
Garvin, P. (1964) *A Prague School reader on Esthetics, Literary Structure and Style*, Georgetown University Press.
Gibbs, R. (2005) *Embodiment and Cognitive Science*, Cambridge, New York: Cambridge University Press.
Goatly, A. (1977) *The Language of Metaphors*, London: Routledge.
Grady, J., T. Oakley and S. Coulson (1999) "Blending and Metaphor" in G. Steen and R. Gibbs (eds.)
Metaphor in cognitive linguistics, Philadelphia: John Benjamins.
Halliday, M. A. K. (1973). *Explorations in the functions of language*, London: Edward Arnold.
Kövecses, Z. (2002) *Metaphor: A Practical Introduction*, Oxford: Oxford University Press.
Kövecses, Z. (2005) *Metaphor in Culture: Universality and Variation*, Cambridge, New York: Cambridge University Press.
Kövecses, Z. (2006) *Language, Mind and Culture*, Oxford: Oxford University Press.
Lakoff, G. and M. Johnson (1980/2003) *Metaphors We Live By*, Chicago, IL: University of Chicago Press.
Lakoff, G. (1993) "The contemporary Theory of Metaphor," in A. Ortony (ed.) *Metaphor and Thought*, Cambridge: Cambridge University Press, pp. 202—251.

Lakoff, G. (1996) *Moral Politics: What Conservatives Know that Liberals don't*. Chicago: University of Chicago Press.

Lakoff, G. and M. Johnson (1999) *Philosophy in the Flesh*, New York: Basic Books.

Langacker, R. (1987) *Foundations of Cognitive Grammar. Volume 1, Theoretical Prerequisites*, Stanford: Stanford University Press.

Langacker, R. (1991) *Foundations of Cognitive Grammar. Volume II, Descriptive Application*, Stanford: Stanford University Press.

Lawler, J. M. (1999) "Metaphors We Compute By" (a lecture delivered at the University of Michigan).

Mandelblit, N. (1995). *Grammatical Blending: Creative and Schematic Aspects in Sentence Processing and Translation* (Ph. D. Dissertation), San Diego: University of California.

Munday. J. (2001) *Introducing Translation Studies. Theories and Applications*, London, New York: Routledge.

Newmark, P. (1988) *A Textbook of Translation*, New York: Prentice Hall.

Nida, E. (1964) *Toward a Science of Translating with Special Reference to Principles and Procedures involved in Bible Translating*, Leiden: ej Brill.

Nida, E., and C. Taber (1969/1982) *The Theory and Practice of Translation*, Leiden: E. J. Brill.

Nord, C. (1988) *Text Analysis in Translation. Theory, Method, and Didactic Application of a Model for Translation-Oriented Text Analysis*, Amsterdam, New York: Rodopi.

Petterson, B. (2011) "Literary Criticism Writes Back to Metaphor Theory: Exploring the Relation between Extended Metaphor and Narrative in Literature," in M. Fludernik (ed.) *Beyond Cognitive Metaphor Theory*, Routledge. pp. 94—112.

Picken, J. (2007) *Literature, Metaphor, and the Foreign Language Learner*, New York: Palgrave Macmillan.

Pinker, S, (2007) *The stuff of Thought. Language as a Window into Human nature*, New York: Viking.

Pym, A. (2010) *Exploring Translation Theories*, London, New York: Routledge.

Rakova, M. (2003) *The Extent of the Literal. Metaphor, Polysemy and Theories of Concepts*, New York: Palgrave Macmillan.

Sarcevic, S. (2000) "Legal Translation and Translation Theory: A Receiver-oriented Approach", a presentation delivered at the conference on LEGAL TRANSLATION, History, Theory and Practice at the University of Geneva.

Sommer, E. (2001), *Metaphors Dictionary*, Detroit: Visible Ink Press.

Steiner, G. (1992) *After Babel: Aspects of Language and Translation*, Oxford, New York: Oxford University Press.

van Rijn-van Tongeren, G. (1997) *Metaphors in Medical Texts*, Amsterdam, Atlanta: Rodopi.

Venuti, L. (2000) *The translation studies reader*, London, New York, Routledge.
Yu, N. (1998) *The Contemporary Theory of metaphor: A Perspective from Chinese*, Amsterdam: John Benjamins.
叶子南 (2008)《高级英汉翻译理论与实践》(第二版),北京:清华大学出版社.
李福印(2008)《认知语言学概论》,北京:北京大学出版社.
童元方(2009)《选择与创造》,香港:牛津大学出版社.
苏立昌(2009)《英汉概念隐喻用法比较词典》,天津:南开大学出版社.

另外,本书写作过程中还反复使用了设在香港岭南大学英语系的 Metalude 隐喻语料库和加州大学伯克利分校网站上的概念隐喻列表,网址如下:

Metalude: http://www.ln.edu.hk/lle/cwd/project01/web/home.html
A list of conceptual metaphors: http://cogsci.berkeley.edu/lakoff/metaphors/

起于心还是缘于物(代后记)

在本书中,我多次指出英汉概念隐喻有时可能近似甚至相同,并提出完全或部分按原文直译经常可行。我的目的是想提醒读者注意,人类语言有相通的一面,同时也希望这种对概念隐喻相同或近似的关注,能对译者理解原文有所帮助。在学术界强调文化差异数十年后,反过来强调一下文化的普遍性或共性(universality)是十分必要的。说到底,异和同是事物互为依存的两个方面,缺一不可。了解文化差异进而相互理解固然重要,但认识文化的共性其实更是关键。

但细心的读者定会发现,在很多情况下,我推荐给大家的翻译策略仍是灵活多变的,即便在概念系统相同,直译完全可以被接受的情况下,有时仍然建议"舍近求远",去寻求一个背离原文,但更适合译入语的译法。换句话说,变通是翻译的核心策略。但是我们也完全清楚,任何变通都会增加原文失真的可能性,从而使译文的准确性面临挑战。

说到准确性,就使我想起认知语言研究的发端。雷考夫原本是形式语言学泰斗乔姆斯基的学生,后来与导师分道扬镳,引领了认知隐喻研究的潮流。他们的分歧主要在语言到底是客观形式的,还是有强大的主观参与。大家都知道,高度抽象的形式语言学强调语言的形式,把人在语言中的作用排挤在外,这和强调原域和目标域间映射的认知隐喻理论是大相径庭的。前者强调客观,仿佛意义缘于身外的物,后者强调语言使用者在意义生成过程中的作用,仿佛意义起于身内的心。难怪雷考夫在其著作中对于语言学的客观范式大加挞伐(Lakoff, 1987: 157),认为倚重客观的形式语言观是错误的。其他认知语言学家甚至还将强调形式和强调主观的时期分别称之为 the age of form 和 the age of imagination (Fauconnier & Turner, 2002: 3),并强调主观性在意义生成中的作用。客观的东西可以精确地量化,但主观想象的东西就很难是棱角分明、便于定义的,它们大体应可以把握,但是边缘却很模糊。回到翻译的话题上来,语言的主观和想象特征,暗示翻译的绝对准确性可能仅是可望而不可求的海市蜃楼。

确实,当我们借助语言表达思想时,语言本身已经"背叛"了思想,正如尼采所说"说出来的不是太多就是太少"(What is said is always too much or too little)。单语言况且如此,翻译的不精确就更难免了。但是怎么能用"可以不准确"这样的标准来教导学生呢?学生本来就有不少错误,正等着老师来纠正,老师不应在学习阶段放松标准。我们必须时刻提醒学生,翻译的准确性是他们需要毕生努力的目标。不过我们对于准确却必须有不同的界定。有的时候,准确就是按照原文的思路甚至原文的文字行文,就是紧紧地沿着原文的概念隐喻下笔,但是有的时候准确的定义却应另加诠释,背离原文,改换隐喻等看似不忠实的译法反倒更为准确。如何在这两者之间选择,则需要看文本类别、翻译目的等很多因素。概括地说,原作行文若多以逻辑驱动(logic-driven),翻译的目的又很实用,翻译时往往应该尽量沿着原文的逻辑思维走,强调客观的准确性,不应该有过多的主观参与,译者想象的空间应该相对狭窄。但如原作行文多由情感驱动(emotion-driven),并带有审美特征,那么译者主观参与想象的空间就可以加大。当然,逻辑与情感不是黑白分明的。任何作者在行文时都在一定程度上被逻辑思维牵引,除非他完全思维混乱、精神异常;反之除了技术操作手册等纯粹实用的文本外,完全排除情感渗透的文本毕竟为数不多。所以,培养学生翻译的能力,至少应该有两方面,首先我们必须要让学生知道,翻译不是创作,译者译的必须是原作者说的,甚至是字面上说的,因此科学、技术、经济、法律、政治等较正规的文本,译者主观的参与应该尽量减少,句型调整、文字疏通时当然不可能避免有一定程度的主观参与,但为求信息准确,在很多地方译者还是需要比较接近原文,借助原文的逻辑思维下笔翻译,否则就会乱套。相反,我们也应该让学生知道,翻译在很大程度上确似创作,译者译的是原作者说的,但并不一定要用相同的文字,所以文学、艺术、游记、广告等充满人文气息的文本,译者主观的参与就可以比较大,在不背离原文意思的前提下,充分发挥译者的想象力。如做不到这点,那么译文就会生硬死板,缺乏艺术的感染力。翻译的这两种处理方法,恰恰反映了语言的两个不同的功能。确实,语言的一个重要的功能是交流,是在这个务实的世界里传达信息,以便我们能完成具体的任务,科技的进步、经济的发展、政府的运作等都离不开这样的语言。但是另一方面,语言还应该有另外一个功能,通过语言,同一个事物会在不同人的笔下描绘得色彩斑斓,不同的语言能创建不同的世界。前一个功能要求我们整齐划一,"缘于物"的基础牢固,后一个功能促使我们千差万别,"起于心"的成分居多。整齐划一和色彩斑斓构成人互为依存两面,就像物与心一样同枝连理,恰如阴和阳一样不可偏废。

  但是说到底,翻译中为求精确而贴近原文的译法毕竟不是训练译者最关键的一环,因为这种不偏离原文的译法并不能激发译者强烈的思维活动,或言"翻译"的程度不高,很多仅仅是照搬过来而已,而偏离原文的灵活译法则需要大脑强烈的"激荡"。确实,这种激烈的脑力活动很难梳理归纳、重复再现,因此在跨语言转换过程中,意义失真的可能性就会增大。但是我们有必要事事都在细节处"保真",有必要那么准确吗?甚至还可以提出更具挑战的问题:难道那些表面的"失真"不恰恰是更高层次的精准吗？正是在这种高屋建瓴思维的开导下，我们才茅塞顿开，终于理解了钱锺书"化境"的深奥哲理。

　　借助精确的技术，人类登上了月球，但是登上月球后的人类又该如何呢？他们仍然需要借助嫦娥的故事使地球上的生活丰富多彩。精确未必能给他们带来兴奋与欢乐，而模糊却能激发人的想象和探索，使生活丰富多彩。作为译者，他不能没有周旋于实用文本时求精确的本领，但更需要有处理非实用文本时会"朦胧"的能力，因为生命缺不了物，但幸福更少不了心。